いちばん やさしい

Excel 2019

スクール標準教科書 応用

日経BP

はじめに

本書は次の方を対象にしています。

■ Excel 2019 の基本的な操作を習得されている方。

■「いちばんやさしい Excel 2019 スクール標準教科書 基礎」を修了された方。

制作環境

本書は以下の環境で制作、検証しました。

■ Windows 10 Enterprise（日本語版）をセットアップした状態。

※ほかのエディションやバージョンの Windows でも、Office 2019 が動作する環境であれば、ほぼ同じ操作で利用できます。

■ Microsoft Office Professional Plus 2019（日本語デスクトップ版）をセットアップし、Microsoft アカウントでサインインした状態。マウスとキーボードを用いる環境（マウスモード）。

■ 画面の解像度を 1280 × 768 ピクセルに設定し、ウィンドウを全画面表示にした状態。

※上記以外の解像度やウィンドウサイズで使用すると、リボン内のボタンが誌面と異なる形状で表示される場合があります。

■ プリンターをセットアップした状態。

※ご使用のコンピューター、プリンター、セットアップなどの状態によって、画面の表示が本書と異なる場合があります。

リボンインターフェイスの外観

本書では、解像度が 1280 × 768 ピクセルの画面上に、最大化した状態のウィンドウを説明図として挿入しています。Excel 2019 で採用されているリボンインターフェイスは、ウィンドウのサイズによってリボン内の機能ボタンの表示が変化するため、本書と学習中の画面のボタンの形状が若干異なる場合があります。

《本書のリボンインターフェイスの外観》

《ウィンドウサイズが小さい状態のリボンインターフェイスの外観》

おことわり

本書発行後（2020 年 11 月以降）の機能やサービスの変更により、誌面の通りに表示されなかったり操作できなかったりすることがあります。その場合は適宜別の方法で操作してください。

事前の設定

画面を誌面掲載と同じ状態にして学習するには、Excel 2019 を以下の設定にしてください。

● 画面の表示モードを " 標準 " で使用する

画面下部の［標準］ボタンをクリックしてオンにします。または［表示］タブの［標準］ボタンをクリックします。

● 数式バーを表示する

［表示］タブの［数式バー］チェックボックスをオンにします。

● 行番号、列番号、目盛線を表示する

［表示］タブの［見出し］および［目盛線］チェックボックスをオンにします。

表記

○ **画面に表示される文字**

メニュー、コマンド、ボタン、ダイアログボックスなどで画面に表示される文字は、角かっこ（［　］）で囲んで表記しています。アクセスキー、コロン（:）、省略記号（…）、チェックマークなどの記号は表記していません。なお、ボタン名の表記がないボタンは、マウスでポイントすると表示されるポップヒントで表記しています。

○ **キー表記**

本書のキー表記は、どの機種にも対応する一般的なキー表記を採用しています。なお、2 つのキーの間にプラス記号（+）がある場合は、それらのキーを同時に押すことを示しています。

○ **マウス操作**

用語	意味
ポイント	マウスポインターを移動し、項目の上にポインターの先頭を置くこと
クリック	マウスの左ボタンを 1 回押して離すこと
右クリック	マウスの右ボタンを 1 回押して離すこと
ダブルクリック	マウスの左ボタンを 2 回続けて、すばやく押して離すこと
ドラッグ	マウスの左ボタンを押したまま、マウスを動かすこと

○ **マーク**

マーク	内容
STEP	操作の目的・概要
1	操作の手順
→	操作の結果
💬	操作に関する補足
One Point	補足的な情報

○ クラウド（OneDrive）の利用について

本書では、学習者の環境の違いを考慮し、ファイルの保存先をローカルに指定しています。クラウドへの保存操作は取り上げておりません。

○ 拡張子について

本書ではファイル名に拡張子を表記しておりません。操作手順などの画面図にも拡張子が表示されていない状態のものを使用しています。

実習用データ

本書で学習する際に使用する実習用データ（サンプルファイル）を、以下の方法でダウンロードしてご利用ください。

ダウンロード方法

① 以下のサイトにアクセスします。

> https://bookplus.nikkei.com/atcl/catalog/download/20/P60650/111800001/

② 関連リンクにある［実習用データのダウンロード］をクリックします。

※ ファイルのダウンロードには日経IDおよび日経BPブックス＆テキストOnlineへの登録が必要になります（いずれも登録は無料）。

③ 表示されたページにあるそれぞれのダウンロードのアイコンをクリックして、適当なフォルダーにダウンロードします。

④ ダウンロードしたzip形式の圧縮ファイルを展開すると［スクール応用_Excel2019］フォルダーが作成されます。

⑤ ［スクール応用_Excel2019］フォルダーを［ドキュメント］フォルダーなどに移動します。

ダウンロードしたファイルを開くときの注意事項

インターネット経由でダウンロードしたファイルを開く場合、「注意——インターネットから入手したファイルは、ウイルスに感染している可能性があります。編集する必要がなければ、保護ビューのままにしておくことをお勧めします。」というメッセージバーが表示されることがあります。その場合は、［編集を有効にする］をクリックして操作を進めてください。

ダウンロードしたzipファイルを右クリックし、ショートカットメニューの［プロパティ］をクリックして、［全般］タブで［ブロックの解除］を行うと、上記のメッセージが表示されなくなります。

実習用データの内容

実習用データには、本書の実習で使用するデータとCHAPTERごとの完成例などが収録されています。詳細については［スクール応用_Excel2019］フォルダー内にある［スクール応用_Excel2019_実習用データ.pdf］を参照してください。

Contents いちばんやさしい Excel 2019 スクール標準教科書　応用

CHAPTER 1 条件付き書式、入力規則、表示形式を活用する

CHAPTER 2 数値処理の関数を利用する

CHAPTER **3** 条件判定の関数を利用する

CHAPTER 4 ピボットテーブルでデータを 集計・分析する

CHAPTER 5 データを検索する関数とテーブル機能

CHAPTER **6** 複数ページの印刷に役立つ機能を
利用する

1

条件付き書式、
入力規則、
表示形式を活用する

ここでは、セルの値に応じて書式を変化させる"条件付き書式"、
セルへの入力に一定の規則を設ける"入力規則"、セルに入力され
た値の見た目だけを変化させる"表示形式"を学習します。
どの機能も、表を利用するユーザーの操作や理解を助ける効果が
あります。自分以外のユーザーが利用することを想定した表づく
りには欠かせない機能です。

1-1 条件付き書式を設定する

「目標値を上回ったセルの色が変わる」。このようなしくみは**条件付き書式**で設定します。条件付き書式はセルの値に応じて自動的にセルの書式を変化させる機能です。

LESSON 1 条件付き書式のタイプ

条件付き書式には大きく分けて2つのタイプがあります。

1つはたくさん並んだデータ同士を比較して、その違いをさまざまな視覚効果で表現するタイプです。これには、データバー、カラースケール、アイコンセット、上位/下位ルールなどが用意されています。

●データバー

11月	12月	合計
140	124	1,452
141	201	2,226
196	243	2,812
196	116	1,734
395	410	4,600
124	160	1,327

●カラースケール

11月	12月	合計
140	124	1,452
141	201	2,226
196	243	2,812
196	116	1,734
395	410	4,600
124	160	1,327

●アイコンセット

11月	12月	合計
140	124	⬇ 1,452
141	201	➡ 2,226
196	243	➡ 2,812
196	116	⬇ 1,734
395	410	⬆ 4,600
124	160	⬇ 1,327

●上位/下位ルール

商品名	1月	2月	3月	4月	5月	6月	7月	8月	9月	10月	11月	12月
アールグレイ	80	128	157	108	98	124	100	135	146	112	140	124
アッサム	223	195	207	438	146	240	225	158	160	164	141	201
ウバ	222	198	198	279	237	229	175	282	295	512	196	243
オレンジペコ	112	144	196	106	196	123	120	178	111	136	196	116
カモミール	497	287	262	300	375	278	297	317	375	320	395	410
キーマン	156	102	83	89	100	85	106	109	86	127	124	160
キャンディ	57	45	48	51	114	87	30	55	97	35	48	57
ダージリン	177	128	176	176	160	236	219	223	225	216	134	164
チャイ	209	257	183	228	159	191	169	244	183	244	146	221
ニルギリ	264	432	246	275	145	166	191	228	260	215	151	207
ルイボス	88	124	151	160	152	87	80	79	46	146	83	152
ルナチ	83	95	65	83	91	32	90	97	81	81	88	61

もう1つは、**独自に取り決めたルールを満たすときに書式を変化させる**タイプです。たとえば「特定の文字が入力されているセルだけ文字の色を変化させる」などの設定が可能です。

● 100未満のセルのみ書式を変化させた例

商品名	1月	2月	3月	4月	5月	6月	7月	8月	9月	10月	11月	12月
アールグレイ	80	128	157	108	98	124	100	135	146	112	140	124
アッサム	223	195	207	438	146	240	225	158	160	164	141	201
ウバ	222	198	198	279	237	229	175	282	295	512	196	243
オレンジペコ	112	144	196	106	196	123	120	178	111	136	196	116
カモミール	497	287	262	300	375	278	297	317	375	320	395	410
キーマン	156	102	83	89	100	85	106	109	86	127	124	160
キャンディ	57	45	48	51	114	87	30	55	97	35	48	57
ダージリン	177	128	176	176	160	236	219	223	225	216	134	164
チャイ	209	257	183	228	159	191	169	244	183	244	146	221
ニルギリ	264	432	246	275	145	166	191	228	260	215	151	207
ルイボス	88	124	151	160	152	87	80	79	46	146	83	152
ルナチ	83	95	65	83	91	32	90	97	81	81	88	61
キリマンジャロ	161	90	112	102	128	162	134	165	149	159	90	168

●土日のセルのみ書式を変化させた例

日付	曜日	( )さん	( )さん	( )さん	( )さん
1月1日	金				
1月2日	土				
1月3日	日				
1月4日	月				
1月5日	火				
1月6日	水				
1月7日	木				
1月8日	金				
1月9日	土				
1月10日	日				
1月11日	月				
1月12日	火				
1月13日	水				

また、条件付き書式は、1つのセルに複数設定することもできます。ルールが競合しない場合は両方の書式が適用され、競合する場合はあとから設定したものが優先されます（優先順位は変更することも可能です）。

なお、セルに条件付き書式と通常の書式が両方設定されているときは、条件付き書式が優先されます。

LESSON 2 | データバーを表示する

数値が入力されたセル範囲に条件付き書式のデータバーを設定すると、それぞれの数値を長さで表現したデータバーがセル内に表示されます。項目ごとの差や全体的な傾向が視覚的に表現され、表の内容がより分かりやすくなります。

	A	B	C	D	E	F	G	H	I	J	K	L	M	N	O	P
1	紅茶・コーヒー豆専門店＜リーフ＆ビーンズ＞ 販売集計表														(単位:個)	
2	コード	商品名	1月	2月	3月	4月	5月	6月	7月	8月	9月	10月	11月	12月	合計	
3	Tea-101	アールグレイ	80	128	157	108	98	124	100	135	146	112	140	124	1,452	
4	Tea-102	アッサム	223	195	207	438	146	240	225	158	160	164	141	201	2,226	
5	Tea-103	ウバ	222	198	198	279	237	229	175	282	295	512	196	243	2,812	
6	Tea-104	オレンジペコ	112	144	196	106	196	123	120	178	111	136	196	116	1,734	
7	Tea-105	カモミール	497	287	262	300	375	278	297	317	375	320	395	410	4,600	
8	Tea-106	キーマン	156	102	83	89	100	85	106	109	86	127	124	160	1,327	
9	Tea-107	キャンディ	57	45	48	51	114	87	30	55	97	35	48	57	539	
10	Tea-108	ダージリン	177	128	176	176	160	236	219	223	225	216	134	164	2,234	
11	Tea-109	チャイ	209	257	183	228	159	191	169	244	183	244	146	221	2,434	
12	Tea-110	ニルギリ	264	432	246	275	145	166	191	228	260	215	151	207	2,518	
13	Tea-111	ルイボス	88	124	151	160	152	87	80	79	46	146	83	152	1,471	
14	Tea-112	ルフナ	83	95	65	83	91	32	90	97	81	81	88	61	984	
15	Cfe-101	キリマンジャロ	161	90	112	102	128	162	134	165	149	159	90	168	1,620	
16	Cfe-102	グァテマラ	216	213	193	193	173	182	205	168	122	132	122	195	2,114	
17	Cfe-103	コスタリカ	223	295	230	266	309	226	480	192	352	232	216	295	3,077	
18	Cfe-104	コロンビア	196	285	487	249	273	214	198	262	150	217	261	165	2,648	

STEP セルO3〜O22に"水色のデータバー"を表示する

1 実習用データのブック「Chap1_紅茶コーヒー販売集計表」を開きます。

🗂 スクール応用_Excel 2019 ▶ 🗂 CHAPTER1 ▶ 🅴 「Chap1_紅茶コーヒー販売集計表」

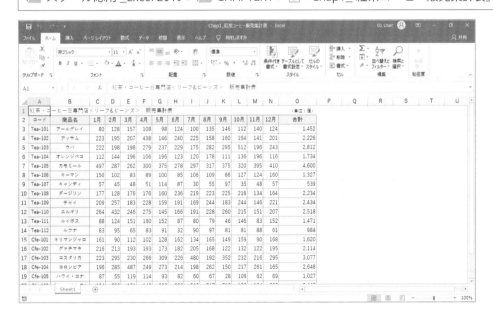

💬 実習用データはインターネットからダウンロードできます。詳細は本書のP.(4)に記載されています。

2 セル O3 ～ O22 を選択します。

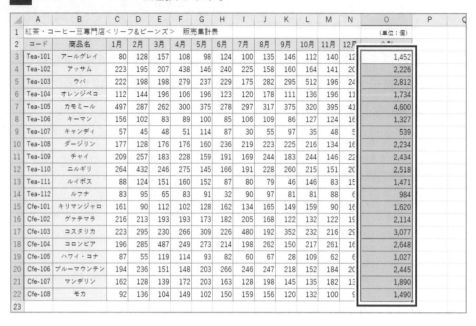

3 ［ホーム］タブの［条件付き書式］ボタンをクリックします。

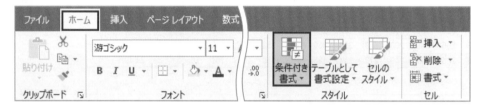

4 ［データバー］にマウスポインターを合わせます。

5 "塗りつぶし（グラデーション）"の［水色のデータバー］をクリックします。

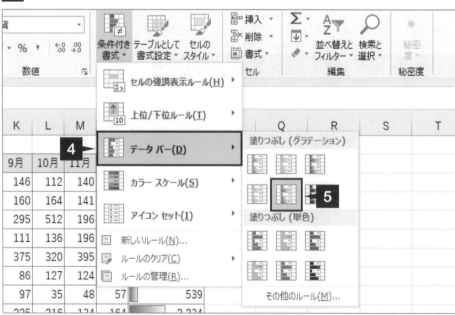

→ セル O3 ～ O22 に条件付き書式の"水色のデータバー"を設定できました。

	A	B	C	D	E	F	G	H	I	J	K	L	M	N	O
1	紅茶・コーヒー豆専門店＜リーフ＆ビーンズ＞　販売集計表														(単位：個)
2	コード	商品名	1月	2月	3月	4月	5月	6月	7月	8月	9月	10月	11月	12月	合計
3	Tea-101	アールグレイ	80	128	157	108	98	124	100	135	146	112	140	12	1,452
4	Tea-102	アッサム	223	195	207	438	146	240	225	158	160	164	141	20	2,226
5	Tea-103	ウバ	222	198	198	279	237	229	175	282	295	512	196	24	2,812
6	Tea-104	オレンジペコ	112	144	196	106	196	123	120	178	111	136	196	11	1,734
7	Tea-105	カモミール	497	287	262	300	375	278	297	317	375	320	395	41	4,600
8	Tea-106	キーマン	156	102	83	89	100	85	106	109	86	127	124	16	1,327
9	Tea-107	キャンディ	57	45	48	51	114	87	30	55	97	35	48	5	539
10	Tea-108	ダージリン	177	128	176	176	160	236	219	223	225	216	134	16	2,234
11	Tea-109	チャイ	209	257	183	228	159	191	169	244	183	244	146	22	2,434
12	Tea-110	ニルギリ	264	432	246	275	145	166	191	228	260	215	151	20	2,518
13	Tea-111	ルイボス	88	124	151	160	152	87	80	79	46	146	83	15	1,471
14	Tea-112	ルフナ	83	95	65	83	91	32	90	97	81	81	88	6	984
15	Cfe-101	キリマンジャロ	161	90	112	102	128	162	134	165	149	159	90	16	1,620
16	Cfe-102	グァテマラ	216	213	193	193	173	182	205	168	122	132	122	19	2,114
17	Cfe-103	コスタリカ	223	295	230	266	309	226	480	192	352	232	216	29	3,077
18	Cfe-104	コロンビア	196	285	487	249	273	214	198	262	150	217	261	16	2,648
19	Cfe-105	ハワイ・コナ	87	55	119	114	93	82	60	67	28	109	62	6	1,027

◉ One Point　カラースケールとアイコンセット

同じタイプの条件付き書式に"カラースケール"と"アイコンセット"があります。どちらも選択範囲内の数値の違いを色やアイコンで視覚的に表現することができます。

カラースケール

		11月	12月	合計
146	112	140	124	1,452
160	164	141	201	2,226
295	512	196	243	2,812
111	136	196	116	1,734
375	320	395	410	4,600
86	127	124	160	1,327
97	35	48	57	539
225	216	134	164	2,234
183	244	146	221	2,434
260	215	151	207	2,518
46	146	83	152	1,471
81	81	88	61	984
149	159	90	168	1,620
122	132	122	195	2,114
352	232	216	295	3,077
150	217	261	165	2,648
28	109	62	69	1,027

アイコンセット

		11月	12月		合計
146	112	140	124	⬇	1,452
160	164	141	201	➡	2,226
295	512	196	243	➡	2,812
111	136	196	116	⬇	1,734
375	320	395	410	⬆	4,600
86	127	124	160	⬇	1,327
97	35	48	57	⬇	539
225	216	134	164	➡	2,234
183	244	146	221	➡	2,434
260	215	151	207	➡	2,518
46	146	83	152	⬇	1,471
81	81	88	61	⬇	984
149	159	90	168	⬇	1,620
122	132	122	195	➡	2,114
352	232	216	295	➡	3,077
150	217	261	165	➡	2,648
28	109	62	69	⬇	1,027

LESSON 3 | 数値同士を比較してセルに書式を設定する

条件付き書式の上位/下位ルールを設定すると、対象範囲内の数値同士が比較され、上位または下位に該当するセルを自動的に強調することができます。
さらに、平均値より上または平均値より下の数値が入力されたセルを強調することもできます。

● 上位10項目
上位に該当するセルを強調

● 下位10項目
下位に該当するセルを強調

● 平均より上
対象範囲内の平均値を上回る数値のセルを強調

商品名	1月	2月	3月	4月	5月	6月	7月	8月	9月	10月	11月	12月	合計
アールグレイ	80	128	157	108	98	124	100	135	146	112	140	124	1,452
アッサム	223	195	20	438	146	240	225	158	160	164	141	201	2,226
ウバ	222	198	198	279	237	229	175	282	295	512	196	243	2,812
オレンジペコ	112	144	196	106	196	123	120	178	111	136	196	116	1,734
カモミール	497	287	262	300	375	278	297	317	375	320	395	410	4,600
キーマン	156	102	83	89	100	85	106	109	86	127	124	160	1,327
キャンディ		45	48	51	114	87	30	55	97	35	48	57	539
ダージリン	177	128	176	176	160	236	219	223	225	216	134	164	2,234
チャイ	209	257	183	228	159	191	169	244	183	244	146	221	2,434
ニルギリ	264	432	246	275	145	166	191	228	260	215	151	207	2,518
ルイボス	88	124	151	160	152	87	80	79	46	146	83	152	1,471
ルフナ	83	95	65	83	91	32	90	97	81	81	88	61	984
キリマンジャロ	161	90	112	102	128	162	134	165	149	159	90	168	1,620
グァテマラ	216	213	193	193	173	182	205	168	122	132	122	195	2,114
コスタリカ	223	295	230	266	309	226	480	192	352	232	216	295	3,077
コロンビア	196	285	487	249	273	214	198	262	150	217	261	165	2,648
ハワイ・コナ	87	55	119	114	93	82	60	67	28	109	62	69	1,027

STEP セルC3〜N22の中で"上位5項目"に該当するセルを強調する

1 セルC3〜N22を範囲選択します。

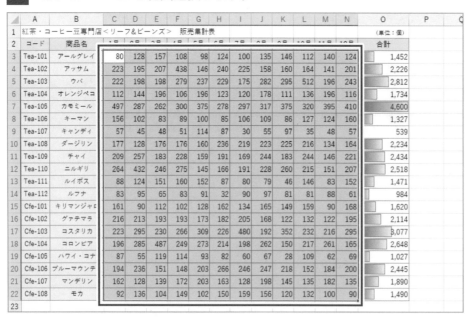

2 ［ホーム］タブの［条件付き書式］ボタンをクリックします。

3 ［上位 / 下位ルール］にマウスポインターを合わせて、［上位 10 項目］をクリックします。

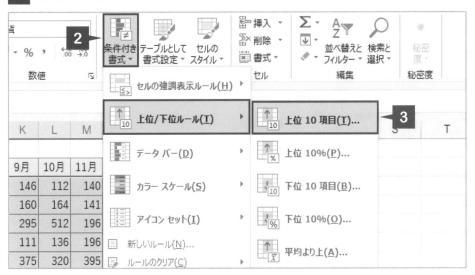

→［上位 10 項目］ダイアログボックスが表示されます。

4 ［上位に入るセルを書式設定］の項目数を［5］に設定します。

5 ［書式］を［濃い緑の文字、緑の背景］に設定します。

6 ［OK］をクリックします。

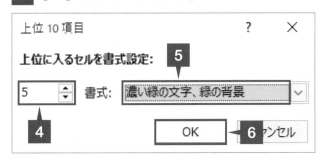

→ セル C3 ～ N22 の中で " 上位 5 項目 " に該当するセルが強調できました。

左図は範囲選択を解除
した状態です。

	A	B	C	D	E	F	G	H	I	J	K	L	M	N	O
1	紅茶・コーヒー豆専門店＜リーフ＆ビーンズ＞ 販売集計表														(単位：個)
2	コード	商品名	1月	2月	3月	4月	5月	6月	7月	8月	9月	10月	11月	12月	合計
3	Tea-101	アールグレイ	80	128	157	108	98	124	100	135	146	112	140	124	1,452
4	Tea-102	アッサム	223	195	20	438	146	240	225	158	160	164	141	201	2,226
5	Tea-103	ウバ	222	198	198	279	237	229	175	282	29	512	196	243	2,812
6	Tea-104	オレンジペコ	112	144	196	106	196	123	120	178	111	136	196	116	1,734
7	Tea-105	カモミール	497	287	262	300	375	278	297	317	375	320	395	410	4,600
8	Tea-106	キーマン	156	102	83	89	100	85	106	109	86	127	124	160	1,327
9	Tea-107	キャンディ	57	45	48	51	114	87	30	55	97	35	48	57	539
10	Tea-108	ダージリン	177	128	176	176	160	236	219	223	225	216	134	164	2,234
11	Tea-109	チャイ	209	257	183	228	159	191	169	244	183	244	146	221	2,434
12	Tea-110	ニルギリ	264	432	246	275	145	166	191	228	260	215	151	207	2,518
13	Tea-111	ルイボス	88	124	151	160	152	87	80	79	46	146	83	152	1,471
14	Tea-112	ルフナ	83	95	65	83	91	32	90	97	81	81	88	61	984
15	Cfe-101	キリマンジャロ	161	90	112	102	128	162	134	165	149	159	90	168	1,620
16	Cfe-102	グァテマラ	216	213	193	193	173	182	205	168	122	132	122	195	2,114
17	Cfe-103	コスタリカ	223	295	230	266	309	22	480	192	352	232	216	295	3,077
18	Cfe-104	コロンビア	196	28	487	249	273	214	198	262	150	217	261	165	2,648
19	Cfe-105	ハワイ・コナ	87	55	119	114	93	82	60	67	28	109	62	69	1,027

STEP セルC3 〜 N22 の中で"下位 5 項目"に該当するセルを強調する

1 セル C3 〜 N22 を範囲選択します。

2 ［ホーム］タブの［条件付き書式］ボタンをクリックします。

3 ［上位 / 下位ルール］にマウスポインターを合わせて、［下位 10 項目］をクリックします。

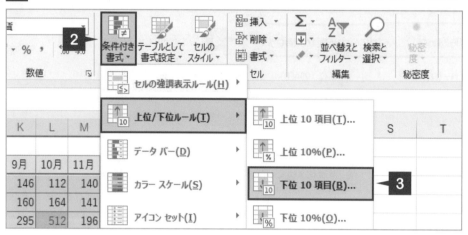

→ ［下位 10 項目］ダイアログボックスが表示されます。

4 下図のようにダイアログボックスを設定して［OK］をクリックします。

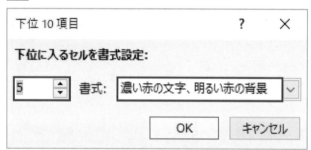

→ セル C3 〜 N22 の中で "下位 5 項目" に該当するセルが強調できました。

	A	B	C	D	E	F	G	H	I	J	K	L	M	N	O
1	紅茶・コーヒー豆専門店＜リーフ＆ビーンズ＞　販売集計表														(単位：個)
2	コード	商品名	1月	2月	3月	4月	5月	6月	7月	8月	9月	10月	11月	12月	合計
3	Tea-101	アールグレイ	80	128	157	108	98	124	100	135	146	112	140	124	1,452
4	Tea-102	アッサム	223	195	207	438	146	240	225	158	160	164	141	201	2,226
5	Tea-103	ウバ	222	198	198	279	237	229	175	282	295	512	196	243	2,812
6	Tea-104	オレンジペコ	112	144	196	106	196	123	120	178	111	136	196	116	1,734
7	Tea-105	カモミール	497	287	262	300	375	278	297	317	375	320	395	410	4,600
8	Tea-106	キーマン	156	102	83	89	100	85	106	109	86	127	124	160	1,327
9	Tea-107	キャンディ	5	45	48	51	114	8	30	55	9	35	48	57	539
10	Tea-108	ダージリン	177	128	176	176	160	236	219	223	225	216	134	164	2,234
11	Tea-109	チャイ	209	257	183	228	159	191	169	244	183	244	146	221	2,434
12	Tea-110	ニルギリ	264	432	246	275	145	166	191	228	260	215	151	207	2,518
13	Tea-111	ルイボス	88	124	151	160	152	87	80	79	46	146	83	152	1,471
14	Tea-112	ルフナ	83	95	65	83	9	32	90	97	81	81	88	61	984
15	Cfe-101	キリマンジャロ	161	90	112	102	128	162	134	165	149	159	90	168	1,620
16	Cfe-102	グァテマラ	216	213	193	193	173	182	205	168	122	132	122	195	2,114
17	Cfe-103	コスタリカ	223	295	230	266	309	226	480	192	352	232	216	295	3,077
18	Cfe-104	コロンビア	196	285	487	249	273	214	198	262	150	217	261	165	2,648
19	Cfe-105	ハワイ・コナ	87	55	119	114	93	82	60	6	28	109	62	69	1,027
20	Cfe-106	ブルーマウンテン	194	236	151	148	203	266	246	247	218	152	184	200	2,445
21	Cfe-107	マンデリン	162	128	139	172	203	163	128	198	145	135	182	135	1,890

1

条件付き書式、入力規則、表示形式を活用する

STEP セルO3 〜O22 に設定されている条件付き書式を解除する

1 条件付き書式を解除したいセル O3 〜 O22 を範囲選択します。

	A	B	C	D	E	F	G	H	I	J	K	L	M	N	O
1	紅茶・コーヒー豆専門店＜リーフ＆ビーンズ＞　販売集計表													(単位：個)	
2	コード	商品名	1月	2月	3月	4月	5月	6月	7月	8月	9月	10月	11月	12月	合計
3	Tea-101	アールグレイ	80	128	157	108	98	124	100	135	146	112	140	12	1,452
4	Tea-102	アッサム	223	195	207	438	146	240	225	158	160	164	141	20	2,226
5	Tea-103	ウバ	222	198	198	279	237	229	175	282	295	512	196	24	2,812
6	Tea-104	オレンジペコ	112	144	196	106	196	123	120	178	111	136	196	11	1,734
7	Tea-105	カモミール	497	287	262	300	375	278	297	317	375	320	395	41	4,600
8	Tea-106	キーマン	156	102	83	89	100	85	106	109	86	127	124	16	1,327
9	Tea-107	キャンディ	57	45	48	51	114	87	30	55	97	35	48	5	539
10	Tea-108	ダージリン	177	128	176	176	160	236	219	223	225	216	134	16	2,234
11	Tea-109	チャイ	209	257	183	228	159	191	169	244	183	244	146	22	2,434
12	Tea-110	ニルギリ	264	432	246	275	145	166	191	228	260	215	151	20	2,518
13	Tea-111	ルイボス	88	124	151	160	152	87	80	79	46	146	83	15	1,471
14	Tea-112	ルフナ	83	95	65	83	91	32	90	97	81	81	88	6	984

💬 次の操作で条件付き書式を新たに設定するため、書式が重ならないように、O 列に設定されている条件付き書式を先に解除します。

2 ［ホーム］タブの［条件付き書式］ボタンをクリックします。

3 ［ルールのクリア］にマウスポインターを合わせて、［選択したセルからルールをクリア］をクリックします。

💬 シート全体の条件付き書式を解除したい場合は、［シート全体からルールをクリア］をクリックします。

→ セル O3 〜 O22 の条件付き書式が解除できました。

	A	B	C	D	E	F	G	H	I	J	K	L	M	N	O
1	紅茶・コーヒー豆専門店＜リーフ＆ビーンズ＞　販売集計表													(単位：個)	
2	コード	商品名	1月	2月	3月	4月	5月	6月	7月	8月	9月	10月	11月	12月	合計
3	Tea-101	アールグレイ	80	128	157	108	98	124	100	135	146	112	140	124	1,452
4	Tea-102	アッサム	223	195	207	438	146	240	225	158	160	164	141	20	2,226
5	Tea-103	ウバ	222	198	198	279	237	229	175	282	295	512	196	243	2,812
6	Tea-104	オレンジペコ	112	144	196	106	196	123	120	178	111	136	196	116	1,734
7	Tea-105	カモミール	497	287	262	300	375	278	297	317	375	320	395	416	4,600
8	Tea-106	キーマン	156	102	83	89	100	85	106	109	86	127	124	160	1,327
9	Tea-107	キャンディ	57	45	48	51	114	87	30	55	97	35	48	5	539
10	Tea-108	ダージリン	177	128	176	176	160	236	219	223	225	216	134	164	2,234
11	Tea-109	チャイ	209	257	183	228	159	191	169	244	183	244	146	22	2,434
12	Tea-110	ニルギリ	264	432	246	275	145	166	191	228	260	215	151	20	2,518
13	Tea-111	ルイボス	88	124	151	160	152	87	80	79	46	146	83	152	1,471
14	Tea-112	ルフナ	83	95	65	83	91	32	90	97	81	81	88	6	984

1 条件付き書式を解除したセル O3 〜 O22 を範囲選択します。

2 ［ホーム］タブの［条件付き書式］ボタンをクリックします。

3 ［上位/下位ルール］をポイントして［平均より上］をクリックします。

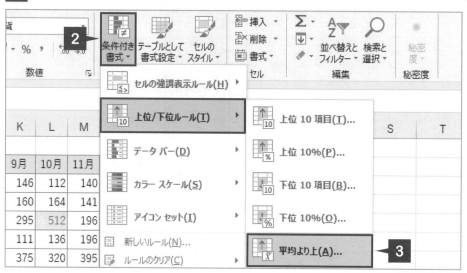

→ ［平均より上］ダイアログボックスが表示されます。

4 下図のようにダイアログボックスを設定して［OK］をクリックします。

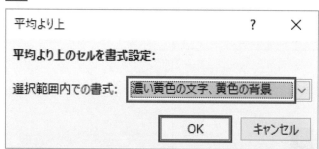

→ セル O3 〜 O22 の中で"平均より上"に該当するセルが強調できました。

左図は範囲選択を解除した状態です。

	A	B	C	D	E	F	G	H	I	J	K	L	M	N	O
1	紅茶・コーヒー豆専門店＜リーフ＆ビーンズ＞ 販売集計表														(単位：個)
2	コード	商品名	1月	2月	3月	4月	5月	6月	7月	8月	9月	10月	11月	12月	合計
3	Tea-101	アールグレイ	80	128	157	108	98	124	100	135	146	112	140	12	1,452
4	Tea-102	アッサム	223	195	207	438	146	240	225	158	160	164	141	20	2,226
5	Tea-103	ウバ	222	198	198	279	237	229	175	282	295	512	196	24	2,812
6	Tea-104	オレンジペコ	112	144	196	106	196	123	120	178	111	136	196	11	1,734
7	Tea-105	カモミール	497	287	262	300	375	278	297	317	375	320	395	41	4,600
8	Tea-106	キーマン	156	102	83	89	100	85	106	109	86	127	124	16	1,327
9	Tea-107	キャンディ	57	45	48	51	114	87	30	55	97	35	48	5	539
10	Tea-108	ダージリン	177	128	176	176	160	236	219	223	225	216	134	16	2,234
11	Tea-109	チャイ	209	257	183	228	159	191	169	244	183	244	146	22	2,434
12	Tea-110	ニルギリ	264	432	246	275	145	166	191	228	260	215	151	20	2,518
13	Tea-111	ルイボス	88	124	151	160	152	87	80	79	46	146	83	15	1,471
14	Tea-112	ルフナ	83	95	65	83	91	32	90	97	81	81	88	6	984
15	Cfe-101	キリマンジャロ	161	90	112	102	128	162	134	165	149	159	90	16	1,620
16	Cfe-102	グァテマラ	216	213	193	193	173	182	205	168	122	132	122	19	2,114
17	Cfe-103	コスタリカ	223	295	230	266	309	226	480	192	352	232	216	29	3,077
18	Cfe-104	コロンビア	196	285	487	249	273	214	198	262	150	217	261	16	2,648
19	Cfe-105	ハワイ・コナ	87	55	119	114	93	82	60	67	28	109	62	6	1,027

LESSON **4** | 指定のルールを満たすセルを強調する

独自のルールを設けて書式を変更できるセルの強調表示ルールには、"指定の値より大きい・小さい"、"指定の範囲内"、"指定の値に等しい"、"文字列"、"日付"、"重複する値"など、いくつかの種類があります。ここでは"指定の値より小さい"を選択し、「100より小さい場合はセルの背景を赤く塗りつぶす」というルールを設定します。

> 指定の値（この例では100）より小さい数値のセルの背景を塗りつぶす

商品名	1月	2月	3月	4月	5月	6月	7月	8月	9月	10月	11月	12月
アールグレイ	80	128	157	108	98	124	100	135	146	112	140	124
アッサム	223	195	207	438	146	240	225	158	160	164	141	201
ウバ	222	198	198	279	237	229	175	282	295	512	196	243
オレンジペコ	112	144	196	106	196	123	120	178	111	136	196	116
カモミール	497	287	262	300	375	278	297	317	375	320	395	410
キーマン	156	102	83	89	100	85	106	109	86	127	124	160
キャンディ	57	45	48	51	114	87	30	55	97	35	48	57
ダージリン	177	128	176	176	160	236	219	223	225	216	134	164
チャイ	209	257	183	228	159	191	169	244	183	244	146	221
ニルギリ	264	432	246	275	145	166	191	228	260	215	151	207
ルイボス	88	124	151	160	152	87	80	79	46	146	83	152
ルフナ	83	95	65	83	91	32	90	97	81	81	88	61
キリマンジャロ	161	90	112	102	128	162	134	165	149	159	90	168
グァテマラ	216	213	193	193	173	182	205	168	122	132	122	195
コスタリカ	223	295	230	266	309	226	480	192	352	232	216	295
コロンビア	196	285	487	249	273	214	198	262	150	217	261	165
ハワイ・コナ	87	55	119	114	93	82	60	67	28	109	62	69
ブルーマウンテン	194	236	151	148	203	266	246	247	218	152	184	200
マンデリン	162	128	139	172	203	163	128	198	145	135	182	135
モカ	92	136	104	149	102	150	159	156	120	132	100	90

STEP セルC3〜N22の中で100より小さい数値のセルを強調する

1 9ページと同様の操作で、セル C3 〜 N22 の条件付き書式を解除します。

	A	B	C	D	E	F	G	H	I	J	K	L	M	N	O
1	紅茶・コーヒー豆専門店＜リーフ＆ビーンズ＞ 販売集計表														(単位:個)
2	コード	商品名	1月	2月	3月	4月	5月	6月	7月	8月	9月	10月	11月	12月	合計
3	Tea-101	アールグレイ	80	128	157	108	98	124	100	135	146	112	140	124	1,452
4	Tea-102	アッサム	223	195	207	438	146	240	225	158	160	164	141	201	2,226
5	Tea-103	ウバ	222	198	198	279	237	229	175	282	295	512	196	243	2,812
6	Tea-104	オレンジペコ	112	144	196	106	196	123	120	178	111	136	196	116	1,734
7	Tea-105	カモミール	497	287	262	300	375	278	297	317	375	320	395	410	4,600
8	Tea-106	キーマン	156	102	83	89	100	85	106	109	86	127	124	160	1,327
9	Tea-107	キャンディ	57	45	48	51	114	87	30	55	97	35	48	57	539
10	Tea-108	ダージリン	177	128	176	176	160	236	219	223	225	216	134	164	2,234
11	Tea-109	チャイ	209	257	183	228	159	191	169	244	183	244	146	221	2,434
12	Tea-110	ニルギリ	264	432	246	275	145	166	191	228	260	215	151	207	2,518
13	Tea-111	ルイボス	88	124	151	160	152	87	80	79	46	146	83	152	1,471
14	Tea-112	ルフナ	83	95	65	83	91	32	90	97	81	81	88	61	984
15	Cfe-101	キリマンジャロ	161	90	112	102	128	162	134	165	149	159	90	168	1,620
16	Cfe-102	グァテマラ	216	213	193	193	173	182	205	168	122	132	122	195	2,114
17	Cfe-103	コスタリカ	223	295	230	266	309	226	480	192	352	232	216	295	3,077
18	Cfe-104	コロンビア	196	285	487	249	273	214	198	262	150	217	261	165	2,648
19	Cfe-105	ハワイ・コナ	87	55	119	114	93	82	60	67	28	109	62	69	1,027
20	Cfe-106	ブルーマウンテ;	194	236	151	148	203	266	246	247	218	152	184	200	2,445
21	Cfe-107	マンデリン	162	128	139	172	203	163	128	198	145	135	182	135	1,890
22	Cfe-108	モカ	92	136	104	149	102	150	159	156	120	132	100	90	1,490
23															

> 次の操作で条件付き書式を新たに設定するため、書式が重ならないように、セル C3 〜 N22 に設定されている条件付き書式を先に解除します。

2 セル範囲 C3 〜 N22 を選択します。

3 ［ホーム］タブの［条件付き書式］ボタンをクリックします。

4 ［セルの強調表示ルール］をポイントして［指定の値より小さい］をクリックします。

→ ［指定の値より小さい］ダイアログボックスが表示されます。

5 ［次の値より小さいセルを書式設定］に「100」と入力します。

6 ［書式］を［濃い赤の文字、明るい赤の背景］に設定します。

7 ［OK］をクリックします。

→ セル C3 〜 N22 の中で 100 より小さい数値のセルを強調できました。

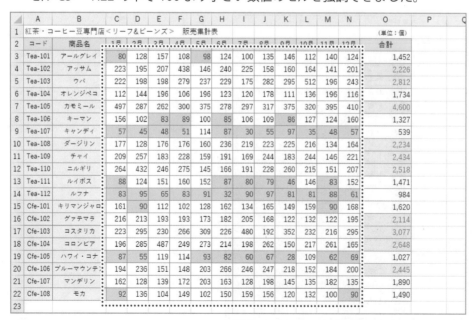

左図は範囲選択を解除した状態です。

8 ブック「Chap1_ 紅茶コーヒー販売集計表」を上書き保存して閉じます。

LESSON 5 ｜ 特定の値のセルを強調する

［新しい書式ルール］ダイアログボックスを使用すると、より詳細な設定が行えます。ここでは、セルに入力された文字によって書式が変化するルールを設定し、セルの文字が"土"の場合は文字の色を青く、"日"の場合は文字の色を赤く表示します。

| | セルに入力された文字が"土"の場合は、文字の色を青くする。 |

| | セルに入力された文字が"日"の場合は、文字の色を赤くする。 |

日付	曜日	（ ）さん	（ ）さん
1月1日	金		
1月2日	土		
1月3日	日		
1月4日	月		
1月5日	火		
1月6日	水		
1月7日	木		
1月8日	金		
1月9日	土		
1月10日	日		

STEP セルB4 ～B368 の中で値が"土"のセルを強調する

1 実習用データのブック「Chap1_ 予定カレンダー」を開きます。

▼ スクール応用 _Excel 2019 ▶ ▼ CHAPTER1 ▶ E 「Chap1_ 予定カレンダー」

💬 実習用データはインターネットからダウンロードできます。詳細は本書の P.（4）に記載されています。

2 セル B4 をアクティブにします（選択します）。

	A	B	C	D	E	F
1			みんなの予定カレンダー			
2						
3	日付	曜日	（ ）さん	（ ）さん	（ ）さん	（ ）さん
4	1月1日	金				
5	1月2日	土				

3 Ctrl + Shift + ↓ キーを押します。

→ データが入力されている最下部のセルまで選択されます。

357	12月20日	月				
358	12月21日	火				
359	12月22日	水				
360	12月23日	木				
361	12月24日	金				
362	12月25日	土				
363	12月26日	日				
364	12月27日	月				
365	12月28日	火				
366	12月29日	水				
367	12月30日	木				
368	12月31日	金				

Sheet1 ⊕

💬 この方法で最下部のセルまで選択されなかった場合は、ドラッグ操作による通常の範囲選択を行ってください。

4 [ホーム] タブの [条件付き書式] ボタンをクリックします。

5 [新しいルール] をクリックします。

→ [新しい書式ルール] ダイアログボックスが表示されます。

6 [指定の値を含むセルだけを書式設定] をクリックします。

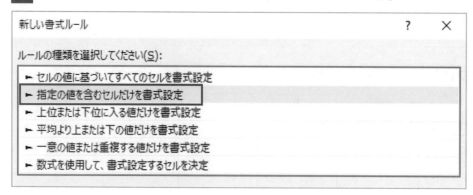

7 ［次のセルのみを書式設定］の左から 2 つ目のボックスを［次の値に等しい］に変更します。

8 隣のボックスに「土」と入力します。

9 ［書式］をクリックします。

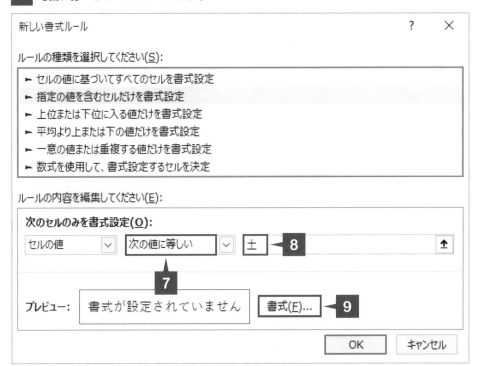

→［セルの書式設定］ダイアログボックスが表示されます。

10 ［フォント］タブが選択されていることを確認します。

11 ［色］ボックスの ✓ をクリックして、［標準の色］の［薄い青］をクリックします。

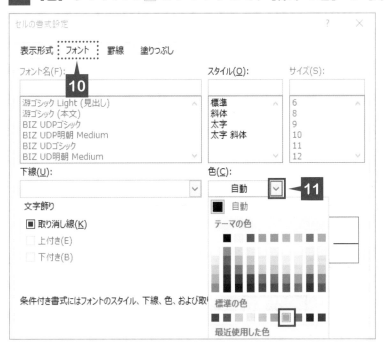

［フォント］タブが選択されていない場合は、［フォント］タブをクリックして選択します。

12 ［OK］をクリックします。

→［新しい書式ルール］ダイアログボックスが再び表示されます。

13 ［新しい書式ルール］ダイアログボックスの［OK］をクリックします。

プレビューで書式の内
容が確認できます。

→ セル B4 ～ B368 の中で値が " 土 " のセルを強調できました。

14 同様の方法で、セルの値が " 日 " の場合、文字の色が［標準の色］の［赤］に変更されるように条件付き書式を設定します。

	A	B	C	D	E	F
1	みんなの予定カレンダー					
3	日付	曜日	（　　）さん	（　　）さん	（　　）さん	（　　）さん
4	1月1日	金				
5	1月2日	土				
6	1月3日	日				
7	1月4日	月				
8	1月5日	火				
9	1月6日	水				
10	1月7日	木				
11	1月8日	金				
12	1月9日	土				
13	1月10日	日				
14	1月11日	月				
15	1月12日	火				
16	1月13日	水				
17	1月14日	木				
18	1月15日	金				
19	1月16日	土				
20	1月17日	日				
21	1月18日	月				

1 条件付き書式、入力規則、表示形式を活用する

⏚OnePoint　書式を設定するその他の条件

"セルの値" 以外に、"空白" や "日付" なども書式を設定する条件にすることができます。
たとえば、"空白" を条件にすれば、未入力や入力漏れのセルを強調するといった使い方ができます。
また、"日付" を条件にして "今日" を指定すれば、表を閲覧している今日現在の日付のセルを強調することもできます。

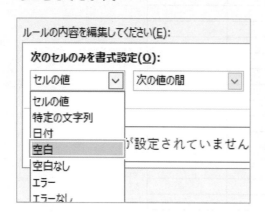
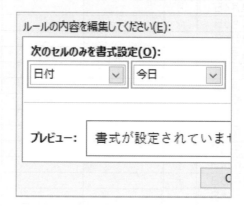

⏚OnePoint　条件付き書式のルールや書式を編集するには

条件付き書式として設定したルールや書式を編集したい場合は、[ホーム] タブの [条件付き書式] ボタンをクリックして [ルールの管理] をクリックし、[条件付き書式ルールの管理] ダイアログボックスを使用します。このダイアログボックスではルールの優先順位も変更できます。

下欄に表示されるルールを "シート全体" か "選択範囲内" に切り替えます。

選択しているルールを削除できます。

ルールが複数ある場合、優先順位を変更できます。

新しいルールが追加できます。

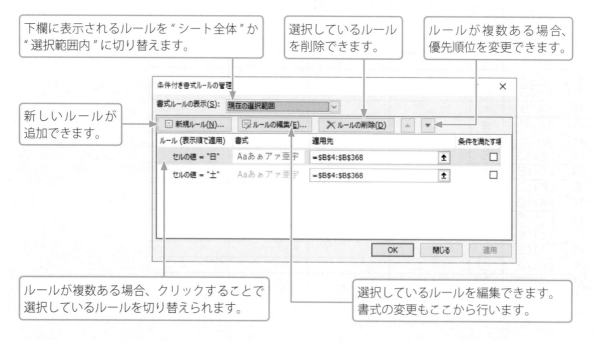

ルールが複数ある場合、クリックすることで選択しているルールを切り替えられます。

選択しているルールを編集できます。書式の変更もここから行います。

LESSON 6 | 条件判定と書式設定の対象となるセルを別にする

ここまでのレッスンでは条件を満たすセルの書式を変更する設定を学習しましたが、［新しい書式ルール］ダイアログボックスの［数式を使用して、書式設定するセルを決定］を選択することで、**条件判定と書式設定の対象となるセルを別にする**ことができます。ここでは、セルの値が"日"の場合、その右のセルの背景色が変わるというルールを設定します。

日付	曜日	(　　　) さん	(　　　) さん	(　　　) さん	(　　　) さん
1月1日	金				
1月2日	土				
1月3日	日				
1月4日	月				
1月5日	火				
1月6日	水				
1月7日	木				
1月8日	金				
1月9日	土				

条件判定のセル →

書式設定の対象となるセル →

STEP **"曜日"のセルの値が"日"の場合、"予定"のセルの背景色を変更する**

1 セル C4 をアクティブにします。

	A	B	C	D	E	F
1			みんなの予定カレンダー			
2						
3	日付	曜日	(　　) さん	(　　) さん	(　　) さん	(　　) さん
4	1月1日	金				
5	1月2日	土				
6	1月3日	日				
7	1月4日	月				
8	1月5日	火				

2 Ctrl + Shift + END キーを押します。

Ctrl ＋ ⇧Shift ＋ End

→ 表の最終セルまで範囲選択されます。

358	12月21日	火				
359	12月22日	水				
360	12月23日	木				
361	12月24日	金				
362	12月25日	土				
363	12月26日	日				
364	12月27日	月				
365	12月28日	火				
366	12月29日	水				
367	12月30日	木				
368	12月31日	金				
369						

この方法で表の最終セルまで選択されなかった場合はドラッグ操作による通常の範囲選択を行ってください。

3 ［ホーム］タブの［条件付き書式］ボタンをクリックします。

4 ［新しいルール］をクリックします。

→ ［新しい書式ルール］ダイアログボックスが表示されます。

5 ［数式を使用して、書式設定するセルを決定］をクリックします。

6 ［次の数式を満たす場合に値を書式設定］ボックス内をクリックしてカーソルを表示します。

7 シート上のセル B4 をクリックします。

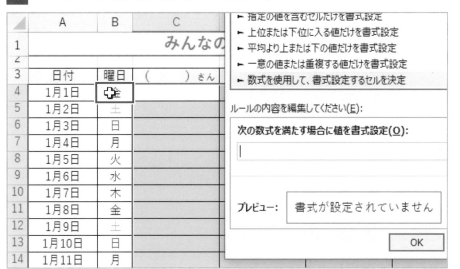

今回は"曜日"が入力された B 列のセルが条件判定の対象となります。

→ カーソルのあるボックス内に、セル B4 が絶対参照（=$B$4）で表示されます。

ルールの内容を編集してください(E):

次の数式を満たす場合に値を書式設定(O):

= $B$4　　　　　　　　　　　　　　　　　　　　　　⬆

8 キーボードの F4 キーを 2 回押します。

今回は、この操作を行わないと条件付き書式が正しく設定されません（P.24 参照）。

→ 参照方式が絶対参照（$B$4）から複合参照（列）（$B4）に変更されます。

ルールの内容を編集してください(E):

次の数式を満たす場合に値を書式設定(O):

= $B4　　　　　　　　　　　　　　　　　　　　　　⬆

9 "=$B4" に続けて「="日"」と入力します（イコールとダブルクォーテーションは半角）。

ルールの内容を編集してください(E):

次の数式を満たす場合に値を書式設定(O):

= $B4="日"　　　　　　　　　　　　　　　　　　　⬆

これで、セル B4 の値が"日"のときにルールが適用されます。

10 ［書式］をクリックします。

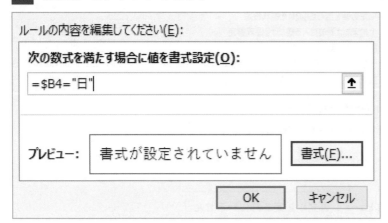

→ ［セルの書式設定］ダイアログボックスが表示されます。

11 ［塗りつぶし］タブをクリックして選択します。

12 ［背景色］の一覧から下図で選択している色をクリックします。

13 ［OK］をクリックします。

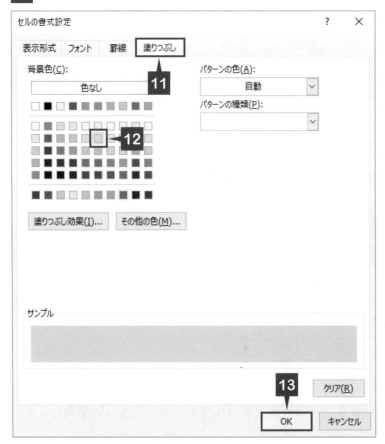

→ ［新しい書式ルール］ダイアログボックスが再び表示されます。

14 ［新しい書式ルール］ダイアログボックスの［OK］をクリックします。

プレビューで書式の内容が確認できます。

```
新しい書式ルール                          ?    ×

ルールの種類を選択してください(S):
  ► セルの値に基づいてすべてのセルを書式設定
  ► 指定の値を含むセルだけを書式設定
  ► 上位または下位に入る値だけを書式設定
  ► 平均より上または下の値だけを書式設定
  ► 一意の値または重複する値だけを書式設定
  ► 数式を使用して、書式設定するセルを決定

ルールの内容を編集してください(E):
  次の数式を満たす場合に値を書式設定(O):
  =$B4="日"                              ⬆

  プレビュー:    Aaあぁアァ亜宇      書式(F)...

                        OK        キャンセル
```

→ "曜日" のセルの値が "日" の行の C 列～ F 列のセルの背景色を変更できました。

	A	B	C	D	E	F
1			みんなの予定カレンダー			
2						
3	日付	曜日	（　　　）さん	（　　　）さん	（　　　）さん	（　　　）さん
4	1月1日	金				
5	1月2日	土				
6	1月3日	日				
7	1月4日	月				
8	1月5日	火				
9	1月6日	水				
10	1月7日	木				
11	1月8日	金				
12	1月9日	土				
13	1月10日	日				
14	1月11日	月				
15	1月12日	火				
16	1月13日	水				
17	1月14日	木				
18	1月15日	金				
19	1月16日	土				
20	1月17日	日				
21	1月18日	月				
22	1月19日	火				

15 ブック「Chap1_ 予定カレンダー」を上書き保存して閉じます。

⬅ OnePoint　条件となる数式の参照方式を変更しなかった場合

条件判定と書式設定の対象となるセルを別にする場合は、操作の途中で行う"参照方式の変更"がポイントとなり、どの参照方式を使用するかを表の形状に合わせて検討します。

たとえば、レッスン6では"複合参照（列）"を使用しました。そうすることで「列は固定、行は固定しない」という参照方式になり、書式設定の対象となる各セルからは下図のように正しく条件判定のセルを参照できます。

●複合参照（列）<$B4> の場合

	A	B	C	D	E	F
4	1月1日	金	B④	B④	B④	B④
5	1月2日	土	B⑤	B⑤	B⑤	B⑤
6	1月3日	日	B⑥	B⑥	B⑥	B⑥

> どのセルもB列のそれぞれ対象行を正しく参照しています。

●絶対参照 <$B$4> の場合

	A	B	C	D	E	F
4	1月1日	金	B④	B④	B④	B④
5	1月2日	土	B 4	B 4	B 4	B 4
6	1月3日	日	B 4	B 4	B 4	B 4

> すべてのセルがB4を参照しているため、5行目以降の行の参照先が間違っています。

●複合参照（行）<B$4> の場合

	A	B	C	D	E	F
4	1月1日	金	B④	C 4	D 4	E 4
5	1月2日	土	B 4	C 4	D 4	E 4
6	1月3日	日	B 4	C 4	D 4	E 4

> 5行目以降は行の参照先が、D列以降は列の参照先が間違っています。

●相対参照 <B4> の場合

	A	B	C	D	E	F
4	1月1日	金	B④	C④	D④	E④
5	1月2日	土	B⑤	C⑤	D⑤	E⑤
6	1月3日	日	B⑥	C⑥	D⑥	E⑥

> 行は正しく参照できていますが、列の参照先が間違っています。

1-2 入力規則を設定する

セルに入力規則を設定すると、入力可能な値を制限できます。想定外のデータの入力をできなくしたり、入力データの不備を伝えて修正を促すメッセージを表示したりすることができます。また、日本語入力のオン・オフの切り替えを事前に設定しておくこともできます。

LESSON 1 | 入力規則の設定項目

入力規則は、[データの入力規則] ダイアログボックスで設定します。このダイアログボックスには 4 つのタブがあり、それぞれ以下のような設定ができます。

> 入力規則を設定するダイアログボックス

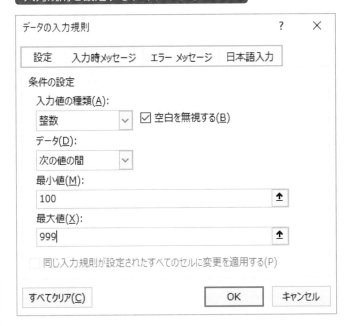

● 設定タブ

　入力値の種類や、入力可能な値を指定します。

● 入力時メッセージタブ

　入力のヒントとして表示されるメッセージを設定します。

● エラーメッセージタブ

　指定した値以外のデータを入力しようとしたときに表示されるメッセージを設定します。

● 日本語入力タブ

　日本語入力のオン・オフの切り替えを自動的に行うように設定します。

入力規則では、[設定] タブで決めた入力可能な値以外のデータ（無効データ）を入力した場合に、どのような処理を行うかを次の 3 つから指定することができます。

> 無効データが入力されたときの処理（スタイル）の種類

停止	無効データは入力できません。再入力が必要になります。
注意	エラーメッセージの [はい] をクリックすれば無効データを入力できます。[いいえ] をクリックすれば再入力できます。
情報	エラーメッセージの [OK] をクリックすれば無効データを入力できます。

LESSON 2 | 整数の入力規則を設定する

セルに入力規則を設定して、入力可能な整数を制限する場合、入力値の上限や下限を決めておくことで、間違った値を入力した時点で気づくことができます。

ここでは社内アンケートを作ることを想定して、誤った社員番号が入力されないように、入力値を100から999の整数に制限します。さらに、入力時のヒントになるメッセージの設定と、誤った値を入力したときのエラーメッセージの設定も合わせて行います。

STEP　セルC3に"100"～"999"の整数しか入力できないように設定する

1　実習用データのブック「Chap1_新製品開発アンケート」を開きます。

📁 スクール応用_Excel 2019 ▶ 📁 CHAPTER1 ▶ 🅴「Chap1_新製品開発アンケート」

💬
実習用データはインターネットからダウンロードできます。詳細は本書のP.（4）に記載されています。

2　セル C3 をアクティブにします。

	A	B	C	D	E	F	G	H
1		【社内】新製品開発に関するアンケート						
2		今回お試しいただきました試作品のご感想をお聞かせください。 アンケートご記入後、開発部 佐藤までメールにてご送付ください。						
3		社員番号：						
4		記入者氏名：						
5								

3　[データ] タブの [データの入力規則] ボタンをクリックします。

→ [データの入力規則] ダイアログボックスが表示されます。

4 ［設定］タブになっていることを確認します。

5 ［入力値の種類］の ✓ をクリックして［整数］をクリックします。

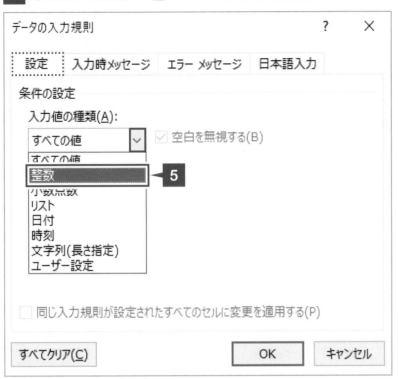

6 ［データ］ボックスが［次の値の間］になっていることを確認します。

7 ［最小値］ボックスに「100」と入力します。

8 ［最大値］ボックスに「999」と入力します。

💬
［空白を無視する］
チェックボックスを
オフにすると、空白
も無効データとして
扱われます。ただし、
Backspace キーで消去
したときのみエラー
メッセージが表示され
ます（Delete キーや［ク
リア］コマンドなどで
は無効データとしてみ
なされず消去が可能で
す。詳細は P.41「入力
規則の注意点」参照）。

9 ［入力時メッセージ］タブをクリックします。

10 ［タイトル］ボックスと［メッセージ］ボックスに下図のように入力します。

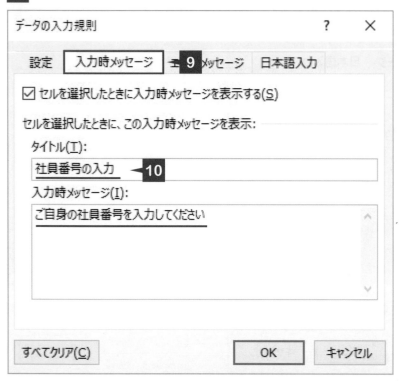

［セルを選択したときに入力時メッセージを表示する］チェックボックスをオフにすると、ここで設定したメッセージは表示されなくなります。

11 ［エラーメッセージ］タブをクリックします。

12 ［タイトル］ボックスと［エラーメッセージ］ボックスに下図のように入力します。

13 ［OK］をクリックします。

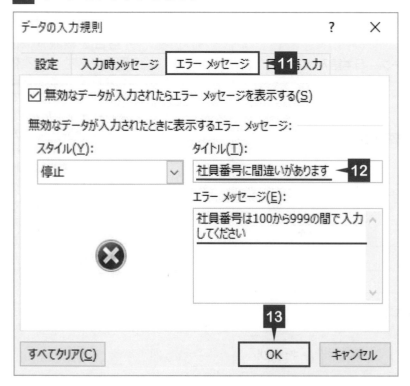

左図で"停止"と設定されている［スタイル］を、"注意"や"情報"に変更すると、無効データであっても入力を許可することができます。

→ セル C3 に "100" ～ "999" の整数しか入力できないように設定できました。

	A	B	C	D	E	F	G	H
1		**【社内】新製品開発に関するアンケート**						
2		今回お試しいただきました試作品のご感想をお聞かせください。 アンケートご記入後、開発部 佐藤までメールにてご送付ください。						
3		社員番号：						
4		記入者氏名：	社員番号の入力					
5			ご自身の社員番号を					
6		(1)商品の使い心地は	入力してください					良い
7								普通
8		ご回答：						悪い
9								
10		(2)予定価格は3200円です。価格についてはいかがですか？						適切だと思う
11								割高

設定した入力時メッセージが表示されています。

1

条件付き書式、入力規則、表示形式を活用する

14 入力規則の確認のため、セル C3 に無効データに該当する「99」を入力します。

今回お試しいただきました試作品のご感想をお聞か
アンケートご記入後　開発部 佐藤までメールにてご

社員番号： | 99

記入者氏名： 　社員番号の入力
　　　　　　　ご自身の社員番号を
　　　　　　　入力してください

(1)商品の使い心地は

15 Enter キーを押して入力を確定します。

→ 無効データのため入力の確定が停止され、エラーメッセージが表示されます。

	A	B	C	D	E	F	G	H	I	J	K	L	M
1		**【社内】新製品開発に関するアンケート**											
2		今回お試しいただきました試作品のご感想をお聞かせください。 アンケートご記入後、開発部 佐藤までメールにてご送付ください。											
3		社員番号：	99										
4		記入者氏名：	社員番号の入力										
5			ご自身の社員番号を										
6		(1)商品の使い心地は	入力してください										
7													
8		ご回答：											
9													
10		(2)予定価格は3200円です。価格についてはいかがですか？											
11													
12		ご回答：				高すぎる							
13						割安							
14		(3)その他ご自由に感想をご記入ください。				安すぎる							
15		ご感想：											
16													
17		★よろしければサンプル品を差し上げます。											
18		おひとり　　　5　　　個までになります。											
20		希望数：											
21													

社員番号に間違いがあります　　×
　⊗　社員番号は100から999の間で入力してください
　　　再試行(R)　　キャンセル　　ヘルプ(H)

16 ［再試行］をクリックします。

社員番号に間違いがあります	✕
⊗　社員番号は100から999の間で入力してください	
再試行(R)　　キャンセル　　ヘルプ(H)	

17 「100」と入力し直し、Enter キーを押して確定します。

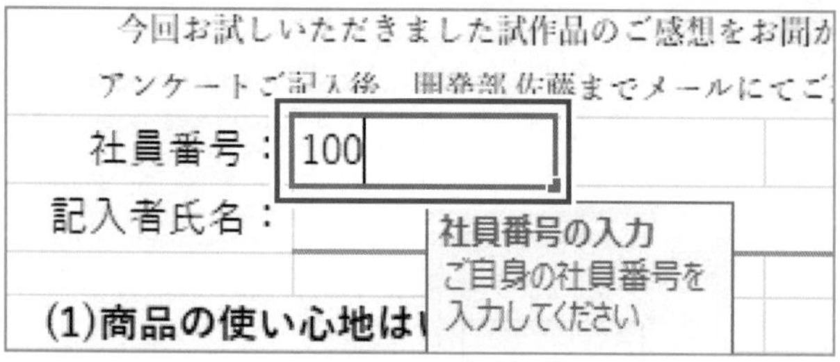

今回お試しいただきました試作品のご感想をお聞か
アンケートご記入後、開発部 佐藤までメールにてご

社員番号： 100

記入者氏名：

社員番号の入力
ご自身の社員番号を
入力してください

(1)商品の使い心地は

→ 今度は指定した範囲内の整数のため入力を確定できます。

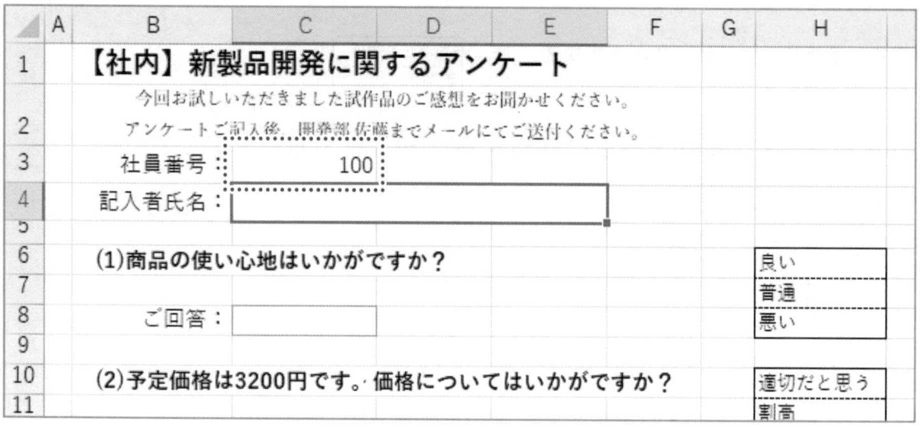

	A	B	C	D	E	F	G	H
1		【社内】新製品開発に関するアンケート						
2		今回お試しいただきました試作品のご感想をお聞かせください。 アンケートご記入後、開発部 佐藤までメールにてご送付ください。						
3		社員番号：	100					
4		記入者氏名：						
5								
6		(1)商品の使い心地はいかがですか？						良い
7								普通
8		ご回答：						悪い
9								
10		(2)予定価格は3200円です。価格についてはいかがですか？						適切だと思う
11								割高

⊙ OnePoint   整数以外の入力値の種類

入力値には整数の他に以下のような種類があります。

- 小数点数 ………………… 小数点を含む数値が指定できます。
- リスト ……………………… 入力する値をドロップダウンリストから指定できます。
- 日付 ………………………… 日付が指定できます。
- 時刻 ………………………… 時刻が指定できます。
- 文字列（長さ指定）……… 文字列の長さ（文字数）を指定できます。
- ユーザー設定 …………… 数式を使って指定できます。

LESSON 3 ｜ 入力規則をセル参照で設定する

入力規則の設定には、セル参照を利用することもできます。たとえば、下図のように、他のセルに入力された数値を上回らないように入力値を制限する場合、数値で指定するよりもセルを参照させるほうが便利です。入力規則の設定後、参照元のセルの数値が変更されると、入力可能な範囲が自動更新されます。

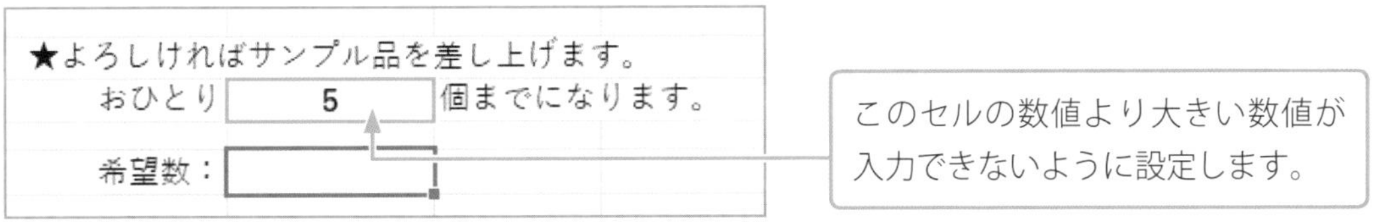

```
★よろしければサンプル品を差し上げます。
  おひとり    5     個までになります。
  希望数：
```

> このセルの数値より大きい数値が入力できないように設定します。

STEP セルC20 にセルC18 の値を超える整数を入力できないように設定する

1 セル C20 をアクティブにします。

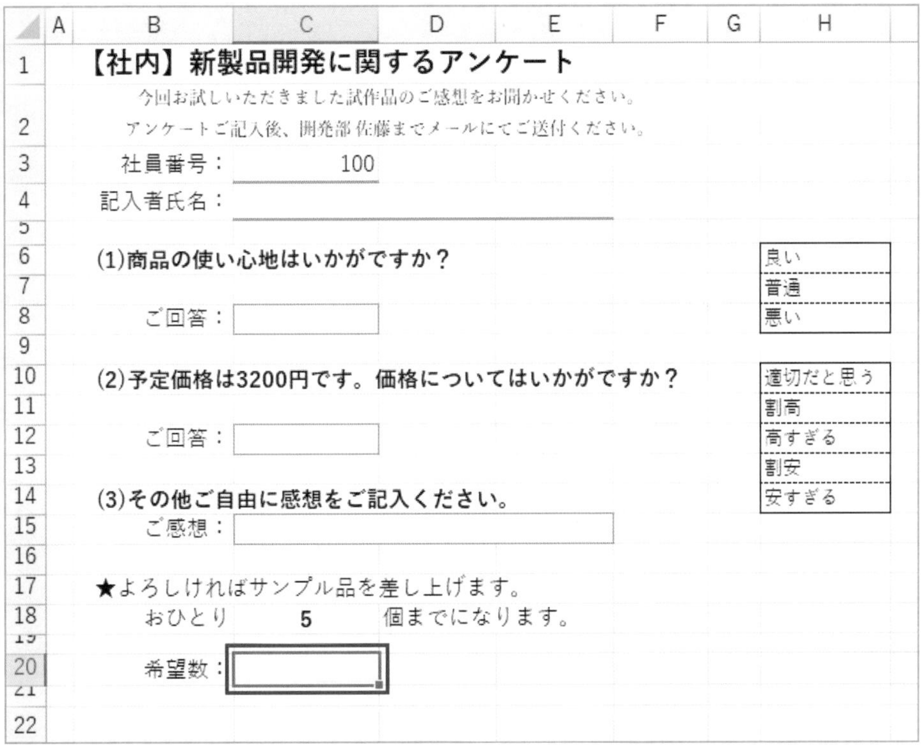

	A	B	C	D	E	F	G	H
1		**【社内】新製品開発に関するアンケート**						
2		今回お試しいただきました試作品のご感想をお聞かせください。アンケートご記入後、開発部 佐藤までメールにてご送付ください。						
3		社員番号：	100					
4		記入者氏名：						
5								
6		(1)商品の使い心地はいかがですか？						良い
7								普通
8		ご回答：						悪い
9								
10		(2)予定価格は3200円です。価格についてはいかがですか？						適切だと思う
11								割高
12		ご回答：						高すぎる
13								割安
14		(3)その他ご自由に感想をご記入ください。						安すぎる
15		ご感想：						
16								
17		★よろしければサンプル品を差し上げます。						
18		おひとり	**5**	個までになります。				
19								
20		希望数：						
21								
22								

2 ［データ］タブの［データの入力規則］ボタンをクリックします。

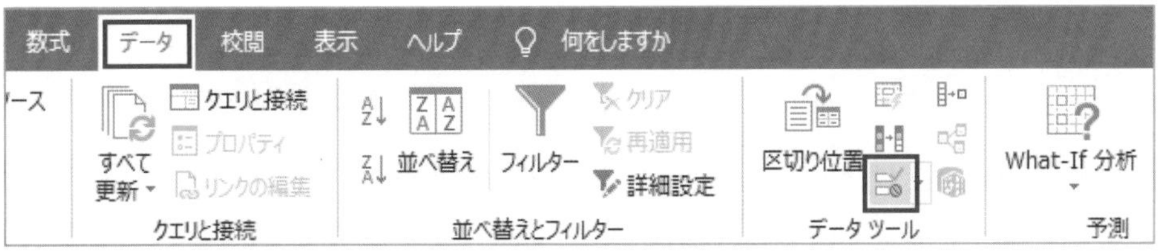

数式	データ	校閲	表示	ヘルプ	♀ 何をしますか

```
ース    🔄 クエリと接続   A↓ Z A   ▼ ⅹクリア      ⤴      ▤-o      🔲?
      すべて  📋 プロパティ   Z A  Z A  フィルター  ▼再適用  区切り位置  🔲  What-If 分析
      更新▾ 🔗リンクの編集  Z↓A  並べ替え         ▼詳細設定            🔲
        クエリと接続       並べ替えとフィルター      データツール       予測
```

→［データの入力規則］ダイアログボックスが表示されます。

3 ［設定］タブをクリックして選択します。

4 ［入力値の種類］の ∨ をクリックして［整数］をクリックします。

5 ［データ］の ∨ をクリックして［次の値以下］をクリックします。

6 ［最大値］ボックス内をクリックしてカーソルを表示します。

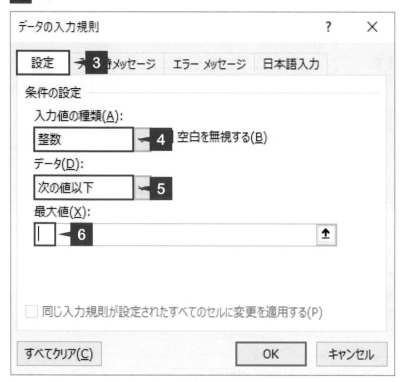

7 シート上のセル C18 をクリックします。

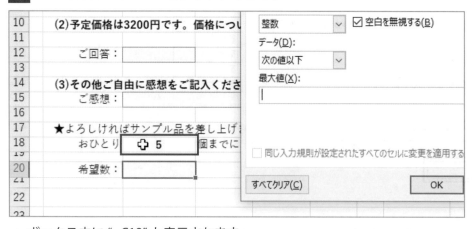

→ ボックス内に "=C18" と表示されます。

> 最大値(X):
>
> =C18

8 ［OK］をクリックします。

→ セル C20 にセル C18 の値を超える整数を入力できないように設定できました。

6	**(1)商品の使い心地はいかがですか？**	良い
7		普通
8	ご回答：	悪い
9		
10	(2)予定価格は3200円です。価格についてはいかがですか？	適切だと思う
11		割高
12	ご回答：	高すぎる
13		割安
14	(3)その他ご自由に感想をご記入ください。	安すぎる
15	ご感想：	
16		
17	★よろしければサンプル品を差し上げます。	
18	おひとり　　5　　個までになります。	
20	希望数：	
21		
22		

9 入力規則の確認のため、セル C20 にセル C18 の値を超える「6」を入力します。

★よろしければサンプル品を差し上げます。

おひとり　　5　　個までになりま

希望数：6

10 Enter キーを押して入力を確定します。

→ 無効データのため入力の確定が停止され、エラーメッセージ（初期設定）が表示されます。

Microsoft Excel

この値は、このセルに定義されているデータ入力規則の制限を満たしていません。

再試行(R)　　キャンセル　　ヘルプ(H)

11 ［再試行］をクリックします。

Microsoft Excel　　　　　　　　　　　　　　×

この値は、このセルに定義されているデータ入力規則の制限を満たしていません。

再試行(R)　　キャンセル　　ヘルプ(H)

12 「5」と入力し直し、Enter キーを押して確定します。

★よろしければサンプル品を差し上げます。		
おひとり	**5**	個までになりま
希望数：	5	

→ 今度は指定した範囲内の整数のため入力を確定できます。

6	(1)商品の使い心地はいかがですか？				良い
7					普通
8	ご回答：				悪い
9					
10	(2)予定価格は3200円です。価格についてはいかがですか？				適切だと思う
11					割高
12	ご回答：				高すぎる
13					割安
14	(3)その他ご自由に感想をご記入ください。				安すぎる
15	ご感想：				
16					
17	★よろしければサンプル品を差し上げます。				
18	おひとり **5** 個までになります。				
19					
20	希望数： 5				
21					
22					

LESSON 4 | 入力候補をリストから選ぶ

" 入力値の種類 " をリストにすると、ドロップダウンリストから入力候補を選ぶ形式にできます。
無効データの入力を効果的に防ぐことができるうえ、ユーザーの入力作業の補助にもなります。
入力候補のリストの項目は自由に指定できるため、目的に応じたリストを作成できます。

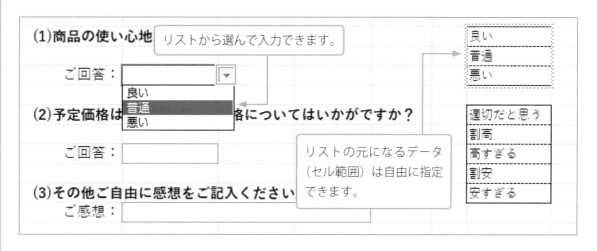

STEP　セルC8 の値をリストから選択できるように設定する

1　セル C8 をアクティブにします。

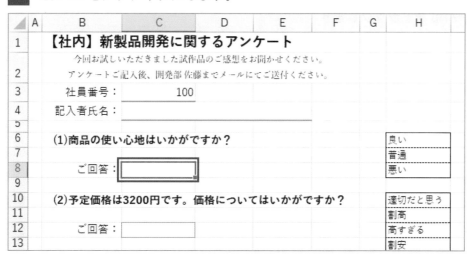

2　［データ］タブの［データの入力規則］ボタンをクリックします。

→ ［データの入力規則］ダイアログボックスが表示されます。

条件付き書式、入力規則、表示形式を活用する　1

3 ［設定］タブが選択されていることを確認します。

4 ［入力値の種類］の ▾ をクリックして［リスト］をクリックします。

5 ［元の値］ボックス内をクリックしてカーソルを表示します。

6 シート上のセル H6 ～ H8 をドラッグします。

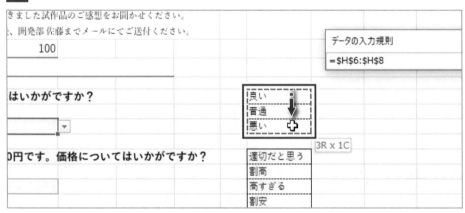

→ ボックス内に "=$H$6:$H$8" と表示されます。

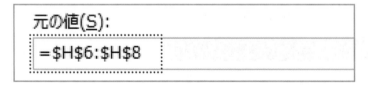

7 ［OK］をクリックします。

→ セル C8 の値がリストから選択できるようになりました。

8 リストの確認のため、セルC8に表示されている ⏷ をクリックします。

セルの右横にリストを表示するための ⏷ が表示されています。

→ セルH6 〜 H8の値を元にしたリストが表示されます。

9 リストから［普通］をクリックします。

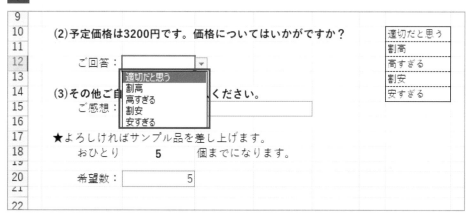

→ リストを使ってデータを入力できました。

10 同様の方法で、セルC12の値をセルH10 〜 H14を元にしたリストから選択できるようにします。

⊙ **OnePoint**　**リストに用意されていない値も入力できるようにするには**
....

入力候補をリストから選ぶ方法に加えて、手動でも自由に値を入力できるようにしたい場合は、［入力規則］ダイアログボックスの［エラーメッセージ］タブの［無効なデータが入力されたらエラーメッセージを表示する］チェックボックスをオフにします。

⊙OnePoint　リストに使用したセルを見えないようにするには

入力規則のリストに使用したセルを見えないようにしたい場合は、対象のセル範囲を列ごと非表示にします。列を非表示にするには、対象の列の列番号を右クリックして［非表示］をクリックします。
再表示したい場合は、非表示になっている列の両隣の列を選択し、右クリックして［再表示］をクリックします。

LESSON 5 ｜ 入力モードが自動的に切り替わるように設定する

入力規則によって、日本語入力モードのコントロール（オン・オフ）も設定することができます。
セルを選択した時点で、そのセルに適した入力モードに自動的に切り替わるので、入力作業の
効率が良くなることが期待されます。

STEP セルC4選択時に日本語入力モードが自動的にオンになるように設定する

1 セルC4をアクティブにします。

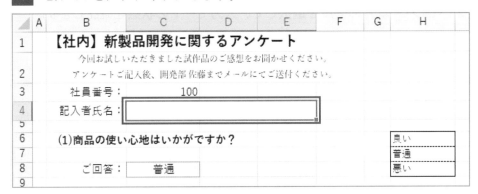

2 ［データ］タブの［データの入力規則］ボタンをクリックします。

→ ［データの入力規則］ダイアログボックスが表示されます。

3 ［日本語入力］タブをクリックして選択します。

4 ［日本語入力］の ∨ をクリックして［オン］をクリックします。

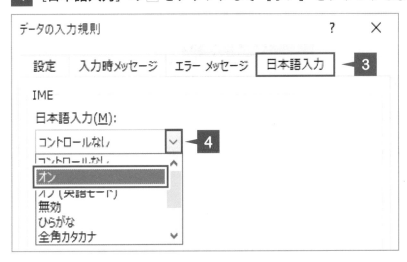

5 ［OK］をクリックします。

→ セル C4 選択時に日本語入力モードが自動的にオンになるように設定できました。

	A	B	C	D	E	F	G	H
1		【社内】新製品開発に関するアンケート						
2		今回お試しいただきました試作品のご感想をお聞かせください。アンケートご記入後、開発部 佐藤までメールにてご送付ください。						
3		社員番号：	100					
4		記入者氏名：						
5								
6		(1)商品の使い心地はいかがですか？						良い
7								普通
8		ご回答：	普通					悪い
9								

6 入力規則の確認のため、セル C4 以外のセルを選択して、入力モードの状態を確認します。

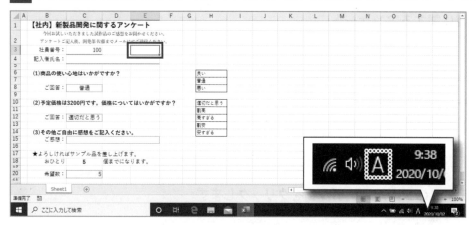

💬 左図では日本語入力モードはオフの状態です。もしオンになっていた場合は、いったん半角 / 全角キーを押して、日本語入力モードをオフにします。

7 入力規則を設定したセル C4 を選択します。

→ 日本語入力モードが自動的にオンになりました。

8 同様の方法で、セル C15 選択時も日本語入力モードがオンになるように設定します。

9 ブック「Chap1_ 新製品開発アンケート」を上書き保存して閉じます。

⊕ OnePoint　入力規則を解除するには

設定した入力規則を解除するには、対象のセルを選択したあと、[データ]タブの[データの入力規則]ボタンをクリックして、[データの入力規則]ダイアログボックスの[すべてクリア]ボタンをクリックします。

⊕ OnePoint　入力規則の注意点

入力規則を設定しても無効データの入力を確実に制限できるわけではありません。たとえば、コピーした値を貼り付けると、無効データであっても入力ができてしまいます。

入力規則を設定すると、"入力が確定されるタイミング"で入力値のチェックが行われます。"入力が確定されるタイミング"とは、具体的にいうと、セル内にカーソルが表示されている状態から Enter キーを押す操作などによってカーソルが消えるときです（ステータスバー左端の表示が"入力"から"準備完了"となるとき）。そのため、セル内に一度もカーソルが表示されない状態から、いきなりデータが入力される[貼り付け]などの操作では、入力値のチェックを行うタイミングがないというわけです。

[空白を無視する]のチェックボックスがオフの状態（空白を無効データとして扱う状態）でセルのデータを消去したときに、Backspace キーでは無効データとして認識されるのに、Delete キーでは認識されないのも同じ理由からです。Backspace キーを押すと、セル内にいったんカーソルが表示されますが、Delete キーではカーソルが表示されないため、入力値のチェックをするタイミングがありません。こうした理由から[クリア]コマンドなどでもデータを消去できてしまいます。

1-3 独自の表示形式を作成する

Excelには**表示形式**という機能があります。表示形式を使用すると、セル内へ実際に入力された値（保存値）はそのまま残して、表示上の値（表示値）に変化を加えることができます。たとえばカンマ（桁区切りスタイル）や￥記号（通貨表示形式）など、表示形式にはあらかじめさまざまな種類が用意されています。ここでは、さらに発展的な使い方として、独自の表示形式を作成する方法を学習します。独自に作成した表示形式は**ユーザー定義の表示形式**と呼ばれ、用途に応じた自由度の高い設定が可能です。なお、表示形式はいつでも解除して保存値を再び表示させることができます。

LESSON 1 | 数値に単位などの文字列を組み合わせる

表を作成していると"1,500円"や"5個"などのように、単位を含めてセルに表示したいときがあります。しかし、数値と単位を1つのセルに入力した場合、そのセルのデータは数値ではなく文字列として扱われるため、一般的な数式のほとんどが使えなくなってしまいます。

単位を直接入力しているケース

価格	数量	金額
300	5 個 ✕	#VALUE!
400	3 個 ✕	#VALUE!

価格×数量 の数式が入力されています。参照するセルに文字列が含まれていて計算できないため、エラー値 #VALUE! が表示されます。

そこで、このようなときには数値と文字列を組み合わせる表示形式を作成します。見た目には数値と単位が同じセルに入力されていても、数式は正しく処理されます。

表示形式によって単位を表示しているケース

価格	数量	金額
300	◎ 5 個	1500
400	◎ 3 個	1200

表示形式で単位を付け加えているため、保存値には影響がなく、計算が正しくできます。

このパターンのユーザー定義の表示形式を作成するときは、**位取り記号とダブルクォーテーション（" "）がポイント**です。数値が入る位置に位取り記号を入力し、単位が入る位置に半角のダブルクォーテーションで囲んだ文字列を入力します。なお、位取り記号には0と#があり、それぞれ次のような特徴があります。

数値が入ることが確実な桁に使用します（そのため1の位の桁で使用することが多くなります）。指定した桁に数値がない場合に0を表示します。

数値が入るかどうか分からない桁に使用します。指定した桁に数値がない場合は何も表示されません。また、数値が0の場合も非表示になります。

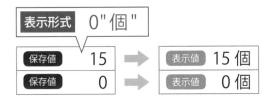

表示形式	0"個"
保存値 15	→ 表示値 15個
保存値 0	→ 表示値 0個

表示形式	#"個"
保存値 15	→ 表示値 15個
保存値 0	→ 表示値 個

表示形式	#,##0"円"
保存値 1500	→ 表示値 1,500円
保存値 300	→ 表示値 300円

※0と#の位取り記号を組み合わせることで、カンマ（桁区切りスタイル）も表示することができます。

※十の位以上には#を使っているため、数値がない桁には何も表示されません。

表示形式のイメージ

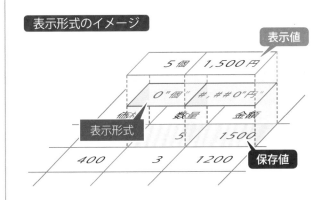

表示形式の設定は、左図のようなイメージでとらえてください。保存値に表示形式というフィルターを重ねることで、見た目（表示値）だけに変化を加えることができます。

STEP "数量"の各セルに「0"個"」の表示形式を設定する

1 実習用データ「Chap1_産直野菜日別売上表」を開きます。

▼ スクール応用_Excel 2019 ▶ ▼ CHAPTER1 ▶ Ⓔ「Chap1_産直野菜日別売上表」

	A	B	C	D	E	F	G	H
1			産直野菜日別売上表					
2		日付		2021/4/1				
3		売上金額		73210				
4								
5		葉物類						
6		番号	野菜名	価格	数量	金額		
7		1	ほうれん草	100	83	8300		
8		2	小松菜	100	69	6900		
9		3	キャベツ	150	42	6300		
10		4	レタス	130	69	8970		
11		5	春菊	100	47	4700		
12		6	明日葉	100	58	5800		
13						40970		
14								

実習用データはインターネットからダウンロードできます。詳細は本書のP.（4）に記載されています。

条件付き書式、入力規則、表示形式を活用する

2 セル E7 ～ E12 と E17 ～ E20 を範囲選択します。

5	葉物類				
6	番号	野菜名	価格	数量	金額
7	1	ほうれん草	100	83	8300
8	2	小松菜	100	69	6900
9	3	キャベツ	150	42	6300
10	4	レタス	130	69	8970
11	5	春菊	100	47	4700
12	6	明日葉	100	58	5800
13					**40970**
14					
15	果菜類				
16	番号	野菜名	価格	数量	金額
17	51	ピーマン（1袋）	100	98	9800
18	52	トマト	80	78	6240
19	53	きゅうり（1袋）	180	55	9900
20	54	なす（1袋）	150	42	6300
21					**32240**
22					

複数の離れたセル範囲を選択するには、2つ目以降の範囲を Ctrl キーを押しながら選択します。

3 ［ホーム］タブの［数値］グループの □ ［表示形式］をクリックします。

→［セルの書式設定］ダイアログボックスの［表示形式］タブが表示されます。

4 ［ユーザー定義］をクリックします。

5 "G/ 標準 " と表示されている［種類］ボックス内をクリックしてカーソルを表示します。

6　［種類］ボックス内の"G/標準"をBackspaceキーやDeleteキーで削除します。

種類(T):

G/標準
G/標準
0
0.00

↓

種類(T):

G/標準
0
0.00

7　［種類］ボックス内に「0"個"」と入力します（0および"は半角）。

種類(T):

0"個"
G/標準
0
0.00

8　［OK］をクリックします。

→ "数量"の各セルの数値に単位"個"が表示できました。

	A	B	C	D	E	F	G
4							
5		葉物類					
6		番号	野菜名	価格	数量	金額	
7		1	ほうれん草	100	83個	8300	
8		2	小松菜	100	69個	6900	
9		3	キャベツ	150	42個	6300	
10		4	レタス	130	69個	8970	
11		5	春菊	100	47個	4700	
12		6	明日葉	100	58個	5800	
13						40970	
14							
15		果菜類					
16		番号	野菜名	価格	数量	金額	
17		51	ピーマン（1袋）	100	98個	9800	
18		52	トマト	80	78個	6240	
19		53	きゅうり（1袋）	180	55個	9900	
20		54	なす（1袋）	150	42個	6300	
21						32240	
22							

ここでは、"個"という単位で統一して設定しましたが、" "の中の文字列を変更すればさまざまな単位を表示させることができます。また、単位に限らず、どのような文字列でも表示することができます。

条件付き書式、入力規則、表示形式を活用する

1-3 独自の表示形式を作成する

"価格"と"金額"の各セルに「#,##0"円"」の表示形式を設定する

1 下図のように対象のセル（価格と金額が入力されたセル）を範囲選択します。

	A	B	C	D	E	F	G
4							
5		葉物類					
6		番号	野菜名	価格	数量	金額	
7		1	ほうれん草	100	83個	8300	
8		2	小松菜	100	69個	6900	
9		3	キャベツ	150	42個	6300	
10		4	レタス	130	69個	8970	
11		5	春菊	100	47個	4700	
12		6	明日菜	100	58個	5800	
13						**40970**	
14							
15		果菜類					
16		番号	野菜名	価格	数量	金額	
17		51	ピーマン（1袋）	100	98個	9800	
18		52	トマト	80	78個	6240	
19		53	きゅうり（1袋）	180	55個	9900	
20		54	なす（1袋）	150	42個	6300	
21						**32240**	
22							

> "金額"の各セルには"価格*数量"の数式があらかじめ入力されています。
> また、各分類の合計金額のセルにはSUM関数の数式があらかじめ入力されています。

2 ［ホーム］タブの［数値］グループの ⤢ ［表示形式］をクリックします。

→ ［セルの書式設定］ダイアログボックスの［表示形式］タブが表示されます。

3 ［ユーザー定義］をクリックします。

4 ［種類］ボックス内でクリックしてカーソルを表示します。

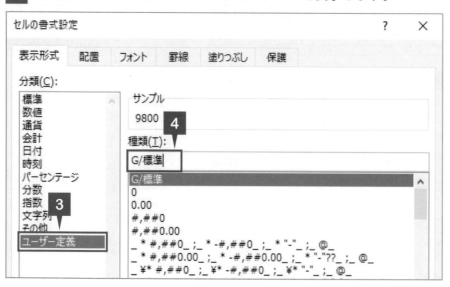

5 ［種類］ボックス内の文字列を「#,##0" 円 "」に入力し直します（円の文字以外は半角）。

種類(T):

```
#,##0"円"
```

```
G/標準
0
0.00
```

6 ［OK］をクリックします。

→ "価格" と "金額" の各セルに単位 "円" と桁区切り記号（カンマ）を表示できました。

桁数が4桁（千の位）
に満たない数値には桁
区切り記号（カンマ）
は表示されません。

STEP 設定した「#,##0"円"」の表示形式をセルC3にも適用する

1 セル C3 をアクティブにします。

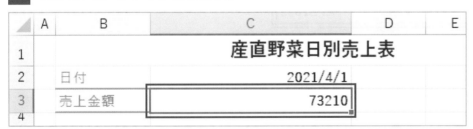

2 ［ホーム］タブの［数値］グループの □ ［表示形式］をクリックします。

→ ［セルの書式設定］ダイアログボックスの［表示形式］タブが表示されます。

3 ［ユーザー定義］をクリックします。

4 表示形式の一覧を下までスクロールして［#,##0"円"］をクリックします。

一度設定した表示形式は、（同じブック内にかぎり）一覧から選べるようになります。

5 ［OK］をクリックします。

→ セル C3 の数値に単位"円"と桁区切り記号（カンマ）を表示できました。

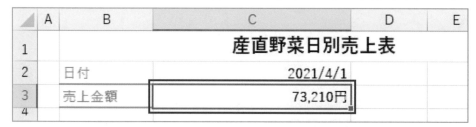

⏎ **OnePoint** 文字列に文字列を組み合わせる表示形式を設定するには
··

レッスンでは数値の保存値に文字列を組み合わせる表示形式を設定しましたが、文字列の保存値に文字列を組み合わせる場合は 0 や # の位取り記号の代わりに @ を使用します。

※ ⌴ はスペース（空白）を表しています。

LESSON 2 ｜ 0で始まる数値を表示する

Excelで0から始まる数値を入力すると、セルへの入力を確定した時点で、はじめの0が消えてしまいます。コード番号の桁合わせのためなど、0から始まる数値を入力したいときは0を省いた数値を入力して、表示形式で0を付与します。

| 表示形式 | 000 |

| 保存値 | 1 | → | 表示値 | 001 |

位取り記号に0を使用し、"数値のない桁にも0を表示する"という特性を利用します。

STEP "番号"の各セルに「000」の表示形式を設定する

1 セルB7～B12とセルB17～B20を範囲選択します。

	A	B	C	D	E	F	G
4							
5		葉物類					
6		番号	野菜名	価格	数量	金額	
7		1	ほうれん草	100円	83個	8,300円	
8		2	小松菜	100円	69個	6,900円	
9		3	キャベツ	150円	42個	6,300円	
10		4	レタス	130円	69個	8,970円	
11		5	春菊	100円	47個	4,700円	
12		6	明日葉	100円	58個	5,800円	
13						40,970円	
14							
15		果菜類					
16		番号	野菜名	価格	数量	金額	
17		51	ピーマン（1袋）	100円	98個	9,800円	
18		52	トマト	80円	78個	6,240円	
19		53	きゅうり（1袋）	180円	55個	9,900円	
20		54	なす（1袋）	150円	42個	6,300円	
21						32,240円	

2 ［ホーム］タブの［数値］グループの □ ［表示形式］をクリックします。

→ ［セルの書式設定］ダイアログボックスの［表示形式］タブが表示されます。

3 ［ユーザー定義］をクリックします。

4 ［種類］ボックスに「000」と入力します。

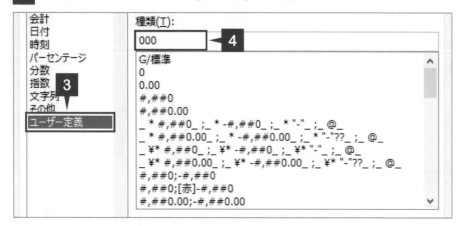

5 ［OK］をクリックします。

→ セル B7 ～ B12 とセル B17 ～ B20 の数値が 0 から始まる 3 桁で表示されました。

	A	B	C	D	E	F	G
4							
5		葉物類					
6		番号	野菜名	価格	数量	金額	
7		001	ほうれん草	100円	83個	8,300円	
8		002	小松菜	100円	69個	6,900円	
9		003	キャベツ	150円	42個	6,300円	
10		004	レタス	130円	69個	8,970円	
11		005	春菊	100円	47個	4,700円	
12		006	明日葉	100円	58個	5,800円	
13						40,970円	
14							
15		果菜類					
16		番号	野菜名	価格	数量	金額	
17		051	ピーマン（1袋）	100円	98個	9,800円	
18		052	トマト	80円	78個	6,240円	
19		053	きゅうり（1袋）	180円	55個	9,900円	
20		054	なす（1袋）	150円	42個	6,300円	
21						32,240円	

One Point　「000」や「0000」の表示形式を設定する際の注意点

「000」や「0000」など、0 を 3 桁以上続けた表示形式を設定すると、
分類が［ユーザー定義］から［その他］に変わり、ロケール（国や
地域の設定）が日本以外に変更される現象が確認されています。
本書の学習では今後の操作に特に影響はありませんが、この現象
を回避したい場合は、ユーザー定義の表示形式の入力時に「000""」
のように末尾（または先頭）にダブルクォーテーションを 2 つ続け
て入力します。

1

条件付き書式、入力規則、表示形式を活用する

LESSON 3 ｜ 日付スタイルを表示形式で指定する

日付のデータもさまざまなパターンの表示値に変更できます。たとえば、**年月日の桁数や区切り記号を変更したり、日付に該当する曜日を表示したりできます。**

また、日付の保存値には**シリアル値**が利用されていることも覚えておきたいポイントです。シリアル値とは、日付を管理するための通し番号のようなものです。1900 年 1 月 1 日を基点として、そこから 1 日単位で連続した数値が割り当てられています。

※シリアル値は表示形式を［標準］にすると確認できます。

日付に関する表示形式を設定するときは以下の記号を使い分けます。

a "曜日"を日本語で表示します。 例：aaa → 木　　aaaa → 木曜日	**y** "年"を西暦で表示します。 例：y → 21　　yyyy → 2021
m "月"を表示します。 例：m → 4　　mm → 04 例：mmm → Apr　　mmmm → April	**d** "日"や"曜日（英字）"を表示します。 例：d → 1　　dd → 01 例：ddd → Thu　　dddd → Thursday

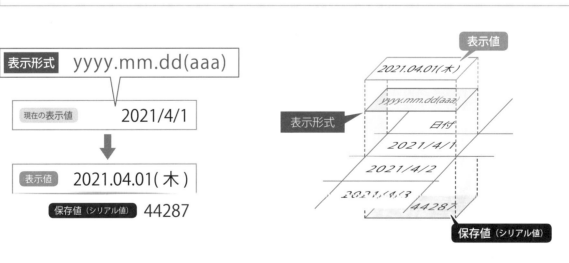

STEP セルC4 の日付の表記スタイルを「yyyy.mm.dd(aaa)」に設定する

1 セル C4 をアクティブにします。

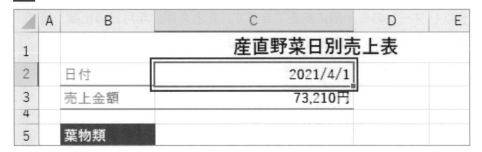

2 ［ホーム］タブの［数値］グループの ⤵ ［表示形式］をクリックします。

→［セルの書式設定］ダイアログボックスの［表示形式］タブが表示されます。

3 ［ユーザー定義］をクリックします。

4 ［種類］ボックスに「yyyy.mm.dd(aaa)」と入力します。

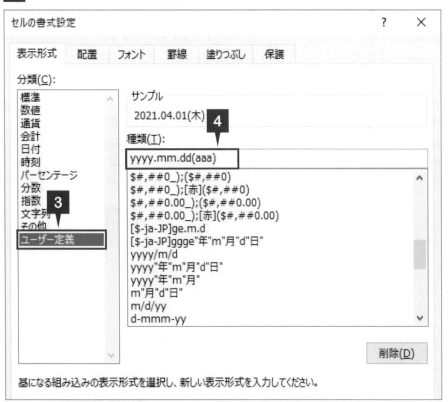

💬

カッコも含め、すべて
半角で入力します。

💬

日本語入力がオフの場
合、途中で Enter キー
を押すと、その時点で
決定されてしまうので
注意してください。

5 ［OK］をクリックします。

→ セル C4 の日付の表記スタイルを下図のように変更できました。

◢	A	B	C	D	E
1			産直野菜日別売上表		
2		日付	2021.04.01(木)		
3		売上金額	73,210円		
4					
5		葉物類			

6 ブック「Chap1_ 産直野菜日別売上表」を上書き保存して閉じます。

⟲ **OnePoint**　**和暦の表記スタイルを利用するには**

" 西暦 " ではなく " 和暦 " を利用したユーザー定義の表示形式を設定したい場合は、" ge "、" gge "、" ggge "
のいずれかを入力します。

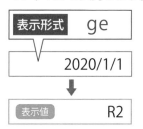

【章末練習問題 1】 半期売上集計表（条件付き書式）

📁 スクール応用 _Excel 2019 ▶ 📁 CHAPTER1 ▶ 📁 章末練習問題 ▶ E 「Chap1_ 半期売上集計表」

1 ブック「Chap1_ 半期売上集計表」を開きましょう。

2 セル範囲 H3 ～ H19 に、条件付き書式の "データバー" を設定しましょう。
- "塗りつぶし（グラデーション）" の "赤のデータバー"

3 セル範囲 B3 ～ G19 に "上位 3 項目" のセルを強調する条件付き書式を設定しましょう。
- "濃い黄色の文字、黄色の背景"

4 セル範囲 B3 ～ G19 に "下位 3 項目" のセルを強調する条件付き書式を設定しましょう。
- "濃い赤の文字、明るい赤の背景"

	A	B	C	D	E	F	G	H	I
1	商品別半期売上集計表							(単位：円)	
2	商品名	4月	5月	6月	7月	8月	9月	合計	
3	イチゴジャム	19620	14824	32264	24416	34008	24198	149,330	
4	オレンジジャム	54755	37513	14446	25397	48231	18174	198,516	
5	レモンジャム	22022	45254	24442	15246	29040	52998	189,002	
6	ブルーベリージャム	49555	29680	54060	57505	34980	52470	278,250	
7	ピーチジャム	44616	58344	46488	21216	44616	50544	265,824	
8	アンズジャム	41990	35815	49400	56563	27911	45448	257,127	
9	アップルジャム	42864	39900	26220	52668	21432	27588	210,672	
10	マンゴージャム	36515	33500	18760	77385	28475	37520	232,155	
11	キウイジャム	58644	34992	56052	21060	47628	57024	275,400	
12	ミックスジャム	51256	63772	44998	66156	64368	23244	313,794	
13	ぶどうジャム	41400	49800	39000	30000	28500	15600	204,300	
14	プラムジャム	44758	46148	19182	30580	42812	47816	231,296	
15	洋梨ジャム	45570	27048	33222	54390	57330	15582	233,142	
16	いちじくジャム	70824	17160	25584	24024	50232	44616	232,440	
17	梅ジャム	70632	59841	20928	42837	42183	35970	272,391	
18	柚子ジャム	45264	42640	39360	25912	40672	41984	235,832	
19	キイチゴジャム	15785	21812	19516	47642	51373	27839	183,967	
20	合計	756,070	658,043	563,922	672,997	693,791	618,615	3,963,438	
21									
22									

5 セル範囲 H3 ～ H19 に設定した条件付き書式を解除しましょう。

6 セル範囲 H3 〜 H19 に"平均より上"のセルを強調する条件付き書式を設定しましょう。

・"濃い緑の文字、緑の背景"

	A	B	C	D	E	F	G	H	I
1	商品別半期売上集計表							(単位：円)	
2	商品名	4月	5月	6月	7月	8月	9月	合計	
3	イチゴジャム	19620	14824	32264	24416	34008	24198	149,330	
4	オレンジジャム	54755	37513	14446	25397	48231	18174	198,516	
5	レモンジャム	22022	45254	24442	15246	29040	52998	189,002	
6	ブルーベリージャム	49555	29680	54060	57505	34980	52470	278,250	
7	ピーチジャム	44616	58344	46488	21216	44616	50544	265,824	
8	アンズジャム	41990	35815	49400	56563	27911	45448	257,127	
9	アップルジャム	42864	39900	26220	52668	21432	27588	210,672	
10	マンゴージャム	36515	33500	18760	77385	28475	37520	232,155	
11	キウイジャム	58644	34992	56052	21060	47628	57024	275,400	
12	ミックスジャム	51256	63772	44998	66156	64368	23244	313,794	
13	ぶどうジャム	41400	49800	39000	30000	28500	15600	204,300	
14	プラムジャム	44758	46148	19182	30580	42812	47816	231,296	
15	洋梨ジャム	45570	27048	33222	54390	57330	15582	233,142	
16	いちじくジャム	70824	17160	25584	24024	50232	44616	232,440	
17	梅ジャム	70632	59841	20928	42837	42183	35970	272,391	
18	柚子ジャム	45264	42640	39360	25912	40672	41984	235,832	
19	キイチゴジャム	15785	21812	19516	47642	51373	27839	183,967	
20	合計	756,070	658,043	563,922	672,997	693,791	618,615	3,963,438	
21									
22									

7 セル範囲 B3 〜 G19 に設定した条件付き書式をすべて解除しましょう。

8 セル範囲 B3 〜 G19 に"50000 より大きい値"が入力されたセルを強調する条件付き書式を設定しましょう。

・"濃い黄色の文字、黄色の背景"

9 上書き保存してブックを閉じましょう。

＜完成例＞

	A	B	C	D	E	F	G	H	I
1	商品別半期売上集計表							(単位：円)	
2	商品名	4月	5月	6月	7月	8月	9月	合計	
3	イチゴジャム	19620	14824	32264	24416	34008	24198	149,330	
4	オレンジジャム	54755	37513	14446	25397	48231	18174	198,516	
5	レモンジャム	22022	45254	24442	15246	29040	52998	189,002	
6	ブルーベリージャム	49555	29680	54060	57505	34980	52470	278,250	
7	ピーチジャム	44616	58344	46488	21216	44616	50544	265,824	
8	アンズジャム	41990	35815	49400	56563	27911	45448	257,127	
9	アップルジャム	42864	39900	26220	52668	21432	27588	210,672	
10	マンゴージャム	36515	33500	18760	77385	28475	37520	232,155	
11	キウイジャム	58644	34992	56052	21060	47628	57024	275,400	
12	ミックスジャム	51256	63772	44998	66156	64368	23244	313,794	
13	ぶどうジャム	41400	49800	39000	30000	28500	15600	204,300	
14	プラムジャム	44758	46148	19182	30580	42812	47816	231,296	
15	洋梨ジャム	45570	27048	33222	54390	57330	15582	233,142	
16	いちじくジャム	70824	17160	25584	24024	50232	44616	232,440	
17	梅ジャム	70632	59841	20928	42837	42183	35970	272,391	
18	柚子ジャム	45264	42640	39360	25912	40672	41984	235,832	
19	キイチゴジャム	15785	21812	19516	47642	51373	27839	183,967	
20	合計	756,070	658,043	563,922	672,997	693,791	618,615	3,963,438	
21									
22									

【章末練習問題 2】受注発送管理表（条件付き書式）

🗂 スクール応用 _Excel 2019 ▶ 🗂 CHAPTER1 ▶ 🗂 章末練習問題 ▶ E「Chap1_ 受注発送管理表」

1 ブック「Chap1_ 受注発送管理表」を開きましょう。

2 セル範囲 E3 ～ H13 に、セルの値が "済" の場合の条件付き書式を設定しましょう。
   - セルの背景色（塗りつぶし）：任意の薄い色（完成例では "青、アクセント 1、白 + 基本色 60%" を使用）

3 セル範囲 A3 ～ D13 に、同じ行の I 列（最終発送）のセルの値が "完了" の場合の条件付き書式を設定しましょう。
   - 文字（フォント）の色 …… 白
   - セルの背景色（塗りつぶし）…… 任意の濃い色（完成例では "標準の色" の "青" を使用）

4 セル範囲 I7 に「完了」と入力し、セル A7 ～ D7 の書式が変化することを確認しましょう。

5 上書き保存してブックを閉じましょう。

<完成例>

	A	B	C	D	E	F	G	H	I
1	オーダーメイド ホワイトボード受注発送管理表								
2	取引番号	取引先	伝票番号	発送予定日	罫線加工	文字加工	書類発行	梱包	最終発送
3	120	エクセル産業	110248	2016/4/21	済	済	済	済	完了
4	121	ミドリパソコン	110249	2016/4/22	済	済	済	済	完了
5	122	ショウノ設計事務所	110250	2016/4/23	済	不要	済		
6	123	サトウ教育センター	110251	2016/4/23	不要	済	済		
7	124	アオノ工業	110252	2016/4/24	済	済	済	済	完了
8	125	キタオデザイン	110253	2016/4/24			済		
9	126	ミナミ中学校	110254	2016/4/24			済		
10	127	イヌイ出版	110255	2016/4/25			済		
11	128	シライ設計	110256	2016/4/26			済		
12	129	オオニシ事務販売	110257	2016/4/27					
13	130	シオノ商会	110258	2016/4/28					
14									
15									

【章末練習問題 3】会員カード入力（入力規則）

📁 スクール応用_Excel 2019 ▶ 📁 CHAPTER1 ▶ 📁 章末練習問題 ▶ E 「Chap1_ 会員カード入力」

1 ブック「Chap1_ 会員カード入力」を開きましょう。

2 セル C4 に、"1000 〜 9999" までの整数しか入力できないように入力規則を設定しましょう。また、入力時メッセージとエラーメッセージを次のように設定しましょう。

［入力時メッセージ］
- タイトル …… 会員番号を入力するときの注意
- メッセージ内容 …… 1000 から 9999 の間で入力してください。

［エラーメッセージ］
- スタイル …… 停止
- タイトル …… 会員番号の誤り
- メッセージ内容 …… 会員番号は 1000 から 9999 の間で入力してください。

3 設定した入力規則を確認するために、セル C4 に無効データである「181」を入力しましょう。エラーメッセージを確認後、「1812」と入力し直しましょう。

4 セル C8 に "1900 〜 2100" までの整数しか入力できないように設定しましょう。
セル E8 に "1 〜 12" までの整数しか入力できないように設定しましょう。
セル G8 に "1 〜 31" までの整数しか入力できないように設定しましょう。
※いずれも入力時メッセージ、エラーメッセージの設定は省略します。

5 設定した入力規則を確認するために、セル C8 に「1899」を、セル E8 に「13」を、セル G8 に「32」をそれぞれ入力しましょう。エラーメッセージを確認後、それぞれ「1999」、「12」、「31」と入力し直しましょう。

6 セル E14 に、セル G1 の値（あらかじめ今日の日付が表示されています）より大きな値（日付）しか入力できないように設定しましょう。また、入力時メッセージとエラーメッセージを次のように設定しましょう。

［入力時メッセージ］
- タイトル …… 初回予約日の注意
- メッセージ内容 …… 入会日当日は予約できません。

［エラーメッセージ］
- スタイル …… 注意
- タイトル …… 当日は予約できません
- メッセージ内容 …… 入会日当日は予約できません。ただし、例外的に受け付けることもできます。

⑦ 設定した入力規則を確認するために、セル E14 に無効データである今日の日付を入力しましょう。

※日付は本練習問題を学習している当日のものが表示されるため、完成例とは異なります。

⑧ セル F4 に"会員種別"をリストから選んで入力できるように設定しましょう。

• リストの元になる範囲は K4 ～ K8 です。

⑨ セル C10 に"コース"をリストから選んで入力できるように設定しましょう。

• リストの元になる範囲は M4 ～ M7 です。

⑩ 設定した入力規則を確認するために、リストから選択する方法で、セル F4 に「学生会員」、セル C10 に「スポーツコース」を入力しましょう。

⑪ セルC6とC12の入力時の日本語入力モードが自動的に"オン"になるように設定しましょう。

⑫ 設定した入力規則を確認するために、完成例を参考に、セル C6 と C12 にデータを入力しましょう。

⑬ 上書き保存してブックを閉じましょう。

＜完成例＞

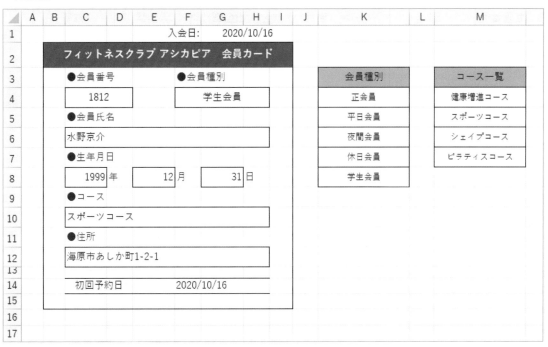

【章末練習問題 4】家計簿（表示形式）

📁 スクール応用 _Excel 2019 ▶ 📁 CHAPTER1 ▶ 📁 章末練習問題 ▶ E 「Chap1_ 家計簿」

1 ブック「Chap1_ 家計簿」を開きましょう。

2 数値に桁区切り記号（カンマ）と "円" という単位が表示されるユーザー定義の表示形式を
セル D4 ～ F11 に設定しましょう。

3 数値が 1 桁の場合に先頭に "0" が補われて 2 桁で表示されるユーザー定義の表示形式をセル A4
～ A11 に設定しましょう。

4 日付が "4/25（金）" と表示されるユーザー定義の表示形式をセル B4 ～ B11 に設定しましょう。

5 ブックを上書き保存しましょう。

<完成例>

	A	B	C	D	E	F
1			家計簿			
2						
3	管理番号	日付	分類（費目）	出金額	入金額	残高
4	01	4/24(金)	繰り越し			48,000円
5	02	4/24(金)	給料		315,000円	363,000円
6	03	4/24(金)	食費	4,300円		358,700円
7	04	4/26(日)	日用品	268円		358,432円
8	05	4/26(日)	衣服費	1,890円		356,542円
9	06	4/28(火)	住居費	106,000円		250,542円
10	07	4/28(火)	カード引落し	38,000円		212,542円
11	08	4/28(火)	通信費	4,500円		208,042円
12						
13						
14						

2

数値処理の関数を
利用する

ここでは、小数点以下の端数を処理したいとき、順位を求めたい
ときや、割り算の余りを求めたいときに使用する関数を学習しま
す。引数を正しく設定することがこれらの関数を使いこなすポイ
ントです。

2-1 関数を利用して端数を処理する

数値を計算したときに小数点以下の端数が発生する場合、関数を利用することで、端数を四捨五入して処理することができます。

LESSON 1 | ROUND関数で小数点以下を四捨五入する

下図の表の"割引額"のセルには、"通常価格×割引率"の数式を入力します。しかし、通常の掛け算の数式（1,723 * 5%）だけでは"86.15"のように端数が発生します。今回の表では、端数が発生すると"割引額"の合計に誤差が生じる恐れがあります。

そこでROUND関数を使って四捨五入を行い、結果を整数で表示します。

ROUND 関数 端数を四捨五入する

数式 = ROUND (数値 , 桁数) ラウンド

分類 数学 / 三角

数値 …… 端数を処理したい数値やセル番地、数式を入力します。

桁数 …… 端数処理の桁数を入力します（詳しくは下図"桁数"の指定についてを参照）。

数式例 =ROUND (B7*C7,0)

意 味 セルB7 ×セルC7 の結果を、整数になるように四捨五入する。
数値　　　　　　桁数

6	商品名	通常価格	割引率	割引額 （端数は四捨五入）
7	ビタミンサプリ	1,723	5%	86
8	コラーゲンサプリ	1,946	8%	156
9	イソフラボンサプリ	1,852	15%	278
10	ポリフェノールサプリ	1,589	12%	191
11	カルシウムサプリ	1,215	8%	97
12	アントシアニンサプリ	2,658	15%	399

$1{,}723 * 5\% = 86.\boxed{1}5$

$1{,}946 * 8\% = 155.\overset{+1}{\boxed{6}}8$

$1{,}852 * 15\% = 277.\overset{+1}{\boxed{8}}$

$1{,}589 * 12\% = 190.\overset{+1}{\boxed{6}}8$

$1{,}215 * 8\% = 97.\boxed{2}$

$2{,}658 * 15\% = 398.\overset{+1}{\boxed{7}}$

"桁数"の指定について

例：数値"1234.5432"

桁数 →	-3	-2	-1	0	1	2	3
結果 →	1000	1200	1230	1235	1234.5	1234.54	1234.543

マイナス値を指定すると整数桁を四捨五入できます。

整数で表示できます。

指定した桁数の小数点までが表示できます。

STEP ▶ **ROUND関数を使ってセルD7に端数を四捨五入する数式を入力する**

1 実習用データのブック「Chap2_数値処理の関数」を開きます。

スクール応用_Excel 2019 ▶ CHAPTER2 ▶ E 「Chap2_数値処理の関数」

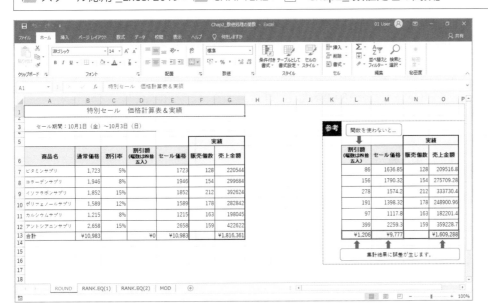

実習用データはインターネットからダウンロードできます。詳細は本書のP.(4)に記載されています。

2 セルD7をアクティブにします。

	A	B	C	D	E	F	G
1	特別セール　価格計算表＆実績						
3	セール期間：10月1日（金）～10月3日（日）						
5						実績	
6	商品名	通常価格	割引率	割引額（端数は四捨五入）	セール価格	販売個数	売上金額
7	ビタミンサプリ	1,723	5%		1723	128	220544
8	コラーゲンサプリ	1,946	8%		1946	154	299684
9	イソフラボンサプリ	1,852	15%		1852	212	392624
10	ポリフェノールサプリ	1,589	12%		1589	178	282842
11	カルシウムサプリ	1,215	8%		1215	163	198045
12	アントシアニンサプリ	2,658	15%		2658	159	422622
13	合計	¥10,983		¥0	¥10,983		¥1,816,361
14							

3 ［数式］タブの［数学/三角］ボタンをクリックします。

→［数学/三角］の分類に属する関数の一覧が表示されます。

4 関数の一覧をスクロールして［ROUND］をクリックします。

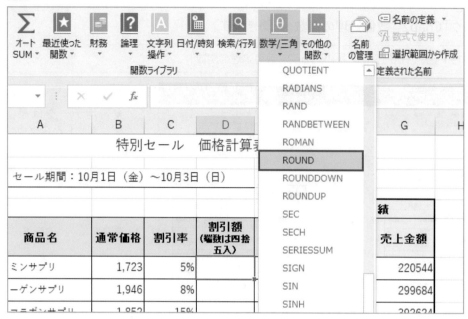

→［関数の引数］ダイアログボックスが表示されます。

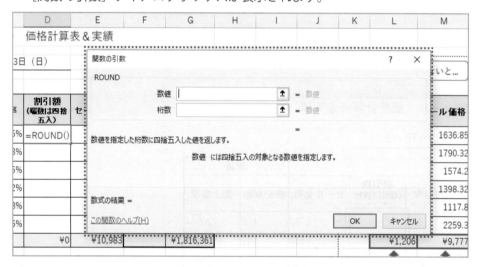

> ［関数の引数］ダイアログボックスは、引数を設定するための画面です。

5 ［数値］ボックスにカーソルがあることを確認して、セル B7 をクリックします。

	A	B	C	D	E	F	G
1		特別セール　価格計算表＆実績					
3	セール期間：10月1日（金）～10月3日（日）						
5							
6	商品名	通常価格	割引率	割引額（端数は四捨五入）			
7	ビタミンサプリ	1,723	5%	=ROUND()			
8	コラーゲンサプリ	1,946	8%				
9	イソフラボンサプリ	1,852	15%				
10	ポリフェノールサプリ	1,589	12%				
11	カルシウムサプリ	1,215	8%				

> セル B7 にダイアログボックスが重なっている場合は、ダイアログボックス内の任意の位置（入力領域やボタン以外の箇所）でドラッグして移動させます。

→［数値］ボックスに "B7" と表示されます。

6 半角の「*」（アスタリスク）を入力します。

```
ROUND
    数値    B7*                          ↑  =
    桁数                                 ↑  = 数値
                                            =
数値を指定した桁数に四捨五入した値を返します。
```

" * "（アスタリスク）
は掛け算の演算子で
す。

7 ［数値］ボックスの "B7* " の後ろにカーソルがあることを確認して、セル C7 をクリックします。

	A	B	C	D	E	F	G
1		特別セール　価格計算表＆実績					
3	セール期間：10月1日（金）〜10月3日（日）						
4							
5							
6	商品名	通常価格	割引率	割引額（端数は四捨五入）	セー		
7	ビタミンサプリ	1,723	5%	B7*)			
8	コラーゲンサプリ	1,946	8%				
9	イソフラボンサプリ	1,852	15%				
10	ポリフェノールサプリ	1,589	12%				
11	カルシウムサプリ	1,215	8%				

関数の引数

ROUND
　数値　B7*
　桁数

数値を指定した桁数に四捨五入した値を返します。
　　　　　　　　　　　数値　には四拾

数式の結果 =

→ ［数値］ボックスに "B7*C7" と表示されます。

8 ［桁数］ボックス内をクリックしてカーソルを移動します。

```
ROUND
    数値    B7*C7                        ↑  = 86.15
    桁数    |                            ↑  = 数値
                                            =
数値を指定した桁数に四捨五入した値を返します。
```

Tab キーを使って次の
引数のボックスへカー
ソルを移動すること
もできます。

9 半角の「0」を入力します。

```
ROUND
    数値    B7*C7                        ↑  = 86.15
    桁数    0                            ↑  = 0
                                            = 86
数値を指定した桁数に四捨五入した値を返します。
```

［桁数］に「0」を指定
すると整数で表示され
ます。

10 ［関数の引数］ダイアログボックスの［OK］をクリックします。

→ セル D7 に小数点以下の端数を四捨五入する数式を作成できました。

	A	B	C	D	E	F	G
1	特別セール　価格計算表＆実績						
3	セール期間：10月1日（金）～10月3日（日）						
5						実績	
6	商品名	通常価格	割引率	割引額（端数は四捨五入）	セール価格	販売個数	売上金額
7	ビタミンサプリ	1,723	5%	86	1637	128	209536
8	コラーゲンサプリ	1,946	8%		1946	154	299684
9	イソフラボンサプリ	1,852	15%		1852	212	392624
10	ポリフェノールサプリ	1,589	12%		1589	178	282842
11	カルシウムサプリ	1,215	8%		1215	163	198045
12	アントシアニンサプリ	2,658	15%		2658	159	422622
13	合計	¥10,983		¥86	¥10,897		¥1,805,353

ROUND 関数を使わなかった場合は "86.15" という値になります。

11 セル D7 の数式をセル D12 までコピーします。

	A	B	C	D	E	F	G
1	特別セール　価格計算表＆実績						
3	セール期間：10月1日（金）～10月3日（日）						
5						実績	
6	商品名	通常価格	割引率	割引額（端数は四捨五入）	セール価格	販売個数	売上金額
7	ビタミンサプリ	1,723	5%	86	1637	128	209536
8	コラーゲンサプリ	1,946	8%	156	1790	154	275660
9	イソフラボンサプリ	1,852	15%	278	1574	212	333688
10	ポリフェノールサプリ	1,589	12%	191	1398	178	248844
11	カルシウムサプリ	1,215	8%	97	1118	163	182234
12	アントシアニンサプリ	2,658	15%	399	2259	159	359181
13	合計	¥10,983		¥1,207	¥9,776		¥1,609,143

数式のコピーは、セル右下に表示されているフィルハンドルをドラッグすることで行えます。

🔄 One Point　関数の数式を修正するには

数式の作成後に引数の間違いに気付いた場合や、作成の途中で誤って数式を確定してしまった場合は、再度［関数の引数］ダイアログボックスを開いて修正します。
一度閉じてしまった［関数の引数］ダイアログボックスを再度開くには、対象のセルを選択した状態で［数式バー］の fx［関数の挿入］をクリックします。

D7	▾	✕	✓	fx	=ROUND(B7*C7,0)
	A	B	C	D	E	F	G

OnePoint　表示形式による端数処理との違い

小数点以下の桁の四捨五入は、［ホーム］タブの［小数点以下の表示桁数を増やす］ボタンと［小数点以下の表示桁数を減らす］ボタンを使っても行うことができます。

これは表示形式（データの外観をさまざまに変化させる機能）のはたらきによるものですが、ROUND関数を使った場合と表示形式を使った場合では次のような違いがあります。

ROUND 関数	表示形式
数値の桁数が"実際に"変化します。	数値の桁数が"外観上のみ"変化します。実際の値は変化していません。
86.15 ➡ 保存値 ⑧⑥　表示値 ⑧⑥	86.15 ➡ 保存値 ⑧⑥.15　表示値 ⑧⑥

参考として関数を使わずに計算した結果を現在のブック「Chap2_数値処理の関数」のワークシートの右側に用意しています。2つの表の合計金額を比べてみると、それぞれの結果に若干の違いがあることが分かります。

OnePoint　端数を切り上げる関数（ROUNDUP）と切り捨てる関数（ROUNDDOWN）

ROUND関数は端数を四捨五入する関数でしたが、端数を切り上げるときはROUNDUP関数を、端数を切り捨てるときはROUNDDOWN関数を使用します。どちらの関数も数式の作成手順はROUND関数と同様です。

ROUNDUP 関数　端数を切り上げる

ラウンドアップ
数式 = ROUNDUP (数値 , 桁数)

ROUNDDOWN 関数　端数を切り捨てる

ラウンドダウン
数式 = ROUNDDOWN (数値 , 桁数)

⊕ OnePoint　小数点以下を切り捨てて整数にする関数（INT 関数）

INT 関数は、ROUNDDOWN 関数によく似たはたらきを持つ関数です。どちらも端数を切り捨てるとき
に使用しますが、違いは ROUNDDOWN 関数がどの桁で切り捨てるかを指定できるのに対して、INT は
常に整数になるように切り捨てます。また、数値がマイナス値のときに、ROUNDDOWN 関数がより大
きい（0 に近い）値に調整するのに対して、INT 関数はより小さい（絶対値が大きい）値に調整すると
いう違いもあります。

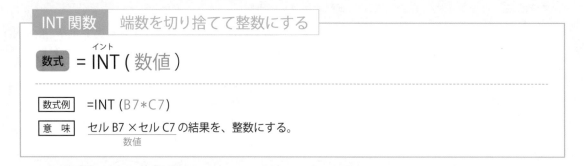

INT 関数　端数を切り捨てて整数にする

数式　= INT (数値)
（イント）

数式例　=INT (B7*C7)

意　味　セル B7 ×セル C7 の結果を、整数にする。
　　　　　　数値

値がマイナスのときの INT 関数と ROUNDDOWN 関数の違い

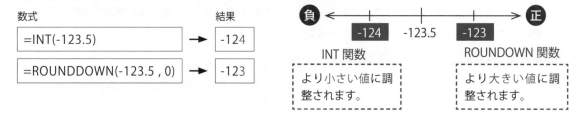

数式

=INT(-123.5) → -124

=ROUNDDOWN(-123.5 , 0) → -123

結果

負 ← -124　-123.5　-123 → 正

INT 関数
より小さい値に調
整されます。

ROUNDDOWN 関数
より大きい値に調
整されます。

2-2 関数を利用して順位を求める

試験の点数、商品の売上金額、マラソンのタイムやゴルフのスコアなど、データに順位を付けたいときも関数が便利です。また、求めた順位をもとに表のデータを並べ替える操作も併せて学習します。

LESSON 1 | RANK.EQ関数で順位を求める

RANK.EQ関数を使うと数値の順位を求めることができます。ここでは"都道府県の人口の順位"を例にRANK.EQ関数を学習します。

順位を求めるときには、降順(大きい順)、昇順(小さい順)のどちらかを選びます。今回は人口の多い都道府県を高順位とするため"降順"を使用します。

RANK.EQ関数　数値の順位を求める

ランクイコール
数式 = RANK.EQ (数値 , 参照 , 順序)　　　　**分類** 統計

数値 …… 順位を調べたいセル番地や数値を指定します。

参照 …… 順位を判定するために必要なセル範囲を指定します(参照範囲内に同じ値のセルがある場合は同順位になります)。

順序 …… 順位の判定基準を昇順にするか降順にするかを指定します。昇順なら"1"を、降順なら"0"を入力します(入力を省略すると降順になります)。

数式例 =RANK.EQ (B7,B7:B53,0)

意味 セルB7の値が、セル範囲B7~B53の中で、降順(大きい順)での順位を求める。
　　　　数値　　　　　　参照　　　　　　　順序

	A	B	C
1	都道府県別人口		
3	北海道	の人口は	
4	第	8	位です。
6	都道府県名	総人口	単位:千人
7	北海道	5,460	
8	青森	1,350	
9	岩手	1,303	
10	宮城	2,325	
11	秋田	1,063	

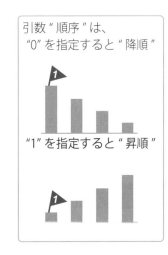

引数"順序"は、
"0"を指定すると"降順"

"1"を指定すると"昇順"

STEP ▶ **RANK.EQ関数を使ってセルB4 に北海道の人口の順位を表示する**

1 シート見出し［RANK.EQ(1)］をクリックして、シートを切り替えます。

2 セル B4 をアクティブにします。

	A	B	C	D	E	F	G
1	都道府県別人口						
3	北海道	の人口は					
4	第		位です。				
6	都道府県名	総人口	単位：千人				
7	北海道	5,460					
8	青森	1,350					
9	岩手	1,303					
10	宮城	2,325					
11	秋田	1,063					
12	山形	1,152					
13	福島	1,962					
14	茨城	2,943					
15	栃木	1,992					
16	群馬	1,992					

3 ［数式］タブの［その他の関数］ボタンをクリックします。

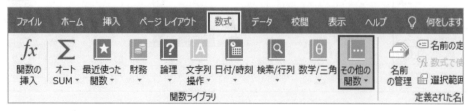

→［その他の関数］の一覧が表示されます。

4 ［統計］にマウスポインターを合わせて、関数の一覧から［RANK.EQ］をクリックします。

→［関数の引数］ダイアログボックスが表示されます。

5 ［数値］ボックスにカーソルがあることを確認して、セル B7 をクリックします。

	A	B	C	D	E	F	G
1	都道府県別人口						
3	北海道	の人口は					
4	第	=RANK.EQ()	位です。				
6	都道府県名	総人口		単位：千人			
7	北海道	⊹ 5,460					
8	青森	1,350					
9	岩手	1,303					
10	宮城	2,325					
11	秋田	1,063					
12	山形	1,152					
13	福島	1,962					

関数の引数

RANK.EQ

数値｜

参照

順序

順序に従って範囲内の数値を並べ替えたとき、数値が何番目に
は、その値の中の最上位を返します。

数値 には順位を調べる

💬 ここで北海道以外の都
府県の人口のセルを選
べば、違う都府県の順
位を求めることもでき
ます。

→［数値］ボックスに "B7" と表示されます。

6 ［参照］ボックスにカーソルを移動します。

RANK.EQ

数値	B7	↑	= 5460
参照		↑	= 参照
順序		↑	= 論理
			=

順序に従って範囲内の数値を並べ替えたとき、数値が何番目に位置するかを返します。複数の数値
は、その値の中の最上位を返します。

7 セル B7 ～ B53 をドラッグします。

	A	B	C	D	E	F	G
1	都道府県別人口						
3	北海道	の人口は		関数の引数			
4	第	=RANK.EQ(B7)	位です。	RANK.EQ			
6	都道府県名	総人口	単位：千人		数値	B7	
7	北海道	5,460			参照		
8	青森	1,350			順序		
9	岩手						
10	宮城			順序に従って範囲内の数値を並べ替えたとき、数値が何番目に			
11	秋田			は、その値の中の最上位を返します。			
12	山形	1,152					
13	福島	1,962			参照 には数値を含むセ		
14	茨城	2,943			視されます。		
15	栃木	1,992					
16	群馬	1,992		数式の結果 =			
17	埼玉	7,212		この関数のヘルプ(H)			

→ ［参照］ボックスに "B7:B53" と表示されます。

8 ［順序］ボックスにカーソルを移動し、半角の「0」を入力します。

```
RANK.EQ

    数値    B7                    ↑    =  5460

    参照    B7:B53                ↑    =  {5460;1350;130

    順序    0                     ↑    =  FALSE

                                       =  8

順序に従って範囲内の数値を並べ替えたとき、数値が何番目に位置するかを返します。複数の数値
は、その値の中の最上位を返します。
```

💬
［順序］ボックスで「0」
を指定すると、降順（大
きい順）で順位が判定
されます。

9 ［OK］をクリックします。

→ セル B4 に RANK.EQ 関数を使って北海道の人口の順位を表示することができました。

	A	B	C	D	E	F	G
1	都道府県別人口						
3	北海道	の人口は					
4	第	8	位です。				
6	都道府県名	総人口	単位：千人				
7	北海道	5,460					
8	青森	1,350					
9	岩手	1,303					
10	宮城	2,325					
11	秋田	1,063					
12	山形	1,152					
13	福島	1,962					
14	茨城	2,943					
15	栃木	1,992					
16	群馬	1,992					

LESSON 2 ｜ コピーできるRANK.EQ関数の式を作成する

LESSON1 で作成した RANK.EQ 関数の数式はコピーする必要がない式でした。しかし、順位を
求める場面では、作成した数式をコピーすることがよくあります。そのときに気を付けておき
たいのが "参照" の引数です。コピーの操作によって参照範囲がずれてしまうと正しい結果が
得られないため、数式の作成時に絶対参照を利用します。

= RANK.EQ (G6 , $G$6:$G$15 , 1)

> RANK.EQ 関数の数式をコピーしたとき、正しい結果
> を求めるには "絶対参照" が必要です。

5	順位	参加者 氏 名	OUT (前半9ホール)	IN (後半9ホール)
6	7	片岡　義彦	48	42
7		清水　智之	37	39
8		浦川　哲也	52	53
9		倉田　幸子	54	52
10		川部　隆弘	37	42
11		林　洋太郎	64	57
12		稲沢　浩太	40	49
13		岡田　重治	49	56
14		白井　美津子	74	64
15		安藤　敏夫	43	42

➡

5	順位	参加者 氏 名	OUT (前半9ホール)	IN (後半9ホール)
6	7	片岡　義彦	48	42
7	4	清水　智之	37	39
8	8	浦川　哲也	52	53
9	6	倉田　幸子	54	52
10	1	川部　隆弘	37	42
11	9	林　洋太郎	64	57
12	3	稲沢　浩太	40	49
13	5	岡田　重治	49	56
14	10	白井　美津子	74	64
15	2	安藤　敏夫	43	42

STEP RANK.EQ関数を使ってセルA6 〜A15 にそれぞれの順位を表示する

1 シート見出し ［RANK.EQ(2)］ をクリックして、シートを切り替えます。

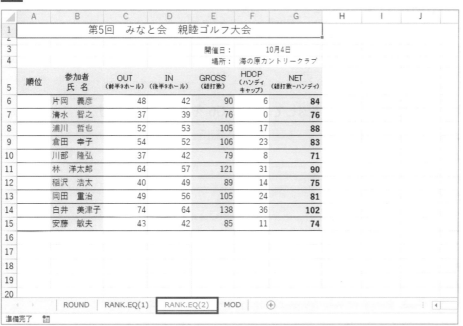

2 セル A6 をアクティブにします。

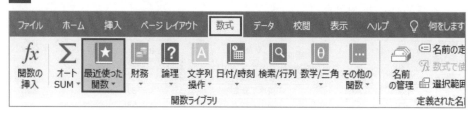

	A	B	C	D	E	F	G	H
1			第5回　みなと会　親睦ゴルフ大会					
3					開催日：		10月4日	
4					場所：		海の原カントリークラブ	
5	順位	参加者 氏 名	OUT (前半9ホール)	IN (後半9ホール)	GROSS (総打数)	HDCP (ハンディ キャップ)	NET (総打数-ハンディ)	
6		片岡　義彦	48	42	90	6	84	
7		清水　智之	37	39	76	0	76	
8		浦川　哲也	52	53	105	17	88	
9		倉田　幸子	54	52	106	23	83	

3 ［数式］タブの［最近使った関数］ボタンをクリックします。

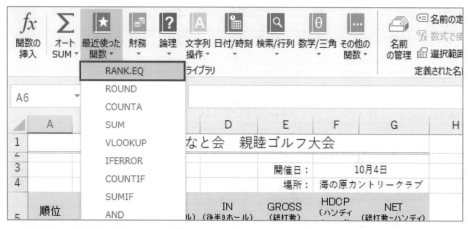

→ 最近使った関数の一覧が表示されます。

4 一覧から［RANK.EQ］をクリックします。

→ ［関数の引数］ダイアログボックスが表示されます。

5 ［数値］ボックスにカーソルがあることを確認して、セル G6 をクリックします。

→ ［数値］ボックスに "G6" と表示されます。

6 ［参照］ボックスにカーソルを移動します。

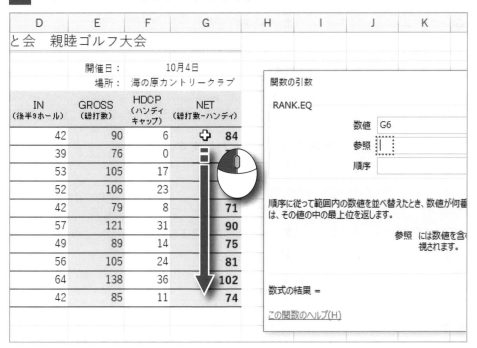

RANK.EQ

数値	G6	↑	= 84
参照		↑	= 参照
順序		↑	= 論理

=

順序に従って範囲内の数値を並べ替えたとき、数値が何番目に位置するかを返します。複数の数値は、その値の中の最上位を返します。

7 セル G6 ～ G15 をドラッグします。

D	E	F	G	H	I	J	K
と会　親睦ゴルフ大会							
	開催日：		10月4日				
	場所：	海の原カントリークラブ					
IN（後半9ホール）	GROSS（総打数）	HDCP（ハンディキャップ）	NET（総打数−ハンディ）				
42	90	6	84				
39	76	0					
53	105	17					
52	106	23					
42	79	8	71				
57	121	31	90				
49	89	14	75				
56	105	24	81				
64	138	36	102				
42	85	11	74				

関数の引数

RANK.EQ

数値　G6

参照　|

順序　

順序に従って範囲内の数値が何番は、その値の中の最上位を返します。

　　　　　　　　　　　参照　には数値を含視されます。

数式の結果 ＝

この関数のヘルプ(H)

→ ［参照］ボックスに "G6:G15" と表示されます。

RANK.EQ

数値	G6	↑	= 84
参照	G6:G15	↑	= {84;76;88;83;7
順序		↑	= 論理

= 4

順序に従って範囲内の数値を並べ替えたとき、数値が何番目に位置するかを返します。複数の数値は、その値の中の最上位を返します。

8 セル範囲 G6 ～ G15 を絶対参照にするためキーボードの F4 キーを押します。

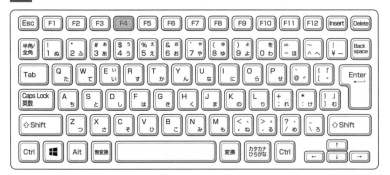

絶対参照とは、数式を
コピーした際に、数式
内のセル参照が変化し
ないよう固定する機能
です。

→ ［参照］ボックスのセル参照が "$G$6:$G$15" （絶対参照）に変わります。

RANK.EQ

数値	G6	⬆	= 84
参照	$G$6:$G$15	⬆	= {84;76;88;83;7
順序		⬆	= 論理
			= 4

9 ［順序］ボックスにカーソルを移動して、半角の「1」を入力します。

RANK.EQ

数値	G6	⬆	= 84
参照	$G$6:$G$15	⬆	= {84;76;88;83;7
順序	1	⬆	= TRUE
			= 7

［順序］に "1" を指定
すると、昇順で順位が
判定されます。

10 ［OK］をクリックします。

→ セル A6 に順位を表示できました。

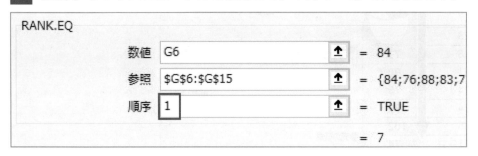

	A	B	C	D	E	F	G	H
1		第5回　みなと会　親睦ゴルフ大会						
2								
3					開催日：		10月4日	
4					場所：		海の原カントリークラブ	
5	順位	参加者 氏 名	OUT (前半9ホール)	IN (後半9ホール)	GROSS (総打数)	HDCP (ハンディ キャップ)	NET (総打数−ハンディ)	
6	7	片岡　義彦	48	42	90	6	84	
7		清水　智之	37	39	76	0	76	
8		浦川　哲也	52	53	105	17	88	
9		倉田　幸子	54	52	106	23	83	
10		川部　隆弘	37	42	79	8	71	
11		林　洋太郎	64	57	121	31	90	
12		稲沢　浩太	40	49	89	14	75	
13		岡田　重治	49	56	105	24	81	
14		白井　美津子	74	64	138	36	102	
15		安藤　敏夫	43	42	85	11	74	

11 セル A6 の数式をセル A15 までコピーします。

→ セル A6 〜 A15 に数式を正しくコピーし、それぞれの順位を表示できました。

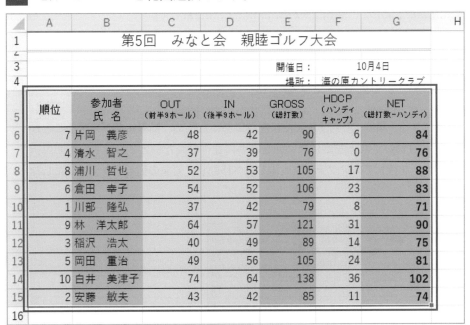

	A	B	C	D	E	F	G	H
1		第5回　みなと会　親睦ゴルフ大会						
2								
3					開催日：		10月4日	
4					場所：	海の原カントリークラブ		
5	順位	参加者氏名	OUT（前半9ホール）	IN（後半9ホール）	GROSS（総打数）	HDCP（ハンディキャップ）	NET（総打数-ハンディ）	
6	7	片岡　義彦	48	42	90	6	84	
7	4	清水　智之	37	39	76	0	76	
8	8	浦川　哲也	52	53	105	17	88	
9	6	倉田　幸子	54	52	106	23	83	
10	1	川部　隆弘	37	42	79	8	71	
11	9	林　洋太郎	64	57	121	31	90	
12	3	稲沢　浩太	40	49	89	14	75	
13	5	岡田　重治	49	56	105	24	81	
14	10	白井　美津子	74	64	138	36	102	
15	2	安藤　敏夫	43	42	85	11	74	
16								

手順 8 で引数の範囲を絶対参照で指定しなかった場合は正しい結果が表示されません。

STEP 表内のデータを"順位"にあわせて並べ替える

1 セル A5 〜 G15 を範囲選択します。

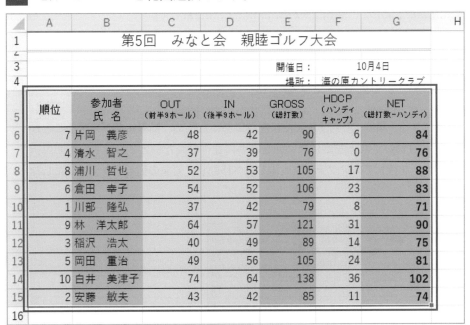

	A	B	C	D	E	F	G	H
1		第5回　みなと会　親睦ゴルフ大会						
2								
3					開催日：		10月4日	
4					場所：	海の原カントリークラブ		
5	順位	参加者氏名	OUT（前半9ホール）	IN（後半9ホール）	GROSS（総打数）	HDCP（ハンディキャップ）	NET（総打数-ハンディ）	
6	7	片岡　義彦	48	42	90	6	84	
7	4	清水　智之	37	39	76	0	76	
8	8	浦川　哲也	52	53	105	17	88	
9	6	倉田　幸子	54	52	106	23	83	
10	1	川部　隆弘	37	42	79	8	71	
11	9	林　洋太郎	64	57	121	31	90	
12	3	稲沢　浩太	40	49	89	14	75	
13	5	岡田　重治	49	56	105	24	81	
14	10	白井　美津子	74	64	138	36	102	
15	2	安藤　敏夫	43	42	85	11	74	
16								

アクティブセルのある列が並べ替えの基準となります。
この時点ではセル A5 がアクティブセルになっているため、"順位"の列が並べ替えの基準になります。

2 ［ホーム］タブの［並べ替えとフィルター］ボタンをクリックします。

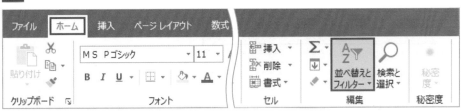

3 ［昇順］をクリックします。

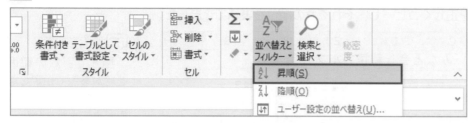

→ 順位にあわせてデータを並べ替えることができました。

順位	参加者 氏　名	OUT （前半9ホール）	IN （後半9ホール）	GROSS （総打数）	HDCP （ハンディ キャップ）	NET （総打数－ハンディ）
1	川部　隆弘	37	42	79	8	71
2	安藤　敏夫	43	42	85	11	74
3	稲沢　浩太	40	49	89	14	75
4	清水　智之	37	39	76	0	76
5	岡田　重治	49	56	105	24	81
6	倉田　幸子	54	52	106	23	83
7	片岡　義彦	48	42	90	6	84
8	浦川　哲也	52	53	105	17	88
9	林　洋太郎	64	57	121	31	90
10	白井　美津子	74	64	138	36	102

第5回　みなと会　親睦ゴルフ大会
開催日：　10月4日
場所：　海の原カントリークラブ

🔙OnePoint　並べ替えの基準となる列を変更するには

今回の表は並べ替えの基準にする"順位"の列がたまたま左端にあったため、簡単に並べ替えることができました。もし"GROSS（総打数）"など左端にない列を基準に並べ替えたいときは、表を範囲選択した後、キーボードのTabキーを押して、アクティブセルを右へ移動し、対象の列をアクティブにした状態で並べ替えを実行します。

並べ替えの基準にしたい列にアクティブセルを移動してから並べ替えを実行します。

2-3 関数を利用して剰余を求める

剰余とは割り算の"余り"です。Excelには余りを求める関数が用意されています。たとえば、50個のものを3人で分けたとき残るのは何個かを調べる場合や、1箱12本入りで販売している品物を90本必要なときバラで注文するのは何本かを調べる場合などに役立ちます。

LESSON 1 │ MOD関数で剰余を求める

通常の割り算の数式で求めることができるのは"商"だけです。"剰余（余り）"があっても商の小数として表示されます。**割り算の剰余を求めたいときはMOD関数を使用します。**
ここでは"鉛筆210本をダース（12本）単位で買ったときの余りの本数"を求める数式を例にMOD関数を学習します。

MOD関数 剰余（余り）を求める

数式 = MOD（数値, 除数）
（モッド）

分類 数学/三角

数値 …… 割られる側のセル番地や数値を指定します。
除数 …… 割る側のセル番地や数値を指定します。

数式例 =MOD (C7,12)
意味 セルC7の値を12の値で割ったときの剰余（余り）を求める。
　　　　数値　　　　除数

	A	B	C	D	E	F
1	プレゼント用鉛筆 本数計算					
2	1人につき		3本			
3		人数	必要本数			
4	1組	23	69		17	ダースと
5	2組	23	69		6	本
6	3組	24	72			
7	合計	70	210			
8						

"210 ÷ 12"の余りをMOD関数で求めます。

1 シート見出し［MOD］をクリックして、シートを切り替えます。

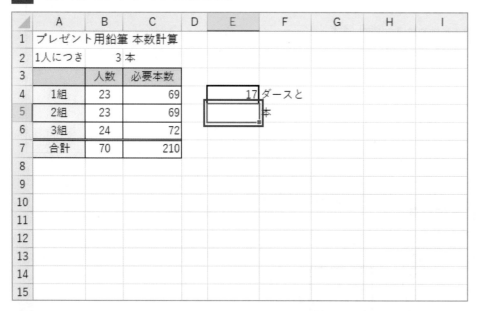

2 セル E5 をアクティブにします。

	A	B	C	D	E	F	G	H	I
1	プレゼント用鉛筆 本数計算								
2	1人につき	3 本							
3		人数	必要本数						
4	1組	23	69		17 ダースと				
5	2組	23	69		本				
6	3組	24	72						
7	合計	70	210						
8									
9									
10									
11									
12									
13									
14									
15									

3 ［数式］タブの［数学 / 三角］ボタンをクリックします。

→［数学 / 三角］の分類に属する関数の一覧が表示されます。

4 一覧をスクロールして［MOD］をクリックします。

→ ［関数の引数］ダイアログボックスが表示されます。

5 ［数値］ボックスにカーソルがあることを確認して、セル C7 をクリックします。

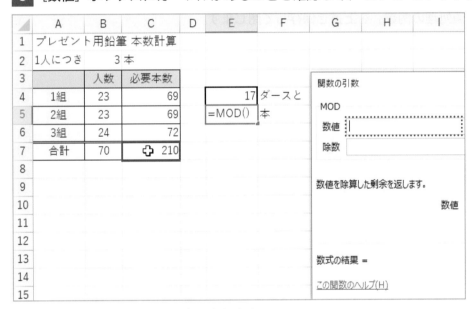

→ ［数値］ボックスに "C7" と表示されます。

6 ［除数］ボックスにカーソルを移動して、半角で「12」と入力します。

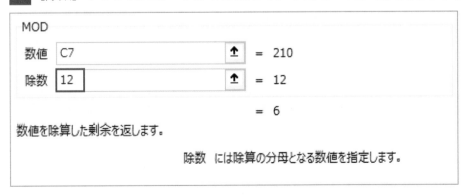

7 ［OK］をクリックします。

→ セル E5 に "210 本÷ 12 本" の剰余を表示できました。

	A	B	C	D	E	F	G	H	I
1	プレゼント用鉛筆 本数計算								
2	1人につき	3	本						
3		人数	必要本数						
4	1組	23	69		17	ダースと			
5	2組	23	69		6	本			
6	3組	24	72						
7	合計	70	210						
8									
9									
10									
11									
12									
13									
14									
15									

8 ブック「Chap2_ 数値処理の関数」を上書き保存して閉じます。

学習のまとめ　CHAPTER 2 章末練習問題

【章末練習問題 1】端数処理関数の練習

スクール応用 _Excel 2019 ▶ CHAPTER2 ▶ 章末練習問題 ▶ E「Chap2_ 端数処理関数の練習」

1 ブック「Chap2_ 端数処理関数の練習」を開きましょう。

2 シート "ROUND" のセル C4 に " 土地面積（坪）" を求める数式を作成しましょう。端数は小数点第 1 位までになるよう端数を四捨五入しましょう。

- 土地面積（坪）は、" 土地面積（m²）÷ 3.3" の式で求めてください。

=ROUND（ [数値] , [桁数] ）　※左図の枠内に数式を書き込んでみましょう。

3 作成した数式をセル C10 までコピーしましょう。

<シート "ROUND" 完成例>

	A	B	C	D	E	F	G
1	新規分譲土地面積・価格表						
2							
3	区画	土地面積(m²)	土地面積(坪) 1坪=3.3m²で換算 端数は四捨五入	分譲価格(万円)			
4	A	302.52	91.7	1,655			
5	B	273.08	82.8	1,489			
6	C	285.12	86.4	1,555			
7	D	268.90	81.5	1,466			
8	E	314.89	95.4	1,717			
9	F	323.51	98	1,764			
10	G	269.34	81.6	1,458			
11							
12							
13							
14							
15							
16							

ROUND　ROUNDOWN　ROUNDUP

4 シートを"ROUNDDOWN"に切り替えて、セルE18に"消費税額"を求める数式を作成しましょう。小数点以下の端数を切り捨てて整数にしましょう。

- ROUNDDOWN 関数は端数を切り捨てる関数です。引数の種類や意味は ROUND 関数と同じです。
- 消費税額は、"小計×消費税率（セル D18）"の式で求めてください。

数値　　　　　　　　桁数

=ROUNDDOWN (　　　　　　　　　,　　　　　　　)

＜シート "ROUNDDOWN" 完成例＞

	A	B	C	D	E	F	G
1		ご請求書					
3		カフェグリーン	様				
5		いつもありがとうございます。		株式会社　アローラ			
6		下記のとおりご請求申し上げます。		○○県△△市××			
8		ご請求額（税込）		¥17,791			
10		商品名	単価	数量	金額		
11		木製トレイ	648	10	6,480		
12		コースター（30枚入り）	398	20	7,960		
13		マドラー（100本入り）	289	6	1,734		
14							
15							
16							
17		小　計			16,174		
18		消費税額		10%	1617		
19		税込金額			17,791		

| ROUND | ROUNDDOWN | ROUNDUP | ⊕ |

5 シートを "ROUNDUP" に切り替えて、セル D6 に " ボーナス額 " を求める数式を作成しましょう。算出結果は十の位で切り上げ、100 円単位の金額に整えましょう。

・ ボーナス額は、" 平均月給×評価係数 " の式で求めてください。

=ROUNDUP (　[数値]　,　[桁数]　)

6 作成した数式をセル D12 までコピーしましょう。

<シート "ROUNDUP" 完成例>

	A	B	C	D	E	F	G
1	アルバイト臨時ボーナス計算表						
2							
3	3か月間の平均月給×評価係数で算出します。						
4	十の位で切り上げて100円単位に調整します。						
5	氏名	平均月給	評価係数	ボーナス額			
6	篠田　清太郎	72,514	0.53	38500			
7	斉藤　夏子	65,412	0.68	44500			
8	野田　玲央	55,214	0.45	24900			
9	藤原　絵里奈	65,234	0.51	33300			
10	渡辺　信二	48,965	0.41	20100			
11	相沢　哲也	68,714	0.63	43300			
12	下田　直子	59,870	0.46	27600			
13							
14							
15							
16							
17							
18							

ROUND | ROUNDOWN | ROUNDUP | ⊕

7 上書き保存して、ブックを閉じましょう。

数値処理の関数を利用する

2

【章末練習問題2】RANK.EQ 関数と MOD 関数の練習

📁 スクール応用_Excel 2019 ▶ 📁 CHAPTER2 ▶ 📁 章末練習問題 ▶ E 「Chap2_RANK.EQ 関数と MOD 関数の練習」

1 ブック「Chap2_RANK.EQ 関数と MOD 関数の練習」を開きましょう。

2 シート "RANK.EQ" のセル D4 に "売上金額を基にした順位" を求める数式を作成しましょう。
なお、後で数式をコピーした際に正しく結果が求められるように絶対参照を活用しましょう。

数値　　　　　　　　参照　　　　　　　　　　順序
=RANK.EQ (　　　　　　　　,　　　　　　　　　　,　　　　　　　)

3 作成した数式をセル D10 までコピーしましょう。

	A	B	C	D	E	F	G
1		営業成績一覧表					
2				(単位：千円)			
3	氏名	部署	売上金額	順位			
4	中野　竜馬	営業1課	8,925	1			
5	坂上　正太郎	営業1課	6,048	3			
6	佐々木　哲也	営業1課	3,570	6			
7	近藤　直哉	営業1課	4,367	5			
8	江崎　慎一	営業2課	7,908	2			
9	野村　悟志	営業2課	5,037	4			
10	相沢　亮子	営業2課	2,866	7			
11							
12							
13							
14							
15							
16							
17							
18							
19							
20							

RANK.EQ ｜ MOD ｜ ⊕

4 "順位"を基準に表のデータを並べ替えましょう。

※並べ替えの基準としたい列を変更するには、表を範囲選択したうえで、並べ替えの基準としたいセルをアクティブにします（P.78 OnePoint参照）。

	A	B	C	D	E	F
1		営業成績一覧表				
2				（単位：千円）		
3	氏名	部署	売上金額	順位		
4	中野　竜馬	営業1課	8,925	1		
5	坂上　正太郎	営業1課	6,048	3		
6	佐々木　哲也	営業1課	3,570	6		
7	近藤　直哉	営業1課	4,367	5		
8	江崎　慎一	営業2課	7,908	2		
9	野村　悟志	営業2課	5,037	4		
10	相沢　亮子	営業2課	2,866	7		
11						
12						

＜シート"RANK.EQ 完成例＞

	A	B	C	D	E	F	G
1		営業成績一覧表					
2				（単位：千円）			
3	氏名	部署	売上金額	順位			
4	中野　竜馬	営業1課	8,925	1			
5	江崎　慎一	営業2課	7,908	2			
6	坂上　正太郎	営業1課	6,048	3			
7	野村　悟志	営業2課	5,037	4			
8	近藤　直哉	営業1課	4,367	5			
9	佐々木　哲也	営業1課	3,570	6			
10	相沢　亮子	営業2課	2,866	7			
11							
12							
13							
14							
15							
16							
17							
18							
19							
20							

RANK.EQ　MOD

2

数値処理の関数を利用する

5 シートを "MOD" に切り替えて、セル F4 に "バラ（本）" を求める数式を作成しましょう。
　　・バラ（本）は、"必要数÷ケース容量" の余りで求めてください。

数値　　　　　　　　　　　除数

=MOD (　　　　　　　　　　,　　　　　　　　　　　)

6 上書き保存して、ブックを閉じましょう。

＜シート "MOD" の完成例＞

	A	B	C	D	E	F
1	ジュース注文本数計算表					
2				注文数		
3	必要数	ケース容量		ケース	バラ（本）	
4	216	20		10	16	
5						
6						
7						
8						
9						
10						
11						
12						
13						
14						
15						
16						
17						
18						
19						

RANK.EQ　MOD　⊕

条件判定の関数を利用する

ここでは、条件を判定して結果を表示する関数を学習します。さらに複数の条件を指定する関数や、特定の条件に合致するデータの合計や個数を求める関数も学習します。

3-1 関数を利用して条件を判定する

論理関数を使うと "目標値を上回っているかどうか" といった判定を数式で行うことができるため、目で見て判定するよりも早く間違いなく作業を行うことができます。

LESSON 1 | IF関数で条件を判定する

IF 関数を使うと、論理式で指定した条件を満たしている場合（真・TRUE）と満たしていない場合（偽・FALSE）で、表示内容を変更することができます。

ここでは "購入金額が 10,000 円を超えているかどうか" で条件判定し、送料のセルに、真の場合は 0 円、偽の場合は 500 円と表示する数式を例に IF 関数を学習します。

IF 関数 条件を判定して結果を変更する

数式 = IF (論理式 , 値が真の場合 , 値が偽の場合)　　　　**分類** 論理

論理式 …… 条件を判定するための式を比較演算子を使って指定します（比較演算子の例は下表を参照）。

値が真の場合 …… 論理式を満たしている場合（真）の結果を指定します。

値が偽の場合 …… 論理式を満たしていない場合（偽）の結果を指定します。

数式例　=IF (D4>10000,0,500)

意味　セル D4 の値が 10000 より大きければ、0 を表示する。そうでなければ 500 を表示する。
　　　　論理式　　　　　　　値が真の場合　　　　　　　　値が偽の場合

	A	B	C	D	E
1	ネット注文受付表				
2	※送料…購入金額が1万円を超える注文は無料。それ以外は500円。				
3	注文番号	注文日	顧客番号	購入金額	送料
4	1001	2020/12/1	191	6,000	500
5	1002	2020/12/1	258	12,580	0
6	1003	2020/12/1	117	8,720	500
7	1004	2020/12/1	456	10,000	500

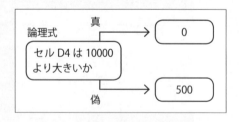

よく使われる比較演算子

>	より大きい	A1 > 100 …… セル A1 が 100 より大きい（超過）
<	より小さい	A1 < 100 …… セル A1 が 100 より小さい（未満）
=	等しい	A1 = 100 …… セル A1 が 100 に等しい
>=	以上	A1>=100 …… セル A1 が 100 以上（100 も含む）
<=	以下	A1<=100 …… セル A1 が 100 以下（100 も含む）

STEP　IF関数を使って"購入金額"に応じた送料（0か500）を表示する

1　実習用データのブック「Chap3_条件を判定する関数」を開きます。

> ▼ スクール応用_Excel 2019 ▶ ▼ CHAPTER3 ▶ E「Chap3_条件を判定する関数」

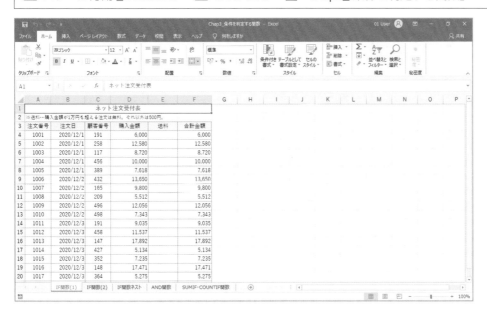

実習用データはインターネットからダウンロードできます。詳細は本書のP.(4)に記載されています。

3

条件判定の関数を利用する

2　セルE4をアクティブにします。

	A	B	C	D	E	F	G
1			ネット注文受付表				
2	※送料…購入金額が1万円を超える注文は無料。それ以外は500円。						
3	注文番号	注文日	顧客番号	購入金額	送料	合計金額	
4	1001	2020/12/1	191	6,000		6,000	
5	1002	2020/12/1	258	12,580		12,580	
6	1003	2020/12/1	117	8,720		8,720	
7	1004	2020/12/1	456	10,000		10,000	
8	1005	2020/12/1	389	7,618		7,618	
9	1006	2020/12/2	432	13,650		13,650	
10	1007	2020/12/2	165	9,800		9,800	
11	1008	2020/12/2	209	5,512		5,512	
12	1009	2020/12/2	496	12,056		12,056	
13	1010	2020/12/2	498	7,343		7,343	
14	1011	2020/12/3	191	9,035		9,035	
15	1012	2020/12/3	458	11,537		11,537	

ここでは、購入金額が10,000円より大きいかどうかを判定して、送料を0円か500円のどちらかで表示する数式を作成します。

3　[数式]タブの[論理]ボタンをクリックします。

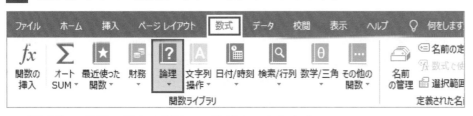

→ [論理]の分類に属する関数の一覧が表示されます。

4 一覧から［IF］をクリックします。

→ ［関数の引数］ダイアログボックスが表示されます。

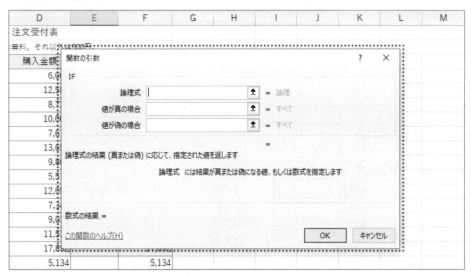

5 ［論理式］ボックスにカーソルがあることを確認して、セル D4 をクリックします。

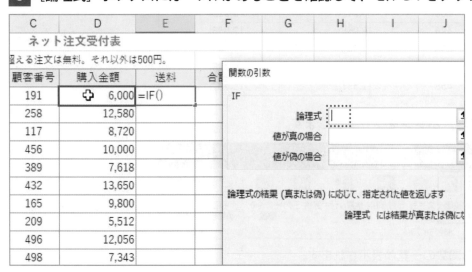

→ ［論理式］ボックスに "D4" と表示されます。

```
関数の引数

  IF

        論理式    D4                        ⬆  = TRUE

        値が真の場合                        ⬆  = すべて

        値が偽の場合                        ⬆  = すべて

                                            =

論理式の結果 (真または偽) に応じて、指定された値を返します

           論理式   には結果が真または偽になる値、もしくは数式を指定しま
```

6 日本語入力モードをオフにして、半角の「>」を入力します。

```
  IF

        論理式    D4>    ⇧Shift   +   >   =

        値が真の場合                        ⬆  = すべて

        値が偽の場合                        ⬆  = すべて

                                            =
```

💬 " > " は、" より大きい " という意味の比較演算子です。

7 ［論理式］ボックスの "D4 >" の後ろに「10000」と入力します。

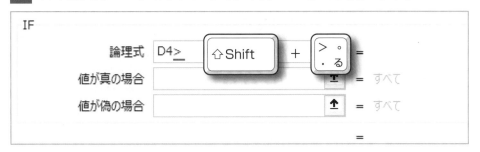

```
  IF

        論理式    D4>10000                 ⬆  = FALSE

        値が真の場合                        ⬆  = すべて

        値が偽の場合                        ⬆  = すべて

                                            =
```

```
論理式          真  ─→  ┌─────┐
                         │  0  │
                         └─────┘
 セル D4 は 10000
 より大きいか
                         ┌─────┐
               偽  ─→    │ 500 │
                         └─────┘

      =IF ( D4 > 10000 , 0 , 500 )
```

💬 " セル D4 が 10000 より大きければ … " という条件の論理式になります。

8 ［値が真の場合］ボックス内をクリックしてカーソルを移動します。

```
  IF

        論理式    D4>10000                 ⬆  = FALSE

        値が真の場合 |                      ⬆  = すべて

        値が偽の場合                        ⬆  = すべて

                                            =
```

9 「0」と入力します。

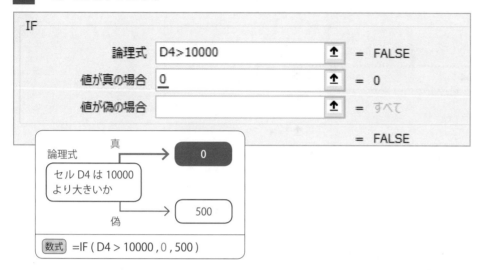

［値が真の場合］ボックスには、論理式の条件に合致した場合の結果を入力します。つまり、この式では、セルD4が10000より大きければ "0" が表示されます。

10 ［値が偽の場合］ボックス内をクリックしてカーソルを移動します。

IF
論理式	D4>10000	↑	=	FALSE
値が真の場合	0	↑	=	0
値が偽の場合		↑	=	すべて
			=	FALSE

11 「500」と入力します。

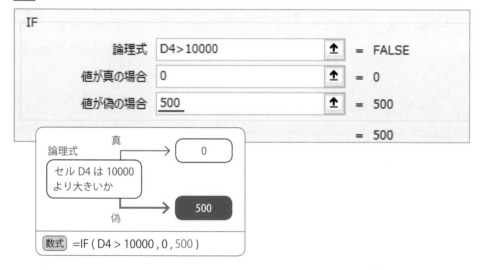

［値が偽の場合］ボックスには、論理式の条件に合致しなかった場合の結果を入力します。つまり、この式では、セルD4が10000より大きくなければ "500" が表示されます。

12 ［OK］をクリックします。

→ セル E4 に購入金額に応じた送料が表示できました。

	A	B	C	D	E	F	G
1			ネット注文受付表				
2	※送料…購入金額が1万円を超える注文は無料。それ以外は500円。						
3	注文番号	注文日	顧客番号	購入金額	送料	合計金額	
4	1001	2020/12/1	191	6,000	500	6,500	
5	1002	2020/12/1	258	12,580		12,580	
6	1003	2020/12/1	117	8,720		8,720	
7	1004	2020/12/1	456	10,000		10,000	

13 セル E4 のフィルハンドルにマウスポインターを合わせます。

→ マウスポインターの形が **✚** に変わります。

14 その位置でダブルクリックします。

	A	B	C	D	E	F	G
1			ネット注文受付表				
2	※送料…購入金額が1万円を超える注文は無料。それ以外は50				ダブルクリック		
3	注文番号	注文日	顧客番号	購入金額	送料	合計金額	
4	1001	2020/12/1	191	6,000	500 ✚	6,500	
5	1002	2020/12/1	258	12,580		12,580	
6	1003	2020/12/1	117	8,720		8,720	
7	1004	2020/12/1	456	10,000		10,000	

→ IF 関数を使って "購入金額" に応じた送料（0 か 500）を表示できました。

	A	B	C	D	E	F	G
1			ネット注文受付表				
2	※送料…購入金額が1万円を超える注文は無料。それ以外は500円。						
3	注文番号	注文日	顧客番号	購入金額	送料	合計金額	
4	1001	2020/12/1	191	6,000	500	6,500	
5	1002	2020/12/1	258	12,580	0	12,580	
6	1003	2020/12/1	117	8,720	500	9,220	
7	1004	2020/12/1	456	10,000	500	10,500	
8	1005	2020/12/1	389	7,618	500	8,118	
9	1006	2020/12/2	432	13,650	0	13,650	
10	1007	2020/12/2	165	9,800	500	10,300	
11	1008	2020/12/2	209	5,512	500	6,012	
12	1009	2020/12/2	496	12,056	0	12,056	
13	1010	2020/12/2	498	7,343	500	7,843	
14	1011	2020/12/3	191	9,035	500	9,535	
15	1012	2020/12/3	458	11,537	0	11,537	
16	1013	2020/12/3	147	17,892	0	17,892	
17	1014	2020/12/3	427	5,134	500	5,634	
18	1015	2020/12/3	352	7,235	500	7,735	
19	1016	2020/12/3	148	17,471	0	17,471	
20	1017	2020/12/3	364	5,275	500	5,775	
21	1018	2020/12/3	383	12,521	0	12,521	
22							

LESSON 2 | 条件判定の結果に文字列を表示する

LESSON1 では、条件判定の結果として "0" または "500" という数値を指定しましたが、文字列を表示したい場合はダブルクォーテーション（" "）で囲む必要があります。Excel では、数式内に文字列を使用するときはダブルクォーテーションで囲むというルールがあるからです。

ただし［関数の引数］ダイアログボックスを使用すると、［値が真の場合］、［値が偽の場合］ボックスに文字列を入力するだけで自動的にダブルクォーテーションが付与されるため、入力する作業を省くことができます。

総計点	合否判定 （75点以上合格）
69	不合格
75	合格
74	不合格
68	不合格
100	合格
75	合格

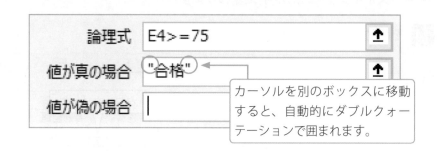

論理式	E4>=75
値が真の場合	"合格"
値が偽の場合	

カーソルを別のボックスに移動すると、自動的にダブルクォーテーションで囲まれます。

STEP **IF関数を使って"総計点"に応じた結果（合格か不合格）を表示する**

1 シート見出し［IF 関数 (2)］をクリックしてワークシートを切り替えます。

	A	B	C	D	E	F	G	H
1			定期テスト合否判定結果表					
2								
3	生徒名	筆記試験 点数	提出物	加算点	総計点	合否判定 （75点以上合格）		
4	赤石　香苗	69	済		69			
5	泉　祥子	75	済		75			
6	岡田　美紀	74	未		74			
7	川上　夏加	68	済		68			
8	木谷　優奈	100	未		100			
9	高坂　愛	75	未		75			
10	佐々木　真央	39	済		39			
11	鈴本　春香	93	済		93			
12	曽我　千尋	43	未		43			
13	高田　加奈	69	済		69			
14	中島　綾乃	100	済		100			
15	野口　真由	56	未		56			
16	長谷川　結	96	済		96			
17	藤田　陽菜	51	未		51			
18	三浦　恵	95	未		95			
19	森本　裕子	79	済		79			
20	矢野　愛理	100	未		100			

IF関数(1) | IF関数(2) | IF関数ネスト | AND関数 | SUMIF・COUNTIF関数 | ⊕

準備完了

2 セル F4 をアクティブにします。

	A	B	C	D	E	F	G
1			定期テスト合否判定結果表				
3	生徒名	筆記試験点数	提出物	加算点	総計点	合否判定（75点以上合格）	
4	赤石　香苗	69	済		69		
5	泉　祥子	75	済		75		
6	岡田　美紀	74	未		74		
7	川上　夏加	68	済		68		

3 ［数式］タブの［最近使った関数］ボタンをクリックします。

→ 最近使った関数の一覧が表示されます。

4 関数名の一覧から［IF］をクリックします。

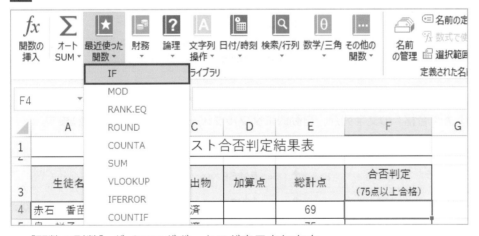

→［関数の引数］ダイアログボックスが表示されます。

5 ［論理式］ボックスにカーソルがあることを確認して、セル E4 をクリックします。

→［論理式］ボックスに "E4" と表示されます。

6 日本語入力モードをオフにして、半角の「>」を入力します。

7 つづけて、半角の「=」（等号・イコール）を入力します。

8 さらに、半角で「75」と入力します。

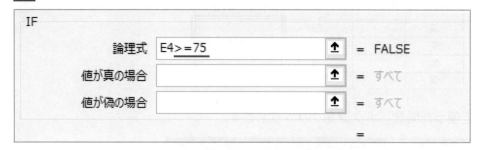

"="も合わせて入力することで、"以上"（その値も含む）という表現ができます。

9 ［値が真の場合］ボックス内をクリックしてカーソルを移動します。

10 日本語入力モードをオンにして、「合格」と入力します。

この式では、セル E4 が 75 以上なら、文字列"合格"が表示されます。

11 ［値が偽の場合］ボックス内をクリックしてカーソルを移動します。

→［値が真の場合］に入力した"合格"の文字列が、自動的にダブルクォーテーションで囲まれます。

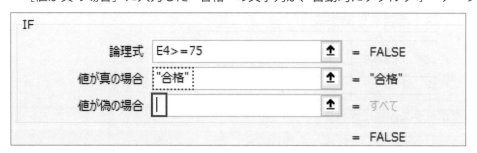

数式内の文字列は、半角のダブルクォーテーションで囲む必要があります。

12 「不合格」と入力します。

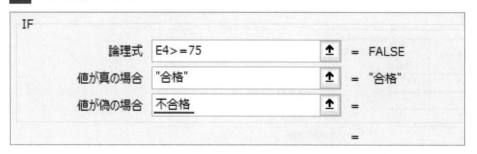

［値が偽の場合］の文字列にも、［OK］ボタンをクリックした時点でダブルクォーテーションが自動的に付与されます。

13 ［OK］をクリックします。

→ セル F4 に、総計点に応じた合否判定が表示できました。

	A	B	C	D	E	F	G
1	定期テスト合否判定結果表						
3	生徒名	筆記試験 点数	提出物	加算点	総計点	合否判定 (75点以上合格)	
4	赤石　香苗	69	済		69	不合格	
5	泉　祥子	75	済		75		
6	岡田　美紀	74	未		74		
7	川上　夏加	68	済		68		

セル E4（総計点）の
値が 75 未満のため「不
合格」と表示されます。

14 セル F4 の数式をコピーします。

→ IF 関数を使って "総計点" に応じた結果（合格か不合格）を表示できました。

	A	B	C	D	E	F	G
1	定期テスト合否判定結果表						
3	生徒名	筆記試験 点数	提出物	加算点	総計点	合否判定 (75点以上合格)	
4	赤石　香苗	69	済		69	不合格	
5	泉　祥子	75	済		75	合格	
6	岡田　美紀	74	未		74	不合格	
7	川上　夏加	68	済		68	不合格	
8	木谷　優奈	100	未		100	合格	
9	高坂　愛	75	未		75	合格	
10	佐々木　真央	39	済		39	不合格	
11	鈴本　春香	93	済		93	合格	
12	曽我　千尋	43	未		43	不合格	
13	高田　加奈	69	済		69	不合格	
14	中島　綾乃	100	済		100	合格	
15	野口　真由	56	未		56	不合格	
16	長谷川　結	96	済		96	合格	
17	藤田　陽菜	51	未		51	不合格	
18	三浦　恵	95	未		95	合格	
19	森本　裕子	79	済		79	合格	
20	矢野　愛理	100	未		100	合格	
21	吉川　冬美	77	済		77	合格	
22	渡辺　美咲	74	済		74	不合格	
23							

3

条件判定の関数を利用する

LESSON 3 | 論理式に文字列を入力する

［値が真の場合］、［値が偽の場合］ボックスに入力した文字列には、ダブルクォーテーションが自動的に付与されますが、これは引数に文字列のみを指定した場合の特別な措置です。

論理式のように、比較演算子やセルの番地など、文字列以外の内容も入力する必要がある引数では、ダブルクォーテーションが自動では付与されないため、手入力する必要があります。

ダブルクォーテーションが自動で付与されるケース

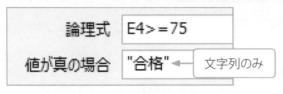

ダブルクォーテーションを手入力する必要があるケース

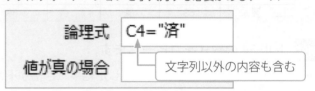

STEP IF関数を使って"提出物"に応じた結果（筆記試験の1割か0点）を表示する

1 セルD4をアクティブにします。

	A	B	C	D	E	F	G
1	定期テスト合否判定結果表						
2							
3	生徒名	筆記試験点数	提出物	加算点	総計点	合否判定（75点以上合格）	
4	赤石　香苗	69	済		69	不合格	
5	泉　祥子	75	済		75	合格	
6	岡田　美紀	74	未		74	不合格	
7	川上　夏加	68	済		68	不合格	
8	木谷　優奈	100	未		100	合格	
9	高坂　愛	75	未		75	合格	
10	佐々木　真央	39	済		39	不合格	

2 ［数式］タブの［最近使った関数］ボタンをクリックします。

→ 最近使った関数の一覧が表示されます。

3 一覧から［IF］をクリックします。

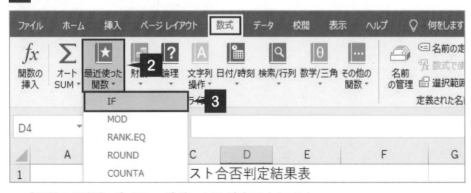

→ ［関数の引数］ダイアログボックスが表示されます。

4 ［論理式］ボックスにカーソルがあることを確認して、セル C4 をクリックします。

	A	B	C	D	E	F	G
			定期テスト合否判定結果表				
	生徒名	筆記試験点数	提出物	加算点		関数の引数	
	香苗	69	済	=IF()		IF	
	祥子	75	済			論理式	
	美紀	74	未			値が真の場合	
	夏加	68	済			値が偽の場合	
	優奈	100	未				
	愛	75	未			論理式の結果 (真または偽) に応じて、指定された値を返しま	
	木　真央	39	済			論理式　には結果が真また	
	春香	93	済				

→ ［論理式］ボックスに "C4" と表示されます。

5 日本語入力モードをオフにして、半角の「=」を入力します。

IF			
論理式	C4=	↑	=
値が真の場合		↑	= すべて
値が偽の場合		↑	= すべて
			=

ここでの "=" は、" 等しい " という意味の比較演算子です。

6 つづけて、「"済"」と入力します（" " は半角）。

IF			
論理式	C4="済"	↑	= TRUE
値が真の場合		↑	= すべて
値が偽の場合		↑	= すべて
			=

今回はダブルクォーテーションが自動的に付与されません。

7 ［値が真の場合］ボックス内をクリックしてカーソルを移動します。

8 半角で「B4*0.1」と入力します（"B4" はセル B4 をクリックして入力できます）。

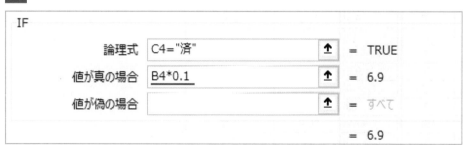

IF			
論理式	C4="済"	↑	= TRUE
値が真の場合	B4*0.1	↑	= 6.9
値が偽の場合		↑	= すべて
			= 6.9

このように、" 値が真の場合 " や " 値が偽の場合 " の引数に、数式を指定することもできます。

3

条件判定の関数を利用する

9 ［値が偽の場合］ボックス内をクリックしてカーソルを移動します。

10 半角で「0」と入力します。

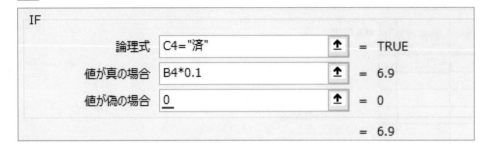

IF		
論理式	C4="済"	= TRUE
値が真の場合	B4*0.1	= 6.9
値が偽の場合	0	= 0
		= 6.9

11 ［OK］をクリックします。

→ セル D4 に提出物に応じた " 加算点 " を表示できました。

	A	B	C	D	E	F	G
1			定期テスト合否判定結果表				
2							
3	生徒名	筆記試験点数	提出物	加算点	総計点	合否判定（75点以上合格）	
4	赤石　香苗	69	済	6.9	75.9	合格	
5	泉　祥子	75	済		75	合格	
6	岡田　美紀	74	未		74	不合格	

12 セル D4 の数式をコピーします。

→ IF 関数を使って " 提出物 " に応じた結果（筆記試験点数の 1 割か 0 点）を表示できました。

	A	B	C	D	E	F	G
1			定期テスト合否判定結果表				
2							
3	生徒名	筆記試験点数	提出物	加算点	総計点	合否判定（75点以上合格）	
4	赤石　香苗	69	済	6.9	75.9	合格	
5	泉　祥子	75	済	7.5	82.5	合格	
6	岡田　美紀	74	未	0	74	不合格	
7	川上　夏加	68	済	6.8	74.8	不合格	
8	木谷　優奈	100	未	0	100	合格	
9	高坂　愛	75	未	0	75	合格	
10	佐々木　真央	39	済	3.9	42.9	不合格	
11	鈴本　春香	93	済	9.3	102.3	合格	
12	曽我　千尋	43	未	0	43	不合格	
13	高田　加奈	69	済	6.9	75.9	合格	
14	中島　綾乃	100	済	10	110	合格	
15	野口　真由	56	未	0	56	不合格	
16	長谷川　結	96	済	9.6	105.6	合格	
17	藤田　陽菜	51	未	0	51	不合格	
18	三浦　恵	95	未	0	95	合格	
19	森本　裕子	79	済	7.9	86.9	合格	
20	矢野　愛理	100	未	0	100	合格	
21	吉川　冬美	77	済	7.7	84.7	合格	
22	渡辺　美咲	74	済	7.4	81.4	合格	
23							

加算点が加わったことで、E 列の総計点が変化し、それに伴って F 列の合否判定の結果も変化します。
たとえば、セル F4 は、コピー前まで " 不合格 " でしたが、コピー後は " 合格 " に変化しています。

LESSON **4** | IF関数をネストして結果の種類を増やす

基本的なIF関数は判定結果を2つに分けますが、結果を3つ以上に分けたい場合は、IF関数の数式の中にさらにIF関数を挿入します。関数の中にさらに関数を組み込む構造のことをネスト（入れ子構造）と呼びます。

ネストのイメージ

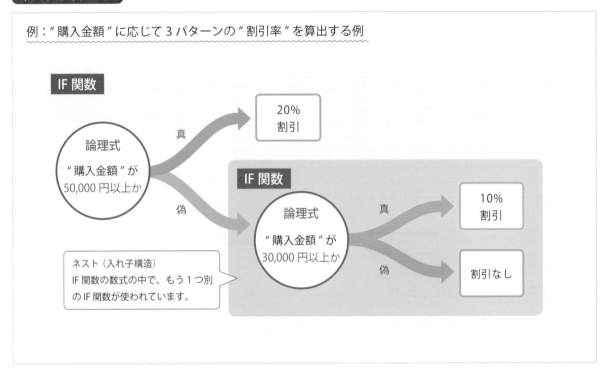

例："購入金額"に応じて3パターンの"割引率"を算出する例

関数をネストするには、数式の作成中に［名前ボックス］の▼をクリックして、表示された関数の一覧から使用したい関数を指定します。

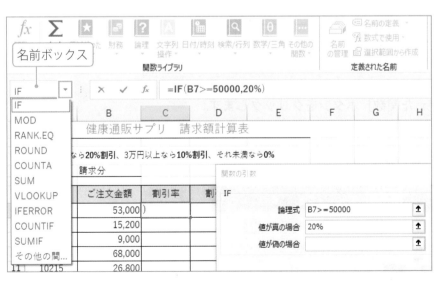

1 シート見出し［IF関数ネスト］をクリックして、シートを切り替えます。

	A	B	C	D	E	F	G	H
1	健康通販サプリ　請求額計算表							
3	※5万円以上なら**20%割引**、3万円以上なら**10%割引**、それ未満なら**0%**							
4	11月	請求分						
6	顧客番号	ご注文金額	割引率	割引額	ご請求額			
7	10211	53,000		0	53,000			
8	10212	15,200		0	15,200			
9	10213	9,000		0	9,000			
10	10214	68,000		0	68,000			
11	10215	26,800		0	26,800			
12	10216	5,400		0	5,400			
13	10217	49,800		0	49,800			
14	10218	51,200		0	51,200			
15	10219	30,100		0	30,100			
16	10220	55,100		0	55,100			
17	10221	49,500		0	49,500			
18	10223	27,400		0	27,400			
19	10224	49,800		0	49,800			
20	10225	8,500		0	8,500			
21								

｜ ‹ › ｜ IF関数(1) ｜ IF関数(2) ｜ IF関数ネスト ｜ AND関数 ｜ SUMIF・COUNTIF関数 ｜ ⊕ ｜

2 セルC7をアクティブにします。

	A	B	C	D	E	F	G
1	健康通販サプリ　請求額計算表						
3	※5万円以上なら**20%割引**、3万円以上なら**10%割引**、それ未満なら**0%**						
4	11月	請求分					
6	顧客番号	ご注文金額	割引率	割引額	ご請求額		
7	10211	53,000		0	53,000		
8	10212	15,200		0	15,200		
9	10213	9,000		0	9,000		
10	10214	68,000		0	68,000		

3 ［数式］タブの［最近使った関数］ボタンをクリックします。

→ 最近使った関数の一覧が表示されます。

4 一覧から［IF］をクリックします。

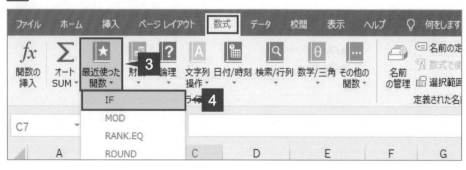

→ IF 関数の［関数の引数］ダイアログボックスが表示されます。

5 ［論理式］ボックスにカーソルがあることを確認して、セル B7 をクリックします。

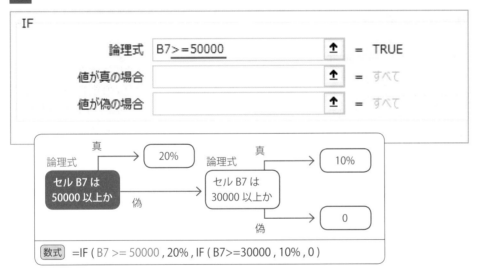

	A	B	C	D	E	F	G
		健康通販サプリ　請求額計算表					
	5万円以上なら**20%割引**、3万円以上なら**10%割引**、それ未満なら**0%**						
	11月	請求分			関数の引数		
	顧客番号	ご注文金額	割引率	割	IF		
	10211	⬧ 53,000	=IF()		論理式		
	10212	15,200			値が真の場合		
	10213	9,000			値が偽の場合		
	10214	68,000					
	10215	26,800					

→ ［論理式］ボックスに "B7" と表示されます。

6 日本語入力モードをオフにして、半角の「>」を入力します。

7 つづけて、半角の「=」を入力します。

8 さらに、半角で「50000」と入力します。

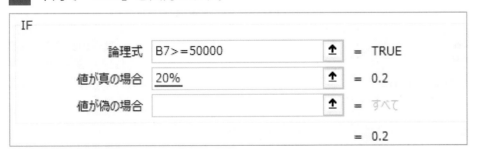

IF			
論理式	B7>=50000	⬆ =	TRUE
値が真の場合		⬆ =	すべて
値が偽の場合		⬆ =	すべて

真　→　[20%]　　　　　論理式　真　→　[10%]
論理式
[セル B7 は 50000 以上か]　偽　→　[セル B7 は 30000 以上か]　　偽　→　[0]

数式 =IF (B7 >= 50000 , 20% , IF (B7>=30000 , 10% , 0)

9 ［値が真の場合］ボックス内をクリックしてカーソルを移動します。

10 半角で「20%」と入力します。

IF			
論理式	B7>=50000	⬆ =	TRUE
値が真の場合	20%	⬆ =	0.2
値が偽の場合		⬆ =	すべて
		=	0.2

🗨 20% と 同 じ 意 味 の「0.2」を入力してもかまいません。

11 ［値が偽の場合］ボックス内をクリックしてカーソルを移動します。

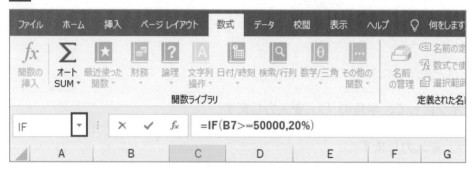

12 ［名前ボックス］の▼をクリックします。

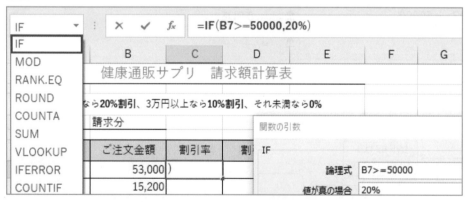

→ 最近使った関数の一覧が表示されます。

この操作によって、関数をネストすることができます。

13 一覧から［IF］をクリックします。

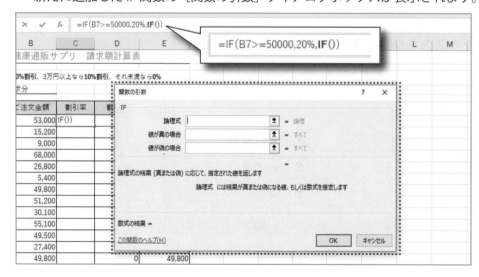

→ 新たに追加した IF 関数の［関数の引数］ダイアログボックスが表示されます。

表示された関数の一覧の中に IF がない場合は、［その他の関数］をクリックして、［関数の挿入］ダイアログボックスから選択する必要があります。

一見、これまで指定した引数がすべて消えてしまったように感じますが、数式バーを見ると、ここまで入力した IF 関数の数式の中に新しい IF 関数が追加されていることが確認できます。

14 ［論理式］ボックスに半角で「B7>=30000」と入力します。

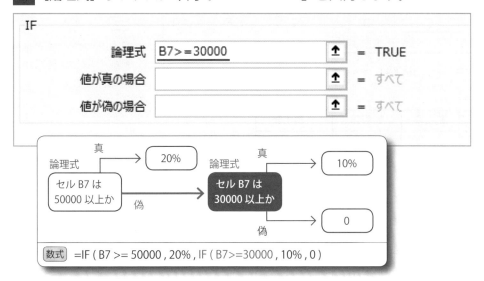

IF		
論理式	B7>=30000 ↑	= TRUE
値が真の場合	↑	= すべて
値が偽の場合	↑	= すべて

真 → 20%　　真 → 10%

論理式　　　　　　　論理式

セル B7 は 50000 以上か　偽 →　セル B7 は 30000 以上か

偽 → 0

数式　=IF (B7 >= 50000 , 20% , IF (B7>=30000 , 10% , 0)

15 ［値が真の場合］ボックスに半角で「10%」と入力します。

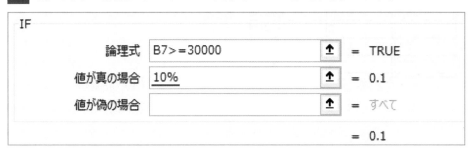

IF		
論理式	B7>=30000 ↑	= TRUE
値が真の場合	10% ↑	= 0.1
値が偽の場合	↑	= すべて
		= 0.1

10% と同じ意味の「0.1」を入力してもかまいません。

16 ［値が偽の場合］ボックスに半角で「0」と入力します。

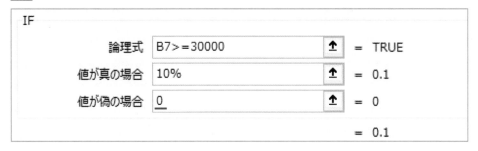

IF		
論理式	B7>=30000 ↑	= TRUE
値が真の場合	10% ↑	= 0.1
値が偽の場合	0 ↑	= 0
		= 0.1

"0%" の "%" 記号は入力を省略できます。

17 ［OK］をクリックします。

→ IF 関数をネストして "ご注文金額" に応じた割引率を表示できました。

▲	A	B	C	D	E	F	G
1		健康通販サプリ　請求額計算表					
2							
3	※5万円以上なら**20%**割引、3万円以上なら**10%**割引、それ未満なら**0%**						
4	11月	請求分					
5							
6	顧客番号	ご注文金額	割引率	割引額	ご請求額		
7	10211	53,000	20%	10,600	42,400		
8	10212	15,200		0	15,200		
9	10213	9,000		0	9,000		
10	10214	68,000		0	68,000		

セル範囲 C7 ～ C20 には、あらかじめ "パーセンテージ" の表示形式が適用されています。

3

条件判定の関数を利用する

18 セル C7 の数式をコピーします。

	A	B	C	D	E	F	G
1		健康通販サプリ　請求額計算表					
3	※5万円以上なら**20%割引**、3万円以上なら**10%割引**、それ未満なら**0%**						
4	11月	請求分					
6	顧客番号	ご注文金額	割引率	割引額	ご請求額		
7	10211	53,000	20%	10,600	42,400		
8	10212	15,200	0%	0	15,200		
9	10213	9,000	0%	0	9,000		
10	10214	68,000	20%	13,600	54,400		
11	10215	26,800	0%	0	26,800		
12	10216	5,400	0%	0	5,400		
13	10217	49,800	10%	4,980	44,820		
14	10218	51,200	20%	10,240	40,960		
15	10219	30,100	10%	3,010	27,090		
16	10220	55,100	20%	11,020	44,080		
17	10221	49,500	10%	4,950	44,550		
18	10223	27,400	0%	0	27,400		
19	10224	49,800	10%	4,980	44,820		
20	10225	8,500	0%	0	8,500		
21							

D 列には " ご注文金額 ＊ 割引率 " の数式が入力されています。

LESSON 5 | ネストしたIF関数の数式を修正する

数式を修正するには、［関数の引数］ダイアログボックスを再表示します。しかし、関数をネストしている場合、修正したい関数ではなく別の関数の引数が表示されることがあります。そのようなときには、**数式バーを利用して目的の関数のダイアログボックスに切り替える**ことで対処します。

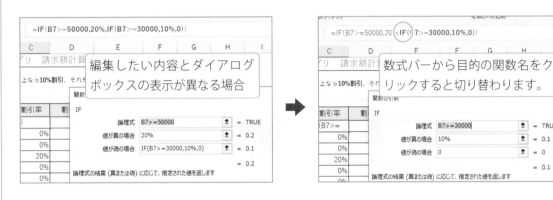

STEP ネストしたIF関数の数式の"0"を"5%"に修正する

1 セルC7をアクティブにします。

	A	B	C	D	E	F	G
1	健康通販サプリ　請求額計算表						
3	※5万円以上なら**20%**割引、3万円以上なら**10%**割引、それ未満なら**0%**						
4	11月　　請求分						
6	顧客番号	ご注文金額	割引率	割引額	ご請求額		
7	10211	53,000	20%	10,600	42,400		
8	10212	15,200	0%	0	15,200		
9	10213	9,000	0%	0	9,000		
10	10214	68,000	20%	13,600	54,400		

2 ［関数の挿入］ボタンをクリックします。

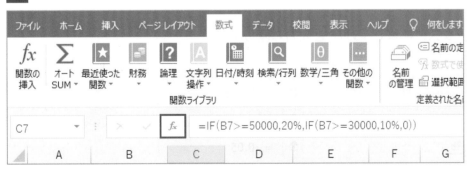

→ ［関数の引数］ダイアログボックスが表示されます。

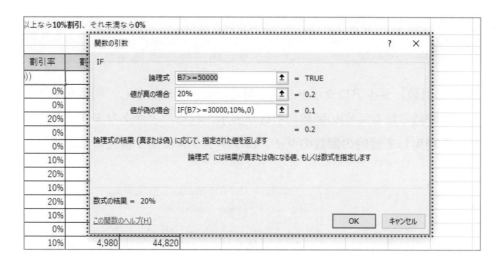

［関数の引数］ダイアログボックスは1つ目のIF関数の引数を表示しています。

3 数式バーの2つ目の［IF］をクリックします。

→［関数の引数］ダイアログボックスの内容が2つ目のIF関数の引数に切り替わります。

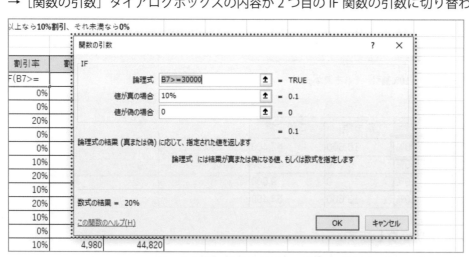

4 ［値が偽の場合］ボックスに半角で「5%」と入力し直します。

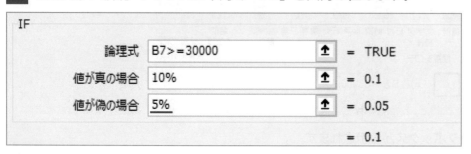

5%と同じ意味の「0.05」を入力してもかまいません。

5 ［OK］をクリックします。

→ セル C7 の IF 関数の数式を修正できました。

	A	B	C	D	E	F	G
1		健康通販サプリ　請求額計算表					
3	※5万円以上なら**20%割引**、3万円以上なら**10%割引**、それ未満なら**0%**						
4	11月	請求分					
6	顧客番号	ご注文金額	割引率	割引額	ご請求額		
7	10211	53,000	20%	10,600	42,400		
8	10212	15,200	0%	0	15,200		
9	10213	9,000	0%	0	9,000		
10	10214	68,000	20%	13,600	54,400		

6 セル C7 のフィルハンドルをダブルクリックして**数式をコピー**します。

→ ネストした IF 関数の数式の "0" を "5%" に修正できました。

	A	B	C	D	E	F	G
1		健康通販サプリ　請求額計算表					
3	※5万円以上なら**20%割引**、3万円以上なら**10%割引**、それ未満なら**0%**						
4	11月	請求分					
6	顧客番号	ご注文金額	割引率	割引額	ご請求額		
7	10211	53,000	20%	10,600	42,400		
8	10212	15,200	5%	760	14,440		
9	10213	9,000	5%	450	8,550		
10	10214	68,000	20%	13,600	54,400		
11	10215	26,800	5%	1,340	25,460		
12	10216	5,400	5%	270	5,130		
13	10217	49,800	10%	4,980	44,820		
14	10218	51,200	20%	10,240	40,960		
15	10219	30,100	10%	3,010	27,090		
16	10220	55,100	20%	11,020	44,080		
17	10221	49,500	10%	4,950	44,550		
18	10223	27,400	5%	1,370	26,030		
19	10224	49,800	10%	4,980	44,820		
20	10225	8,500	5%	425	8,075		
21							

3

条件判定の関数を利用する

LESSON 6 | AND関数で複数の条件を指定する

AND関数は複数の条件を指定することができ、それらをすべて満たしていれば"真（TRUE）"、1つでも満たしていなければ"偽（FALSE）"として扱うことができます。

ここでは、あるパソコン試験の合否判定をすると想定して、"タイピング"と"パソコン知識"の科目の得点がどちらも50点以上の場合は合格、そうでない場合は不合格と表示する数式を例にAND関数を学習します。

AND 関数 複数の条件を指定する

数式 = AND (論理式 1, 論理式 2, …)　　　　　**分類** 論理

論理式 1、論理式 2 …… 条件を判定するための式を複数指定できます。指定したすべての論理式が満たされないかぎり"真（TRUE）"になりません。論理式は255個まで指定できます。

数式例 =IF (AND(B4>=50, C4>=50) , " 合格 " , " 不合格 ")

意 味 セル B4 の値が 50 以上、かつ セル C4 の値が 50 以上なら合格。そうでなければ、不合格。
　　　　　論理式 1　　　　　　　　論理式 2

	A	B	C	D
1	パソコン技能判定試験　結果表			
2				
3	生徒名	タイピング	パソコン知識	合否判定
4	新谷　彰	52	43	不合格
5	国守　小枝子	71	87	合格
6	熊沢　祥子	40	45	不合格
7	佐藤　樹生	76	34	不合格
8	茂田　智樹	65	61	合格
9	渋谷　仁美	53	63	合格

AND 関数は真か偽かを判定するだけの関数のため、表示内容の切り替えについては IF 関数を組み合わせる必要があります。

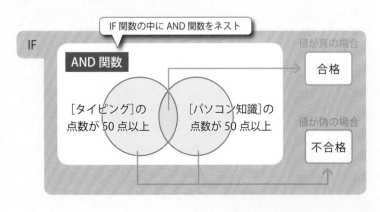

STEP タイピングとパソコン知識のどちらも 50 点以上かどうかで合否を表示する

1 シート見出し［AND 関数］をクリックして、シートを切り替えます。

	A	B	C	D	E	F	G	H
1	パソコン技能判定試験　結果表							
2								
3	生徒名	タイピング	パソコン知識	合否判定				
4	新谷　彰	52	43					
5	国守　小枝子	71	87					
6	熊沢　祥子	40	45					
7	佐藤　樹生	76	34					
8	茂田　智樹	65	61					
9	渋谷　仁美	53	63					
10	渋谷　美紀	66	27					
11	田中　香織	50	76					
12	富田　太陽	93	28					
13	中川　翔一朗	72	67					
14	藤井　賢	92	34					
15	森川　栄一郎	32	41					
16	八柳　柚	64	87					
17	大和　那賀斗	69	32					
18	平均点	63.93	51.79					
19								
20								

IF関数(1)　IF関数(2)　IF関数ネスト　**AND関数**　SUMIF・COUNTIF関数　　⊕

準備完了

2 セル D4 をアクティブにします。

	A	B	C	D	E	F	G
1	パソコン技能判定試験　結果表						
2							
3	生徒名	タイピング	パソコン知識	合否判定			
4	新谷　彰	52	43				
5	国守　小枝子	71	87				
6	熊沢　祥子	40	45				
7	佐藤　樹生	76	34				

3 ［数式］タブの［論理］ボタンをクリックします。

→ ［論理］の分類に属する関数の一覧が表示されます。

4 一覧から［IF］をクリックします。

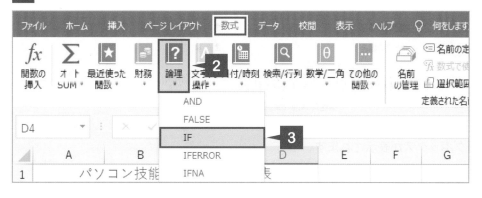

AND 関数は、IF 関数との組み合わせでよく利用します。

→ ［関数の引数］ダイアログボックスが表示されます。

5 ［論理式］ボックスにカーソルがあることを確認して、［名前ボックス］の▼をクリックします。

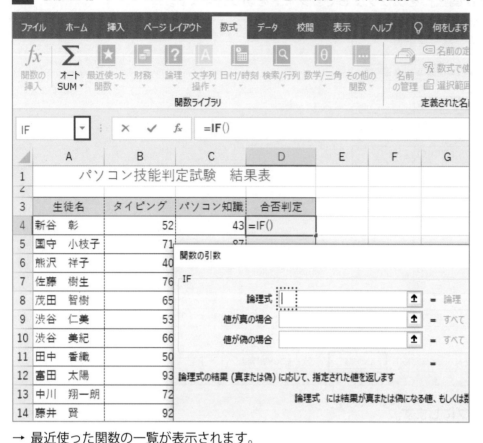

→ 最近使った関数の一覧が表示されます。

💬
この操作によって、関数をネストすることができます。

6 一覧から［その他の関数］をクリックします。

💬
表示された関数の一覧の中に "AND" がある場合は、そちらをクリックしてもかまいません。

→ ［関数の挿入］ダイアログボックスが表示されます。

7 ［関数の分類］ボックスが［論理］になっていることを確認します。

8 関数名の一覧から［AND］をクリックします（すでに選択されている場合は省略できます）。

9 ［関数の挿入］ダイアログボックスの［OK］ボタンをクリックします。

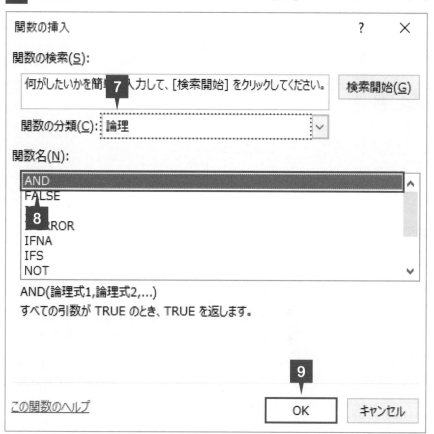

→ ［関数の引数］ダイアログボックスが、AND 関数の内容に変わります。

数式バーを見ると、IF
関数の数式に続いて
AND 関数が追加され
ていることを確認でき
ます。

10 [論理式 1] ボックスに半角で「B4>=50」と入力します。

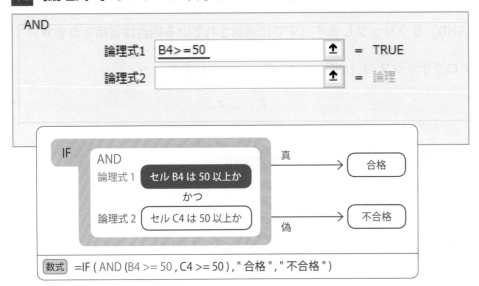

11 [論理式 2] ボックスに半角で「C4>=50」と入力します。

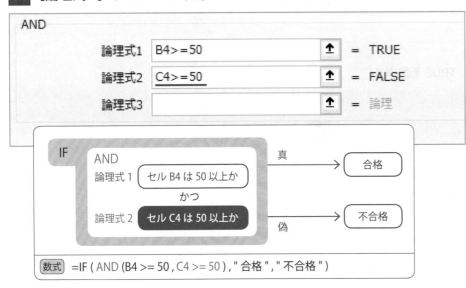

C4 はセルをクリック
して入力できます。

この時点では、まだ
[OK] は押しません。

12 数式バーの [IF] をクリックします。

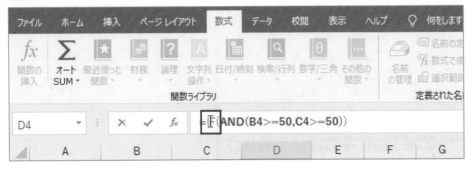

この操作によって、[関
数の引数] ダイアログ
ボックスが IF 関数の
内容に切り替わりま
す。

→ IF 関数の、[関数の引数] ダイアログボックスが表示されます。

> [論理式] ボックスに
> は AND 関数の数式が
> 表示されています。

13 日本語入力モードをオンにして [値が真の場合] ボックスに「合格」と入力します。

```
IF
  論理式     AND(B4>=50,C4>=50)    ↑  = FALSE
  値が真の場合  合格              ↑  =
  値が偽の場合                    ↑  = すべて
                                    = FALSE
```

14 [値が偽の場合] ボックスに「不合格」と入力します。

```
IF
  論理式     AND(B4>=50,C4>=50)    ↑  = FALSE
  値が真の場合  "合格"            ↑  = "合格"
  値が偽の場合  不合格            ↑  =
                                    =
```

15 [OK] をクリックします。

3 条件判定の関数を利用する

→ セル D4 に"タイピング"と"パソコン知識"の点数に応じた合否判定が表示できました。

	A	B	C	D	E	F	G
1	パソコン技能判定試験　結果表						
2							
3	生徒名	タイピング	パソコン知識	合否判定			
4	新谷　彰	52	43	不合格			
5	国守　小枝子	71	87				
6	熊沢　祥子	40	45				
7	佐藤　樹生	76	34				

セル B4（タイピング）は 50 以上ですが、セル C4（パソコン知識）が 50 未満のため、"不合格"と表示されます。

16 セル D4 の数式をコピーします。

	A	B	C	D	E	F	G
1	パソコン技能判定試験　結果表						
2							
3	生徒名	タイピング	パソコン知識	合否判定			
4	新谷　彰	52	43	不合格			
5	国守　小枝子	71	87	合格			
6	熊沢　祥子	40	45	不合格			
7	佐藤　樹生	76	34	不合格			
8	茂田　智樹	65	61	合格			
9	渋谷　仁美	53	63	合格			
10	渋谷　美紀	66	27	不合格			
11	田中　香織	50	76	合格			
12	富田　太陽	93	28	不合格			
13	中川　翔一朗	72	67	合格			
14	藤井　賢	92	34	不合格			
15	森川　栄一郎	32	41	不合格			
16	八柳　柚	64	87	合格			
17	大和　那賀斗	69	32	不合格			
18	平均点	63.93	51.79				
19							

OnePoint　OR 関数でいずれかの条件を満たすかを判定する

OR 関数は、指定した複数の条件のうち、1 つでも満たしていれば"真・TRUE"、すべて満たしていない場合のみ"偽・FALSE"として扱われます。

OR 関数も AND 関数と同様、真か偽かを判定するだけの関数のため、通常は IF 関数と組み合わせて使用します。

OR 関数　複数の条件を指定する

数式 = OR (論理式 1, 論理式 2, …)

3-2 条件を指定して集計する

データの一覧から特定の条件に合致するデータだけを集計したい場合、SUMIF 関数や COUNTIF 関数が便利です。

LESSON 1 | SUMIF関数で条件を満たすデータを合計する

SUMIF 関数はデータの一覧から条件を満たすデータの値を集計できる関数です。

ここでは、あるショップの売上データの一覧から、メーカーごとの売上を集計する数式を例に SUMIF 関数を学習します。

SUMIF 関数 　条件を満たすデータを合計する

数式 = SUMIF (範囲 , 検索条件 , 合計範囲)　　　　　　　　**分類** 数学 / 三角
　　　　　サムイフ

範囲 …… 判定対象となるデータが入力されたセル範囲を指定します。
検索条件 …… 合計するデータの条件を指定します。
合計範囲 …… 条件を満たす場合に合計する値が入力されたセル範囲を指定します。

数式例 =SUMIF (B3:B28, F3, D3:D28)

意　味 セル B3 〜 B28 からセル F3（K 社）のデータを探して、該当するセル D3 〜 D28 の値を合計する。
　　　　　範囲　　　　　　　検索条件　　　　　　　　　　　　　　　　合計範囲

	A	B	C	D	E	F	G	H
1	パソコンショップPcnet　売上管理表							
2	売上日	メーカー	型番	売上額		メーカー	売上額合計	販売数
3	2月1日	A社	NH25-ST	157,500		K社	974,300	
4	2月2日	K社	CU22-ST	85,000		A社		
5	2月2日	M社	JUK35-J	131,100		M社		
6	2月3日	T社	WY36-OP	92,600		T社		
7	2月6日	K社	CU22-ST	85,000				
8	2月10日	T社	OT14-D	159,300				
9	2月12日	K社	UR54-L	90,900				
10	2月12日	T社	LNO68-K	82,400				

範囲　　　　　　　合計範囲　　　　　　検索条件

なお、作成した数式をあとでコピーするため、引数の"範囲"と"合計範囲"で指定するセル範囲を絶対参照にする必要があります。絶対参照にしなかった場合は数式が正しくコピーできません。その点にも気を付けて学習を進めてください。

1 シート見出し［SUMIF・COUNTIF 関数］をクリックして、シートを切り替えます。

	A	B	C	D	E	F	G	H
1	パソコンショップPcnet　売上管理表							
2	売上日	メーカー	型番	売上額		メーカー	売上額合計	販売数
3	2月1日	A社	NH25-ST	157,500		K社		
4	2月2日	K社	CU22-ST	85,000		A社		
5	2月2日	M社	JUK35-J	131,100		M社		
6	2月3日	T社	WY36-OP	92,600		T社		
7	2月6日	K社	CU22-ST	85,000				
8	2月10日	T社	OT14-D	159,300				
9	2月12日	K社	UR54-L	90,900				
10	2月12日	T社	LNO68-K	82,400				
11	2月15日	A社	YH89-NU	143,400				
12	2月16日	T社	WY36-OP	92,600				
13	2月18日	A社	NH25-ST	157,500				
14	2月19日	A社	YH89-NU	143,400				
15	2月19日	K社	UR54-L	90,900				
16	2月20日	K社	LUS12-U	132,400				
17	2月21日	A社	NH25-ST	157,500				
18	2月23日	T社	WY36-OP	92,600				
19	2月23日	K社	CU22-ST	85,000				
20	2月23日	K社	LUS12-U	132,400				

| ‹ › | IF関数(1) | IF関数(2) | IF関数ネスト | AND関数 | SUMIF・COUNTIF関数 | ⊕ | : |

準備完了

2 セル **G3** をアクティブにします。

C	D	E	F	G	H
net　売上管理表					
型番	売上額		メーカー	売上額合計	販売数
NH25-ST	157,500		K社		
CU22-ST	85,000		A社		
JUK35-J	131,100		M社		
WY36-OP	92,600		T社		
CU22-ST	85,000				
OT14-D	159,300				
UR54-L	90,900				
LNO68-K	82,400				
YH89-NU	143,400				

3 ［数式］タブの［数学／三角］ボタンをクリックします。

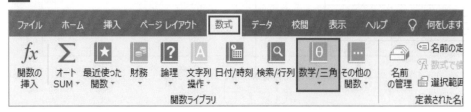

→［数学／三角］の分類に属する関数の一覧が表示されます。

4 　一覧をスクロールして［SUMIF］をクリックします。

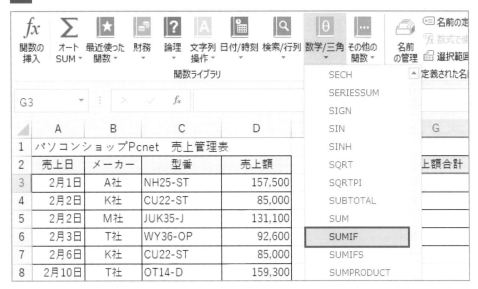

→ ［関数の引数］ダイアログボックスが表示されます。

5 　［範囲］ボックスにカーソルがあることを確認して、セルB3 〜 B28 を選択します。

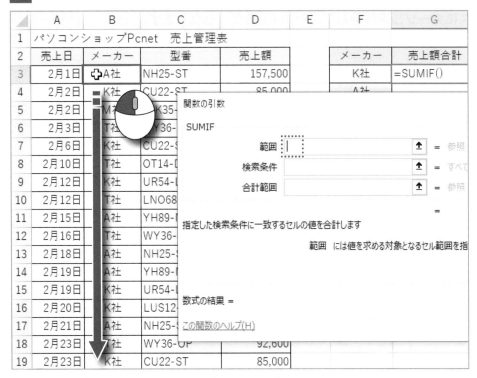

→ ［範囲］ボックスに "B3:B28" と表示されます。

SUMIF				
範囲	B3:B28		↑	= {"A社";"K社";"M社
検索条件			↑	= すべて
合計範囲			↑	= 参照
				=

今回はこの参照範囲を "絶対参照" にする必要があります。

6　"範囲" を絶対参照にするため、キーボードの F4 キーを押します。

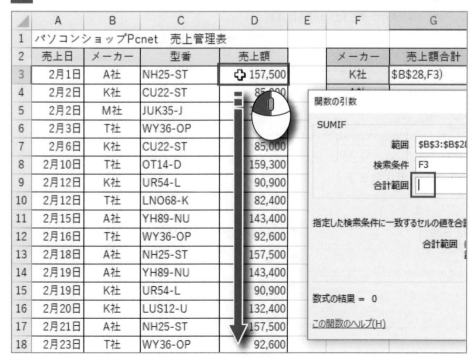

→［範囲］ボックスのセル参照が $B$3:$B$28（絶対参照）に変わります。

SUMIF

範囲	$B$3:$B$28 ⬆	= {"A社";"K社";"M社
検索条件	⬆	= すべて
合計範囲	⬆	= 参照
		=

7　［検索条件］ボックスにカーソルを移動して、セル F3 をクリックします。

SUMIF

範囲	$B$3:$B$28 ⬆	= {"A社";"K社";"M社
検索条件	F3 ⬆	= "K社"
合計範囲	⬆	= 参照
		= 0

🗩
"K社" と直接入力する
方法もありますが、今
回は数式をコピーする
ためセル F3 を指定し
ています。

8　［合計範囲］ボックスにカーソルを移動して、セル D3 ～ D28 を選択します。

	A	B	C	D	E	F	G
1	パソコンショップPcnet　売上管理表						
2	売上日	メーカー	型番	売上額		メーカー	売上額合計
3	2月1日	A社	NH25-ST	✚ 157,500		K社	$B$28,F3)
4	2月2日	K社	CU22-ST	85,000			
5	2月2日	M社	JUK35-J				
6	2月3日	T社	WY36-OP				
7	2月6日	K社	CU22-ST	85,000			
8	2月10日	T社	OT14-D	159,300			
9	2月12日	K社	UR54-L	90,900			
10	2月12日	T社	LNO68-K	82,400			
11	2月15日	A社	YH89-NU	143,400			
12	2月16日	T社	WY36-OP	92,600			
13	2月18日	A社	NH25-ST	157,500			
14	2月19日	A社	YH89-NU	143,400			
15	2月19日	K社	UR54-L	90,900			
16	2月20日	K社	LUS12-U	132,400			
17	2月21日	A社	NH25-ST	157,500			
18	2月23日	T社	WY36-OP	92,600			

関数の引数

SUMIF

範囲	$B$3:$B$28
検索条件	F3
合計範囲	

指定した検索条件に一致するセルの値を合計

合計範囲

数式の結果 = 0

この関数のヘルプ(H)

→［合計範囲］ボックスに "D3:D28" と表示されます。

SUMIF			
範囲	$B$3:$B$28	⬆	= {"A社";"K社";"M社
検索条件	F3	⬆	= "K社"
合計範囲	D3:D28	⬆	= {157500;85000;1
			= 974300

9 "合計範囲" を絶対参照にするため、キーボードの F4 キーを押します。

→［合計範囲］ボックスのセル参照が "$D$3:$D$28"（絶対参照）に変わります。

SUMIF			
範囲	$B$3:$B$28	⬆	= {"A社";"K社";"M社
検索条件	F3	⬆	= "K社"
合計範囲	$D$3:$D$28	⬆	= {157500;85000;1
			= 974300

10 ［OK］をクリックします。

→ セル G3 に "K社" の売上額だけを合計した結果を表示できました。

	C	D	E	F	G	H
	net　売上管理表					
	型番	売上額		メーカー	売上額合計	販売数
	NH25-ST	157,500		K社	974,300	
	CU22-ST	85,000		A社		
	JUK35-J	131,100		M社		
	WY36-OP	92,600		T社		
	CU22-ST	85,000				
	OT14-D	159,300				
	UR54-L	90,900				
	LNO68-K	82,400				

11 セル G3 のフィルハンドルをダブルクリックして数式をコピーします。

→ SUMIF 関数を使ってメーカーごとの売上額合計を集計できました。

	C	D	E	F	G	H
	net　売上管理表					
	型番	売上額		メーカー	売上額合計	販売数
	NH25-ST	157,500		K社	974,300	
	CU22-ST	85,000		A社	896,700	
	JUK35-J	131,100		M社	319,200	
	WY36 OP	92,600		T社	694,500	
	CU22-ST	85,000				
	OT14-D	159,300				
	UR54-L	90,900				
	LNO68-K	82,400				

💬 数式に絶対参照を使用していないと正しくコピーできません。

LESSON 2 | COUNTIF関数で条件を満たすデータの個数を求める

COUNTIF 関数はデータの一覧から条件を満たすデータの個数を求める関数です。

ここでは、あるショップの売上データの一覧から、メーカーごとの売上件数（個数）を求める数式を例に COUNTIF 関数を学習します。

COUNTIF 関数　　条件を満たすデータの個数を求める

数式 = COUNTIF (範囲 , 検索条件)

<small>カウントイフ</small>

分類 統計

範囲 …… 判定対象となるデータが入力されたセル範囲を指定します。

検索条件 …… 個数を集計するデータの条件を指定します。

数式例 =COUNTIF (B3:B28, F3)

意　味 セル B3 ～ B28 からセル F3（K 社）のデータを探して、個数を求める。
　　　　　　<small>範囲</small>　　　　　　　<small>検索条件</small>

	A	B	C	D	E	F	G	H
1	パソコンショップPcnet　売上管理表							
2	売上日	メーカー	型番	売上額		メーカー	売上額合計	販売数
3	2月1日	A社	NH25-ST	157,500		K社	974,300	10
4	2月2日	K社	CU22-ST	85,000		A社	896,700	
5	2月2日	M社	JUK35-J	131,100		M社	319,200	
6	2月3日	T社	WY36-OP	92,600		T社	694,500	
7	2月6日	K社	CU22-ST	85,000				
8	2月10日	T社	OT14-D	159,300				
9	2月12日	K社	UR54-L	90,900				
10	2月12日	T社	LNO68-K	82,400				

範囲　　　　　　　　　　　　　　　　　　　検索条件

なお、作成した数式をあとでコピーするため、引数の"範囲"で指定するセル範囲を絶対参照にする必要があります。絶対参照にしなかった場合は数式が正しくコピーできません。その点にも気を付けて学習を進めてください。

STEP　COUNTIF関数を使ってメーカーごとの販売数を集計する

1 セル H3 をアクティブにします。

	C	D	E	F	G	H
	net　売上管理表					
	型番	売上額		メーカー	売上額合計	販売数
	NH25-ST	157,500		K社	974,300	
	CU22-ST	85,000		A社	896,700	
	JUK35-J	131,100		M社	319,200	
	WY36-OP	92,600		T社	694,500	
	CU22-ST	85,000				
	OT14-D	159,300				
	UR54-L	90,900				
	LNO68-K	82,400				
	YH89-NU	143,400				

2 ［数式］タブの［その他の関数］ボタンをクリックします。

→ ［その他の関数］の一覧が表示されます。

3 ［統計］にマウスポインターを合わせ、一覧から［COUNTIF］をクリックします。

→ ［関数の引数］ダイアログボックスが表示されます。

4 ［範囲］ボックスにカーソルがあることを確認して、セル B3 〜 B28 を選択します。

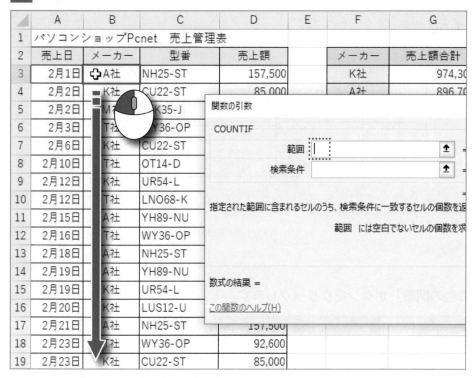

→ ［範囲］ボックスに "B3:B28" と表示されます。

COUNTIF		
範囲	B3:B28	⬆ = {"A社";"K社";"M社
検索条件		⬆ = すべて

指定された範囲に含まれるセルのうち、検索条件に一致するセルの個数を返します。

5 " 範囲 " を絶対参照にするため、キーボードの F4 キーを押します。

→ ［範囲］ボックスのセル参照が "$B$3:$B$28"（絶対参照）に変わります。

COUNTIF		
範囲	$B$3:$B$28	⬆ = {"A社";"K社";"M社
検索条件		⬆ = すべて

指定された範囲に含まれるセルのうち、検索条件に一致するセルの個数を返します。

6 ［検索条件］ボックスにカーソルを移動して、セル F3 をクリックします。

COUNTIF		
範囲	$B$3:$B$28 ⬆	= {"A社";"K社";"M社
検索条件	F3 ⬆	= "K社"
		= 10

指定された範囲に含まれるセルのうち、検索条件に一致するセルの個数を返します。

7 ［OK］をクリックします。

→ セル H3 に "K社" のデータの個数（販売数）が表示できました。

	C	D	E	F	G	H
net	売上管理表					
	型番	売上額		メーカー	売上額合計	販売数
	NH25-ST	157,500		K社	974,300	10
	CU22-ST	85,000		A社	896,700	
	JUK35-J	131,100		M社	319,200	
	WY36-OP	92,600		T社	694,500	
	CU22-ST	85,000				
	OT14-D	159,300				
	UR54-L	90,900				
	LNO68-K	82,400				
	YH89-NU	143,400				

8 セル H3 のフィルハンドルをダブルクリックして数式をコピーします。

→ COUNTIF 関数を使ってメーカーごとの販売数を集計できました。

	C	D	E	F	G	H
net	売上管理表					
	型番	売上額		メーカー	売上額合計	販売数
	NH25-ST	157,500		K社	974,300	10
	CU22-ST	85,000		A社	896,700	6
	JUK35-J	131,100		M社	319,200	3
	WY36-OP	92,600		T社	694,500	7
	CU22-ST	85,000				
	OT14-D	159,300				
	UR54-L	90,900				
	LNO68-K	82,400				
	YH89-NU	143,400				

9 ブック「Chap3_条件を判定する関数」を上書き保存して閉じます。

学習の
まとめ | CHAPTER **3** 章末練習問題

【章末練習問題 1】オフィス用品納品書（IF 関数）

📁 スクール応用 _Excel 2019 ▶ 📁 CHAPTER3 ▶ 📁 章末練習問題 ▶ E 「Chap3_ オフィス用品納品書」

1 ブック「Chap3_ オフィス用品納品書」を開きましょう。

2 シート "IF" のセル E6（割引額）に、以下の条件の数式を作成しましょう。

・ セル C6（数量）が 50 以上なら、D6（金額）× 0.1 の結果を表示。そうでなければ 0 を表示。

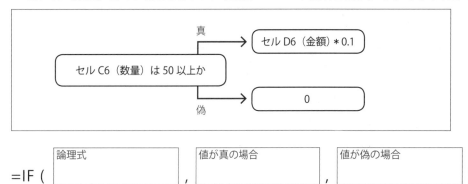

	論理式		値が真の場合		値が偽の場合	
=IF (		,		,		)

3 作成した数式をセル E9 までコピーしましょう。

＜シート "IF" 完成例＞

	A	B	C	D	E	F	G	H
1	**納 品 書**				日付：	2021年2月4日		
2								
3	NPO法人　あしかポータル	様			オフィス用品 KARUGAMO			
4	※それぞれ50個以上のご注文で1割引です。							
5	商品名	単価	数量	金額	割引額	割引後の金額		
6	クリアファイルA4-S	324	50	¥16,200	¥1,620	¥14,580		
7	クリアファイルA4-E	324	40	¥12,960	¥0	¥12,960		
8	クリアファイルA3-S	518	120	¥62,160	¥6,216	¥55,944		
9	クリアファイルA3-E	518	60	¥31,080	¥3,108	¥27,972		
10	合計		270	¥122,400	¥10,944	¥111,456		
11								
12								

4 ワークシートをシート "IF ネスト" に切り替えましょう。

5 セル E6（割引額）に、以下の条件の数式を作成しましょう。

- セル C6（数量）が 100 以上なら D6（金額）× 0.2 の結果を表示。そうでない場合、セル C6（数量）が 50 以上なら D6（金額）× 0.1 の結果を表示。いずれでもなければ 0 を表示。

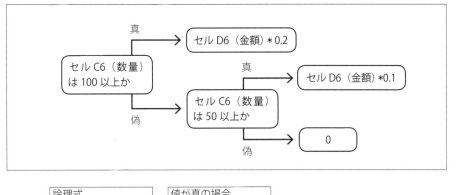

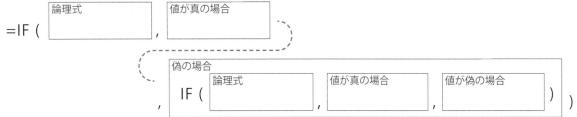

6 上書き保存して、ブックを閉じましょう。

＜シート "IF ネスト" 完成例＞

	A	B	C	D	E	F	G	H
1	**納 品 書**				日付：	2021年2月4日		
3	NPO法人　あしかポータル　様			オフィス用品 KARUGAMO				
4	※それぞれ100個以上のご注文で2割引、50個以上のご注文で1割引です。							
5	商品名	単価	数量	金額	割引額	割引後の金額		
6	クリアファイルA4-S	324	50	¥16,200	¥1,620	¥14,580		
7	クリアファイルA4-E	324	40	¥12,960	¥0	¥12,960		
8	クリアファイルA3-S	518	120	¥62,160	¥12,432	¥49,728		
9	クリアファイルA3-E	518	60	¥31,080	¥3,108	¥27,972		
10	合計		270	¥122,400	¥17,160	¥105,240		
11								
12								

【章末練習問題 2】会員ポイント算定表（AND 関数）

> 📁 スクール応用 _Excel 2019 ▶ 📁 CHAPTER3 ▶ 📁 章末練習問題 ▶ 🇪 「Chap3_ 会員ポイント算定表」

1 ブック「Chap3_ 会員ポイント算定表」を開きましょう。

2 セル D4 に、以下の条件の数式を作成しましょう。

- セル B4（会員区分）が "プラチナ" で、かつ C4（利用回数）が 3 以上なら 100 を表示、そうでなければ
  空白（""）を表示。

※ダブルクォーテーションを 2 つ続けて入力すると（""）、空白を表す表記になります。

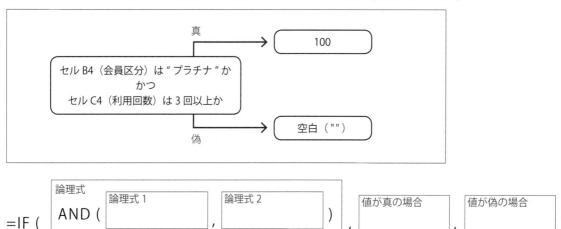

3 作成した数式をセル D19 までコピーしましょう。

4 上書き保存して、ブックを閉じましょう。

＜完成例＞

	A	B	C	D	E	F	G
1	【会員ポイント算定表】		ネットショッピング TeaCloud				
2	★プラチナ会員の方が期間中に3回以上ご利用いただいた場合、ボーナスとして100ポイント						
3	会員コード	会員区分	期間中の利用回数	ボーナスポイント			
4	101	プラチナ	4	100			
5	102	ゴールド	3				
6	103	一般	6				
7	104	ゴールド	1				
8	105	プラチナ	3	100			
9	106	プラチナ	2				
10	107	一般	4				
11	108	プラチナ	2				
12	109	ゴールド	4				
13	110	プラチナ	3	100			
14	111	ゴールド	5				
15	112	一般	3				
16	113	プラチナ	2				
17	114	ゴールド	5				
18	115	一般	1				
19	116	プラチナ	3	100			
20							
21							

【章末練習問題3】販売額記録表（SUMIF 関数・COUNTIF 関数）

📁 スクール応用 _Excel 2019 ▶ 📁 CHAPTER3 ▶ 📁 章末練習問題 ▶ E「Chap3_ 販売額記録表」

1 ブック「Chap3_ 販売額記録表」を開きましょう。

2 セル G4 に "担当別" の "販売額合計" を求めて、セル G8 までコピーしましょう。

=SUMIF (　範囲　,　検索条件　,　合計範囲　)

3 セル G12 に "商品ジャンル別" の "販売金額合計" を求めて、セル G15 までコピーしましょう。

=SUMIF (　範囲　,　検索条件　,　合計範囲　)

	A	B	C	D	E	F	G	H
1	担当・商品ジャンル別　販売額記録表							
2								
3	管理番号	販売担当	販売額	商品ジャンル		担当別	販売額合計	件数
4	111	安藤	29,900	コンピュータ		安藤	147,405	
5	112	三河	87,357	家電		三河	358,095	
6	113	吉田	32,995	ヘルスケア		吉田	323,939	
7	114	深野	26,235	季節商品		深野	200,067	
8	115	水野	102,796	家電		水野	381,922	
9	116	吉田	23,127	ヘルスケア				
10	117	水野	27,452	家電				
11	118	深野	34,794	コンピュータ		商品ジャンル別	販売額合計	件数
12	119	三河	26,540	季節商品		コンピュータ	321,320	
13	120	吉田	71,566	ヘルスケア		家電	513,618	
14	121	深野	48,365	季節商品		ヘルスケア	237,756	
15	122	吉田	26,254	コンピュータ		季節商品	338,734	
16	123	安藤	31,416	家電				
17	124	水野	27,434	ヘルスケア				
18	125	吉田	31,512	コンピュータ				
19	126	水野	73,419	季節商品				
20	127	深野	69,353	家電				
21	128	吉田	28,936	ヘルスケア				
22	129	三河	67,293	家電				
23	130	吉田	29,749	コンピュータ				
24	131	水野	42,016	季節商品				

SUMIF・COUNTIF ⊕

④ セル H4 に、"担当別"の"データの個数"を求めて、セル H8 までコピーしましょう。

=COUNTIF (　範囲　　　　　　　　　 , 　検索条件　　　　　　　)

⑤ セル H12 に、"商品ジャンル別"の"データの個数"を求めて、セル H15 までコピーしましょう。

=COUNTIF (　範囲　　　　　　　　　 , 　検索条件　　　　　　　)

⑥ 上書き保存して、ブックを閉じましょう。

＜完成例＞

	A	B	C	D	E	F	G	H
1	担当・商品ジャンル別　販売額記録表							
2								
3	管理番号	販売担当	販売額	商品ジャンル		担当別	販売額合計	件数
4	111	安藤	29,900	コンピュータ		安藤	147,405	4
5	112	三河	87,357	家電		三河	358,095	6
6	113	吉田	32,995	ヘルスケア		吉田	323,939	9
7	114	深野	26,235	季節商品		深野	200,067	5
8	115	水野	102,796	家電		水野	381,922	7
9	116	吉田	23,127	ヘルスケア				
10	117	水野	27,452	家電				
11	118	深野	34,794	コンピュータ		商品ジャンル別	販売額合計	件数
12	119	三河	26,540	季節商品		コンピュータ	321,320	8
13	120	吉田	71,566	ヘルスケア		家電	513,618	8
14	121	深野	48,365	季節商品		ヘルスケア	237,756	7
15	122	吉田	26,254	コンピュータ		季節商品	338,734	8
16	123	安藤	31,416	家電				
17	124	水野	27,434	ヘルスケア				
18	125	吉田	31,512	コンピュータ				
19	126	水野	73,419	季節商品				
20	127	深野	69,353	家電				
21	128	吉田	28,936	ヘルスケア				
22	129	三河	67,293	家電				
23	130	吉田	29,749	コンピュータ				
24	131	水野	42,016	季節商品				

SUMIF・COUNTIF

4

ピボットテーブルで
データを集計・分析
する

ここでは、一覧表からデータを集計・分析するときに便利なピボットテーブルという機能を学習します。ピボットテーブルを使うと、表の項目を自由に入れ替えてさまざまな角度からデータを見ることができます。

4-1 ピボットテーブルを挿入する

一覧形式のデータを集計して表にまとめるには、Excel のさまざまな機能を組み合わせる必要があります。さらに場合によっては、Excel 以外の手段（たとえば電卓で計算して手書きでメモを残すなど）も駆使しなければならず、意外に手間や時間がかかってしまいます。ここでは一覧形式のデータをもとに簡単に集計表を作る機能を学習します。

LESSON 1 | ピボットテーブルとは

ピボットテーブルは、一覧形式のデータを集計表にまとめる機能です。下図のような表から簡単に集計表を作ることができます。

また、集計表の行や列に配置する項目を必要に応じて入れ替えることができるため、さまざまなパターンの集計や分析が行えます。

事務用品販売データ

管理番号	売上日	取引先	商品分類	商品名	販売単価	数量	金額	担当
1	2020/10/3	三上トラベル	事務用家具	事務用スチールデスク	12,800	3	38,400	加山
2	2020/10/3	三上トラベル	事務用家具	OAチェアー	7,800	3	23,400	加山
3	2020/10/3	結城設計事務所	文房具	製図用シャープペンシル	920	1	920	佐々木
4	2020/10/4	湖東製菓	ペーパー	コピー用紙（A4）	350	5	1,750	佐々木
5	2020/10/4	湖東製菓	OA機器	インクジェットプリンター	24,800	1	24,800	佐々木
6	2020/10/4	阿川デザイン	事務用家具	スチール書庫	12,000	4	48,000	加山
7	2020/10/4	小川サイクル	文房具	ボールペン替え芯（黒）	69	10	690	阿藤
8	2020/10/5	湖東製菓	ペーパー	コピー用紙（B5）	320	4	1,280	佐々木
9	2020/10/5	湖東製菓	文房具	カラーペン（青）	95	2	190	佐々木
10	2020/10/5	フォーザベスト学習塾	OAサプライ	プリンタインク（黒）	1,150	2	2,300	阿藤
11	2020/10/5	フォーザベスト学習塾	OAサプライ	プリンタインク（カラー）	2,950	2	5,900	阿藤
12	2020/10/5	三上トラベル	照明器具	LED電球	2,680	10	26,800	加山
13	2020/10/6	伊田郷土美術館	事務用家具	事務用デスク（木調）	15,800	1	15,800	佐々木
14	2020/10/6	阿川デザイン	ペーパー	コピー用紙（A4）	350	5	1,750	加山
15	2020/10/6	結城設計事務所	OA機器	フラットスキャナー	12,900	1	12,900	阿藤

> ピボットテーブル機能を使うことで、このような表をもとに「取引先ごと」や「担当者ごと」など、さまざまなパターンの集計表を作ることができます。

取引先ごとの金額の集計表

	行ラベル	合計 / 金額
2		
3	行ラベル	合計 / 金額
4	ABC英語スクール	97305
5	さわだ美容室	68505
6	フォーザベスト学習塾	369650
7	みやこの食品	48530
8	阿川デザイン	153870
9	伊田郷土美術館	143580
10	結城設計事務所	189855
11	湖東製菓	100490
12	荒井書店	104750
13	三上トラベル	258645
14	山鳩証券	65640
15	小川サイクル	59880
16	総計	1660700
17		

担当者ごとの金額の集計表

	行ラベル	合計 / 金額
2		
3	行ラベル	合計 / 金額
4	阿藤	730355
5	加山	470935
6	佐々木	459410
7	総計	1660700
8		

LESSON **2** | 空白のピボットテーブルを挿入する

ピボットテーブルを作成するには、一覧表をもとに、まずベースとなる空白のピボットテーブルを挿入します。ここでは新規ワークシートに空白のピボットテーブルを挿入します。
もとになった一覧表の要素は、画面の右側にフィールド（項目）として並びます。

挿入された空白のピボットテーブル

フィールド（項目）

基になった一覧表の先頭行がフィールド（項目）として表示されます。

新規ワークシート

STEP 空白のピボットテーブルを挿入する

1 ブック「Chap4_ 事務用品販売データ」を開きます。

▼ スクール応用 _Excel 2019 ▶ ▼ CHAPTER4 ▶ E 「Chap4_ 事務用品販売データ」

実習用データはインターネットからダウンロードできます。詳細は本書の P. (4) に記載されています。

ピボットテーブルでデータを集計・分析する

4

2 表内の任意のセルをアクティブにします。

▲	A	B	C	D	E
1			事務用品販売データ		
2					
3	管理番号	売上日	取引先	商品分類	商品名
4	1	2020/10/3	三上トラベル	事務用家具	事務用スチールデスク
5	2	2020/10/3	三上トラベル	事務用家具	OAチェアー
6	3	2020/10/3	結城設計事務所	文房具	製図用シャープペンシル
7	4	2020/10/4	湖東製菓	ペーパー	コピー用紙（A4）
8	5	2020/10/4	湖東製菓	OA機器	インクジェットプリンタ

左図ではセルA4を選択していますが、セルA3～I202の範囲内であればどれでもかまいません。

3 ［挿入］タブの［ピボットテーブル］ボタンをクリックします。

ファイル	ホーム	挿入	ページ レイアウト	数式	データ	校閲	表示	ヘルプ	♡ 何をします

ピボット
テーブル　おすすめ
ピボットテーブル　テーブル　図　図　アドインを入手　個人用アドイン　おすすめ
グラフ　マップ　ピボットグラフ

→ ［ピボットテーブルの作成］ダイアログボックスが表示されます。

4 ［テーブルまたは範囲を選択］が選択されていることを確認します。

5 ［テーブル / 範囲］ボックスに "販売データ !$A$3:$I$202" と表示されていることを確認します。

6 ［新規ワークシート］が選択されていることを確認します。

7 ［OK］をクリックします。

［テーブル / 範囲］ボックスに表示されているセル範囲が、ピボットテーブルのもとになります。
この範囲は自動で選択されますが、間違っている場合はここで修正することもできます。

→ 新規のワークシートに、空白のピボットテーブルが挿入できました。

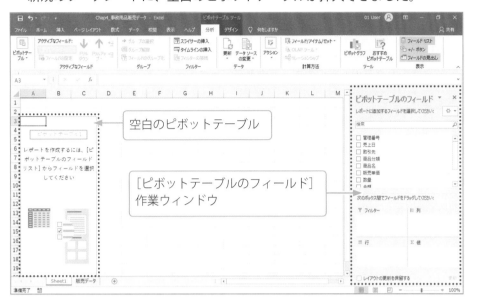

画面の右側に［ピボットテーブルのフィールド］作業ウィンドウが表示されます。
この作業ウィンドウがピボットテーブルを作成するうえで重要な場所になります。

STEP　シート名を変更する

1 シート見出し "Sheet1" をダブルクリックします。

→ シート名を変更できる状態になります。

このときのシート名は "Sheet1" 以外であっても操作に支障はありません。

2 「ピボットテーブル」と入力して Enter キーを押します。

ピボットテーブルを利用するにあたってシート名は必ず変更しなければいけないわけではありません。

→ シート名を変更できました。

⬅OnePoint ［ピボットテーブルのフィールド］作業ウィンドウの表示・非表示

［ピボットテーブルのフィールド］作業ウィンドウは、ピボットテーブル以外のセルを選択すると非表示になります。ピボットテーブル内のセルを選択すると再度表示されます。

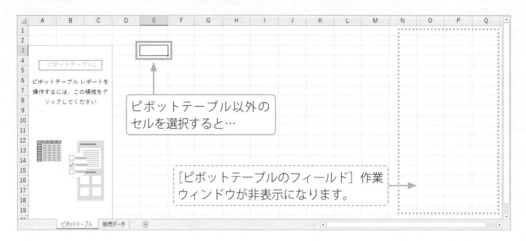

また、［ピボットテーブルツール］の［分析］タブの［フィールドリスト］ボタンをクリックしてオフにすると、ピボットテーブル内のセルが選択されている状態でも非表示になります。再度［フィールドリスト］ボタンをクリックすると表示されます。

⬅OnePoint 作業ウィンドウの幅を変更するには

［ピボットテーブルのフィールド］作業ウィンドウの幅は、作業ウィンドウとワークシートの境界線上にマウスポインターを合わせ、マウスポインターの形が ⬌ に変化した状態で左右にドラッグすることで調整できます。

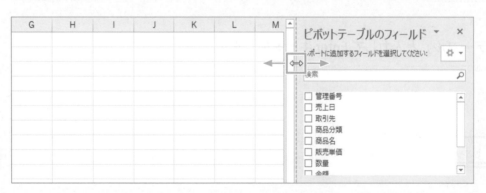

LESSON 3 | ピボットテーブルにフィールドを配置する

ピボットテーブルには行、列、値、フィルターの4つのエリアがあります。
それぞれのエリアには自由にフィールド（項目）を配置できるようになっています。フィールドを配置すると、空白だったピボットテーブルにアイテム（品目）や数値が並び、表の形が整っていきます。

フィルターエリア
アイテムごとに表示を絞り込めます。

列エリア
アイテムが横に並びます（列の項目名）。

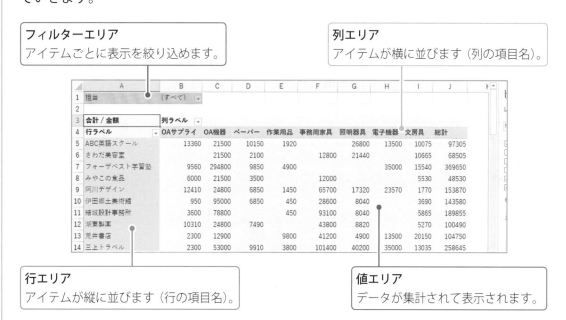

行エリア
アイテムが縦に並びます（行の項目名）。

値エリア
データが集計されて表示されます。

各エリアにフィールドを配置するには、［ピボットテーブルのフィールド］作業ウィンドウを使います。

フィールドの配置方法

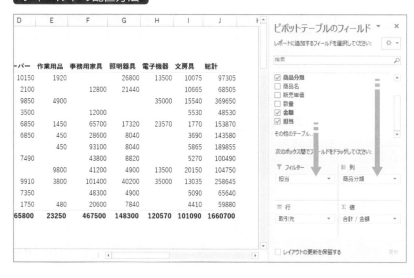

各エリアのボックスにフィールドをドラッグアンドドロップして配置します。

ピボットテーブルでデータを集計・分析する　4

STEP ▶ 行エリアに［取引先］、値エリアに［金額］のフィールドを配置する

1 ［ピボットテーブルのフィールド］作業ウィンドウの［取引先］フィールドにマウスポインター
を合わせます。

→ ［取引先］フィールドの背景が緑色に変化し、マウスポインターの形が ↔ に変わります。

2 ［取引先］フィールドを行エリアのボックスにドラッグアンドドロップします。

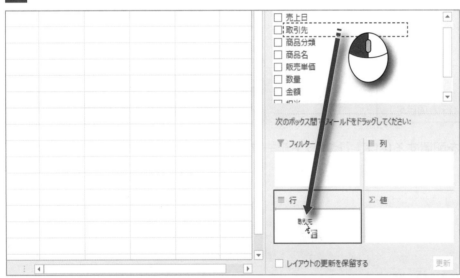

→ ピボットテーブルに［取引先］フィールドのアイテムが表示されます。

	A	B	C	D	E	F	G	H	I
1									
2									
3	**行ラベル** ▼								
4	ABC英語スクール								
5	さわだ美容室								
6	フォーザベスト学習塾								
7	みやこの食品								
8	阿川デザイン								
9	伊田郷土美術館								
10	結城設計事務所								
11	湖東製菓								
12	荒井書店								
13	三上トラベル								
14	山鳩証券								
15	小川サイクル								
16	**総計**								
17									

💬
ここに並んだ取引先名
は、ピボットテーブル
のもとになった一覧表
に入力されている取引
先名が自動的にリスト
化されたものです。

3 ［金額］フィールドを値エリアのボックスにドラッグアンドドロップします。

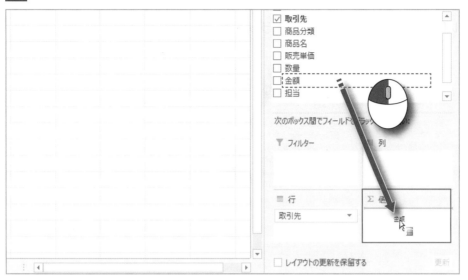

→ ピボットテーブルに各取引先ごとの金額の合計が表示されました。

行ラベル	合計 / 金額
ABC英語スクール	97305
さわだ美容室	68505
フォーザベスト学習塾	369650
みやこの食品	48530
阿川デザイン	153870
伊田郷土美術館	143580
結城設計事務所	189855
湖東製薬	100490
荒井書店	104750
三上トラベル	258645
山鳩証券	65640
小川サイクル	59880
総計	1660700

このように、簡単な操作で、一覧表から取引先ごとの金額の集計表を作成できました。

OnePoint　もとになるデータに表記ゆれや入力ミスがある場合

もとになる一覧表のデータに表記ゆれ（表記の不統一）や入力ミスがあると、すべて別のアイテムとみなされて表示されます。

フィールドを配置した直後は、このようなアイテムがないかをチェックしましょう。間違いがあった場合は、ピボットテーブルではなく、もとになるデータのほうを修正し、ピボットテーブルの更新（P.165 参照）の操作を行います。

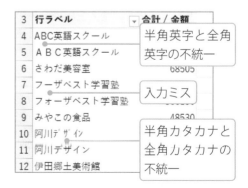

STEP ▶ 列エリアに［商品分類］フィールドを配置する

1 ［商品分類］フィールドを列エリアのボックスにドラッグアンドドロップします。

→ ピボットテーブルの列エリアに［商品分類］のアイテムが表示できました。

💬 このように、行と列の両エリアにアイテムが配置された集計表も簡単に作成できます。

合計 / 金額	列ラベル								
行ラベル	OAサプライ	OA機器	ペーパー	作業用品	事務用家具	照明器具	電子機器	文房具	総計
ABC英語スクール	13360	21500	10150	1920		26800	13500	10075	97305
さわだ美容室		21500	2100		12800	21440		10665	68505
フォーザベスト学習塾	9560	294800	9850	4900			35000	15540	369650
みやこの食品	6000	21500	3500		12000			5530	48530
阿川デザイン	12410	24800	6850	1450	65700	17320	23570	1770	153870
伊田郷土美術館	950	95000	6850	450	28600	8040		3690	143580
結城設計事務所	3600	78800		450	93100	8040		5865	189855
湖東製薬	10310	24800	7490		43800	8820		5270	100490
荒井書店	2300	12900		9800	41200	4900	13500	20150	104750
三上トラベル	2300	53000	9910	3800	101400	40200	35000	13035	258645
山嶋証券			7350		48300	4900		5090	65640
小川サイクル		24800	1750	480	20600	7840		4410	59880
総計	60790	673400	65800	23250	467500	148300	120570	101090	1660700

🔄 **OnePoint**　**ピボットテーブルを削除するには**

ピボットテーブルを削除するには、ピボットテーブルのセル範囲を選択して Delete キーを押します。
また、ピボットテーブルのワークシートごと削除したい場合は、シート見出しを右クリックして［削除］
をクリックします。

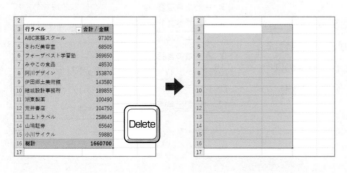

⊕One Point　詳細データを表示するには

値エリア内の集計結果のセルをダブルクリックすると、その集計のもとになった詳細データが新規ワークシートに表示されます。
確認後、詳細データが表示された新規ワークシートを削除しても、ピボットテーブルには影響はありません。

値エリアのセルをダブルクリックすると…

集計のもとになった詳細データが表示されます。

⊕One Point　アイテムの順番を並べ替えるには

行エリアや列エリアのアイテムを並べ替えたい場合は、それぞれの見出しのセルに表示されている　▼　ボタンをクリックして［昇順］または［降順］をクリックします。

昇順や降順ではなく任意の順番に並べ替えたい場合は、対象のセルを選択し、セルの枠線にマウスポインターを合わせて希望の移動先までドラッグします。

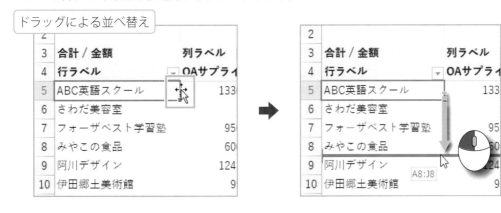

⊕ **OnePoint** 　**フィールドの見出しの表示・非表示の切り替え**

フィールドを配置すると、ピボットテーブルのセルに"行ラベル"や"列ラベル"という文字列が表示されます。これらの表記は必要に応じて入力し直せますが、表示自体が不要な場合は、［ピボットテーブルツール］の［分析］タブの［フィールドの見出し］ボタンで表示・非表示を切り替えられます（ただしアイテムの並べ替えや抽出を行うための ▼ ボタンも非表示になります）。

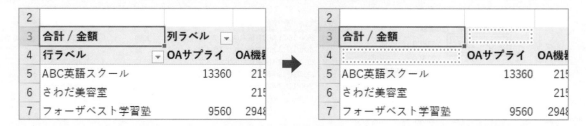

なお、"合計/金額"などの見出しは［フィールドの見出し］ボタンをクリックしても非表示になりません。見出しの内容を入力し直すことは可能です。

⊕ **OnePoint** 　**空白セルに0を表示するには**

値エリアにフィールドを配置した際、該当するデータのないセルは空白になります。この空白セルに0を表示したい場合は、ピボットテーブル内の任意のセルを選択して［ピボットテーブルツール］の［分析］タブの［ピボットテーブル］ボタンをクリックし、［オプション］をクリックします。［ピボットテーブルオプション］ダイアログボックスが表示されたら［レイアウトと書式］タブの［空白セルに表示する値］に半角で「0」と入力して［OK］をクリックします。

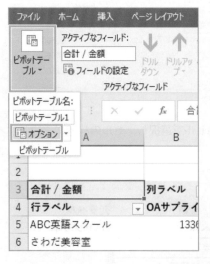
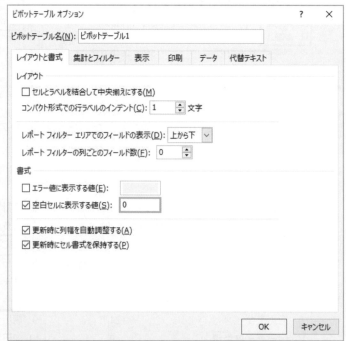

LESSON **4** ピボットテーブルのフィールドを入れ替える

配置したフィールドはあとから別のエリアに移動することもできます。このようなエリア間でのフィールドの入れ替えは "回転" のイメージで捉えられ、ピボットテーブル（回転表）という名前の由来にもなっています。

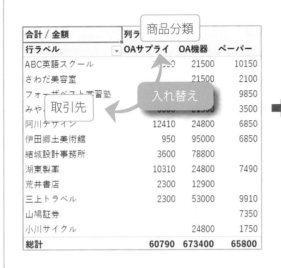

合計 / 金額	列ラベル		
行ラベル	OAサプライ	OA機器	ペーパー
ABC英語スクール		21500	10150
さわだ美容室		21500	2100
フォーザベスト学習塾			9850
みや			3500
阿川デザイン	12410	24800	6850
伊田郷土美術館	950	95000	6850
結城設計事務所	3600	78800	
湖東製薬	10310	24800	7490
荒井書店	2300	12900	
三上トラベル	2300	53000	9910
山鳩証券			7350
小川サイクル		24800	1750
総計	60790	673400	65800

合計 / 金額	列ラベル		
行ラベル	ABC英語スクール	さわだ美容室	フォーザベスト学習塾
OAサプライ	13360		9560
OA機器	21500	21500	294800
ペーパー	10150	2100	9850
作業用品	1920		4900
事務用家具		12800	
照明器具	26800	21440	
電子機器	13500		35000
文房具	10075	10665	15540
総計	97305	68505	369650

STEP ［商品分類］フィールドと［取引先］フィールドの配置を入れ替える

1 ［列］ボックスの［商品分類］フィールドにマウスポインターを合わせます。

2 ［商品分類］フィールドを［行］ボックスにドラッグアンドドロップします。

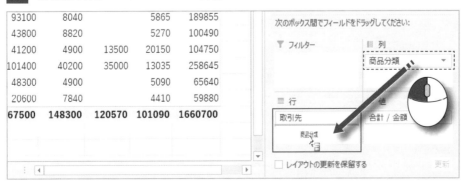

→ ピボットテーブルの配置が変化します。

	A	B
3	行ラベル	合計 / 金額
4	⊟ABC英語スクール	97305
5	OAサプライ	13360
6	OA機器	21500
7	ペーパー	10150
8	作業用品	1920
9	照明器具	26800
10	電子機器	13500
11	文房具	10075
12	⊟さわだ美容室	68505
13	OA機器	21500
14	ペーパー	2100
15	事務用家具	12800
16	照明器具	21440
17	文房具	10665
18	⊟フォーザベスト学習塾	369650
19	OAサプライ	9560

3 ［行］ボックスの［取引先］フィールドにマウスポインターを合わせます。

4 ［取引先］フィールドを［列］ボックスにドラッグアンドドロップします。

→ ピボットテーブルの［商品分類］フィールドと［取引先］フィールドを入れ替えることができました。

	A	B	C	D	E	F	G
3	合計 / 金額	列ラベル					
4	行ラベル	ABC英語スクール	さわだ美容室	フォーザベスト学習塾	みやこの食品	阿川デザイン	伊田郷土美術館 結城設計
5	OAサプライ	13360		9560	6000	12410	950
6	OA機器	21500	21500	294800	21500	24800	95000
7	ペーパー	10150	2100	9850	3500	6850	6850
8	作業用品	1920		4900		1450	450
9	事務用家具		12800		12000	65700	28600
10	照明器具	26800	21440			17320	8040
11	電子機器	13500		35000		23570	
12	文房具	10075	10665	15540	5530	1770	3690
13	総計	97305	68505	369650	48530	153870	143580

LESSON **5** | ピボットテーブルからフィールドを削除する

ピボットテーブルに配置したフィールドはいつでも削除することができます。
削除の方法はいくつかありますが、ここでは配置したときと同じドラッグアンドドロップによる方法を利用します。なお、エリアからフィールドを削除してもデータそのものが消えるわけではありません。再度同じエリアに配置し直すこともできます。

STEP　列エリアから［取引先］フィールドを削除する

1　［列］ボックスの［取引先］フィールドにマウスポインターを合わせます。

2　［取引先］フィールドをボックスの外へドラッグアンドドロップします。

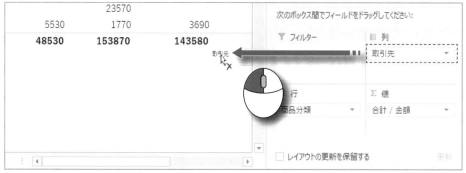

削除できる位置までドラッグするとマウスポインターの形が ⤵ に変わるので、それを目安にします。

→ ピボットテーブルの列エリアから［取引先］フィールドを削除できました。

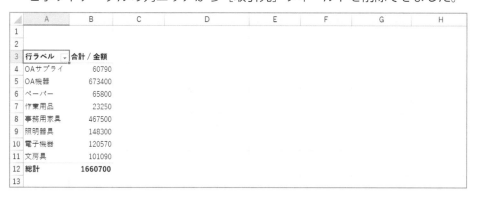

	A	B
3	行ラベル	合計 / 金額
4	OAサプライ	60790
5	OA機器	673400
6	ペーパー	65800
7	作業用品	23250
8	事務用家具	467500
9	照明器具	148300
10	電子機器	120570
11	文房具	101090
12	総計	1660700

ピボットテーブルでデータを集計・分析する

4

3 同様の方法で、[行] ボックスから [商品分類] フィールドを削除します。

4 同様の方法で、[値] ボックスから [金額] フィールドを削除します。

→ ピボットテーブルが空白の状態に戻りました。

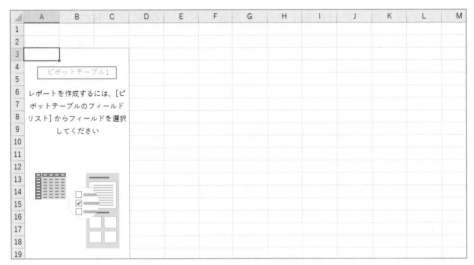

あくまでピボットテーブルの配置から削除されただけで、もとになるデータは消えていません。

⟲ One Point　**フィールドを削除するその他の方法**

フィールドの削除は、[ピボットテーブルのフィールド] 作業ウィンドウで各フィールドのチェックボックスをオフにすることでも行えます。

STEP　**さまざまな組み合わせのピボットテーブルを作成する**

1 ここまでの操作を利用して、下図のようにピボットテーブルを作成します。

	A	B	C	D	E
1					
2					
3	行ラベル ▼	合計 / 金額			
4	阿藤	730355			
5	加山	470935			
6	佐々木	459410			
7	総計	1660700			
8					
9					
10					
11					
12					
13					

▼ フィルター	||| 列
≡ 行	Σ 値
担当　　　▼	合計 / 金額　▼

2 下図のようにピボットテーブルを変化させます。

合計 / 数量	列ラベル			
行ラベル	阿藤	加山	佐々木	総計
CD-Rメディア		2	4	2	8
DVDメディア		2	3	1	6
LED電球	18	10	16	44
OAチェアー	1	6	7	14
インクジェットプリンター	1	1	1	3
カッターナイフ（小）	1		2	3
カッターナイフ（大）			4	4
カッティングマット（A3）	1	1	1	3
カラーペン（青）	3	10	2	15

フィルター | 列 担当
行 商品名 | Σ 値 合計 / 数量

3 下図のようにピボットテーブルを変化させます。

合計 / 数量	列ラベル			
行ラベル	阿藤	加山	佐々木	総計
ABC英語スクール	110			110
さわだ美容室		19	44	63
フォーザベスト学習塾	47	40		87
みやこの食品		20	27	47
阿川デザイン		38	19	57
伊田郷土美術館			34	34
結城設計事務所	14		27	41
湖東製薬			63	63
荒井書店	29	14		43

フィルター | 列 担当
行 取引先 | Σ 値 合計 / 数量

4 下図のようにピボットテーブルを変化させます。

合計 / 金額	列ラベル				
行ラベル	OAサプライ	OA機器	ペーパー	作業用品	事務用家具
ABC英語スクール	13360	21500	10150	1920	
さわだ美容室		21500	2100		1280(
フォーザベスト学習塾	9560	294800	9850	4900	
みやこの食品	6000	21500	3500		1200(
阿川デザイン	12410	24800	6850	1450	6570(
伊田郷土美術館	950	95000	6850	450	2860(
結城設計事務所	3600	78800		450	9310(
湖東製薬	10310	24800	7490		4380(
荒井書店	2300	12900		9800	4120(

フィルター | 列 商品分類
行 取引先 | Σ 値 合計 / 金額

→ さまざまな組み合わせのピボットテーブルを作成できました。

LESSON 6 | 計算の種類を変更する

ピボットテーブルは、値エリアにフィールドを配置した時点で自動的に計算の種類が選定されますが、[値フィールドの設定]ダイアログボックスを使って計算の種類を自由に変更することもできます。

現在ピボットテーブルの値エリアには金額の合計が表示されていますが、計算の種類を"個数"に変更して取引件数を確認できる集計表に変更してみます。その後、他の計算の種類も確認したあと再度"合計"に戻します。

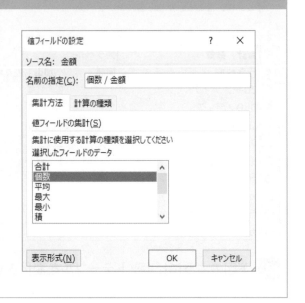

STEP 値エリアの計算の種類を"個数"に変更する

1 [値] ボックスの [合計 / 金額] フィールドの ▾ をクリックします。

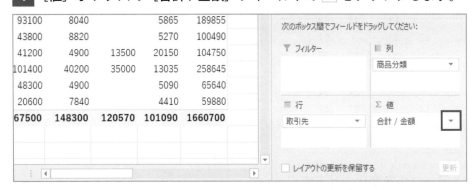

2 [値フィールドの設定] をクリックします。

→ [値フィールドの設定] ダイアログボックスが表示されます。

3 ［選択したフィールドのデータ］ボックスの［個数］をクリックします。

4 ［OK］をクリックします。

お使いのパソコンの環境によっては"データの個数"と表示されている場合もあります。

［名前の指定］ボックスの内容を入力し直すとピボットテーブルの左上（この表ではセルA3）に表示される項目名を変更することができます。

→ 値エリアの計算の種類を"個数"に変更できました。

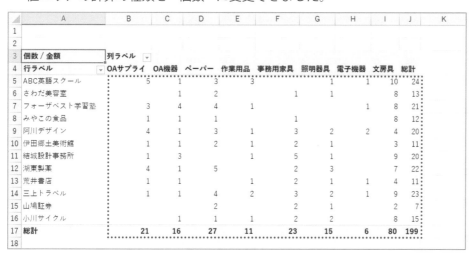

個数 / 金額	列ラベル								
行ラベル	OAサプライ	OA機器	ペーパー	作業用品	事務用家具	照明器具	電子機器	文房具	総計
ABC英語スクール	5	1	3	3		1	1	10	24
さわだ美容室		1	2		1	1		8	13
フォーザベスト学習塾	3	4	4	1			1	8	21
みやこの食品	1	1	1		1			8	12
阿川デザイン	4	1	3	1	3	2	2	4	20
伊田郷土美術館	1	1	2	1	2	1		3	11
結城設計事務所	1	3		1	5	1		9	20
湖東製薬	4	1	5		2	3		7	22
荒井書店	1	1		1	2	1	1	4	11
三上トラベル	1	1	4	2	3	2	1	9	23
山鳩証券			2		2	1		2	7
小川サイクル		1	1	1	2	2		8	15
総計	21	16	27	11	23	15	6	80	199

5 同様の方法で、値エリアの計算の種類を"最大"に変更します。

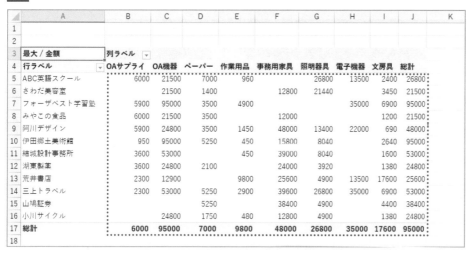

最大 / 金額	列ラベル								
行ラベル	OAサプライ	OA機器	ペーパー	作業用品	事務用家具	照明器具	電子機器	文房具	総計
ABC英語スクール	6000	21500	7000	960		26800	13500	2400	26800
さわだ美容室		21500	1400		12800	21440		3450	21500
フォーザベスト学習塾	5900	95000	3500	4900			35000	6900	95000
みやこの食品	6000	21500	3500		12000			1200	21500
阿川デザイン	5900	24800	3500	1450	48000	13400	22000	690	48000
伊田郷土美術館	950	95000	5250	450	15800	8040		2640	95000
結城設計事務所	3600	53000		450	39000	8040		1600	53000
湖東製薬	3600	24800	2100		24000	3920		1380	24800
荒井書店	2300	12900		9800	25600	4900	13500	17600	25600
三上トラベル	2300	53000	5250	2900	39600	26800	35000	6900	53000
山鳩証券			5250		38400	4900		4400	38400
小川サイクル		24800	1750	480	12800	4900		1380	24800
総計	6000	95000	7000	9800	48000	26800	35000	17600	95000

ピボットテーブルでデータを集計・分析する

4

6 同様の方法で、値エリアの計算の種類を"平均"に変更します。

	A	B	C	D	E	F	G	H
1								
2								
3	平均 / 金額	列ラベル						
4	行ラベル	OAサプライ	OA機器	ペーパー	作業用品	事務用家具	照明器具	電子機器
5	ABC英語スクール	2672	21500	3383.333333	640		26800	1350
6	さわだ美容室		21500	1050		12800	21440	
7	フォーザベスト学習塾	3186.666667	73700	2462.5	4900			3500
8	みやこの食品	6000	21500	3500		12000		
9	阿川デザイン	3102.5	24800	2283.333333	1450	21900	8660	1178
10	伊田郷土美術館	950	95000	3425	450	14300	8040	
11	結城設計事務所	3600	26266.66667		450	18620	8040	
12	湖東製薬	2577.5	24800	1498		21900	2940	
13	荒井書店	2300	12900		9800	20600	4900	1355
14	三上トラベル	2300	53000	2477.5	1900	33800	20100	3500
15	山鳩証券			3675		24150	4900	
16	小川サイクル		24800	1750	480	10300	3920	
17	総計	2894.761905	42087.5	2437.037037	2113.636364	20326.08696	9886.666667	2009
18								

7 同様の方法で、値エリアの計算の種類を"合計"に変更します。

	A	B	C	D	E	F	G	H	I	J
1										
2										
3	合計 / 金額	列ラベル								
4	行ラベル	OAサプライ	OA機器	ペーパー	作業用品	事務用家具	照明器具	電子機器	文房具	総計
5	ABC英語スクール	13360	21500	10150	1920		26800	13500	10075	97305
6	さわだ美容室		21500	2100		12800	21440		10665	68505
7	フォーザベスト学習塾	9560	294800	9850	4900			35000	15540	369650
8	みやこの食品	6000	21500	3500		12000			5530	48530
9	阿川デザイン	12410	24800	6850	1450	65700	17320	23570	1770	153870
10	伊田郷土美術館	950	95000	6850	450	28600	8040		3690	143580
11	結城設計事務所	3600	78800		450	93100	8040		5865	189855
12	湖東製薬	10310	24800	7490		43800	8820		5270	100490
13	荒井書店	2300	12900		9800	41200	4900	13500	20150	104750
14	三上トラベル	2300	53000	9910	3800	101400	40200	35000	13035	258645
15	山鳩証券			7350		48300	4900		5090	65640
16	小川サイクル		24800	1750	480	20600	7840		4410	59880
17	総計	60790	673400	65800	23250	467500	148300	120570	101090	1660700
18										

⊙ One Point ［値フィールドの設定］ダイアログボックスを表示するその他の方法

・・

［値フィールドの設定］ダイアログボックスは、値エリア内の任意のセルを選択した状態で、［ピボットテーブル］の［分析］タブの［フィールドの設定］ボタンをクリックしても表示できます。

LESSON **7** フィルターエリアを使用してデータを絞り込む

フィルターエリアにフィールドを配置すると、ピボットテーブルに表示されるデータをアイテムごとに絞り込むことができます。たとえば、［担当］フィールドをフィルターエリアに配置すれば、現在のピボットテーブルを担当ごとの表示に切り替えて確認できるようになります。

> フィルターエリアに［担当］フィールドを配置すれば、担当ごとの集計表が確認できます。

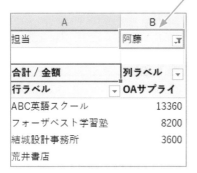

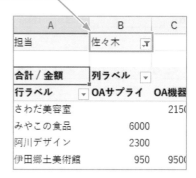

STEP フィルターエリアに［担当］フィールドを配置する

1 ［担当］フィールドを［フィルター］ボックスにドラッグアンドドロップします。

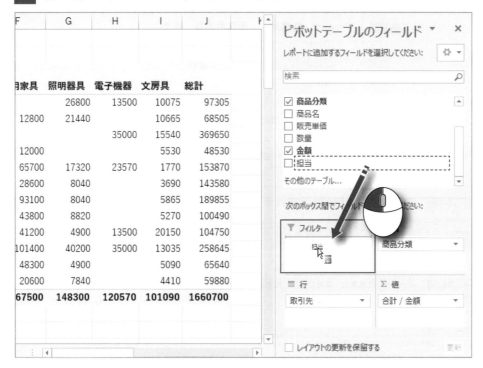

→ ピボットテーブルのフィルターエリアに［担当］フィールドを配置できました。

	A	B	C	D	E	F	G	H	I
1	担当	（すべて） ▽							
2									
3	合計 / 金額	列ラベル ▽							
4	行ラベル ▽	OAサプライ	OA機器	ペーパー	作業用品	事務用家具	照明器具	電子機器	文房具
5	ABC英語スクール	13360	21500	10150	1920		26800	13500	10075
6	さわだ美容室		21500	2100		12800	21440		10665
7	フォーザベスト学習塾	9560	294800	9850	4900			35000	15540
8	みやこの食品	6000	21500	3500		12000			5530
9	阿川デザイン	12410	24800	6850	1450	65700	17320	23570	1770
10	伊田郷土美術館	950	95000	6850	450	28600	8040		3690
11	結城設計事務所	3600	78800		450	93100	8040		5865
12	湖東製薬	10310	24800	7490		43800	8820		5270
13	荒井書店	2300	12900		9800	41200	4900	13500	20150

この時点ではピボットテーブルに大きな変化はありません。
セル A1 に"担当"、セル B1 に"（すべて）"と表示されます。

STEP ピボットテーブルに担当ごとのデータを表示して確認する

2 セル B1 の ▽ をクリックします。

→ 担当の一覧が表示されます。

3 一覧から［阿藤］をクリックします。

4 ［OK］をクリックします。

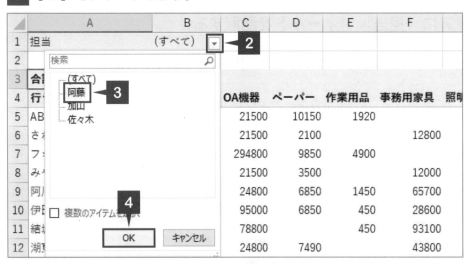

→ ピボットテーブルに担当"阿藤"のデータだけが表示されます。

	A	B	C	D	E	F	G	H	I
1	担当	阿藤 ▼							
2									
3	合計 / 金額	列ラベル ▽							
4	行ラベル ▽	OAサプライ	OA機器	ペーパー	作業用品	事務用家具	照明器具	電子機器	文房具
5	ABC英語スクール	13360	21500	10150	1920		26800	13500	10075
6	フォーザベスト学習塾	8200	294800	3500	4900			35000	9140
7	結城設計事務所	3600	65900		450	22700	8040		890
8	荒井書店		12900		9800		4900	13500	17600
9	三上トラベル			6210			13400	35000	2740
10	小川サイクル		24800	1750	480	20600	7840		4410
11	総計	25160	419900	21610	17550	43300	60980	97000	44855
12									
13									

▼ が ▼ に変わり、［ピボットテーブルのフィールド］作業ウィンドウの［担当］フィールドの行には▼アイコンが表示されます。

5 セル B1 の ▾ をクリックします。

6 担当の一覧から［加山］をクリックします。

7 ［OK］をクリックします。

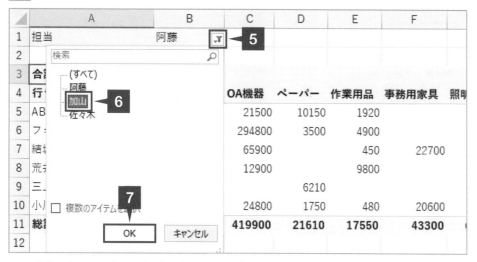

→ ピボットテーブルに担当 "加山" のデータだけが表示されます。

行ラベル	OAサプライ	OA機器	ペーパー	作業用品	事務用家具	照明器具	電子機器	文房具	
さわだ美容室			700		12800			5010	
フォーザベスト学習塾	1360		6350					6400	
みやこの食品		21500						3590	
阿川デザイン	10110	24800	3350		55800	3920	1570	690	
荒井書店	2300				41200			2550	
三上トラベル	2300	53000	3700	3800	101400	26800		10295	
山鳩証券			7350		48300	4900		5090	
総計	16070	99300	21450	3800	259500	35620	1570	33625	

（表上部）担当　加山
合計 / 金額　列ラベル

8 同様の方法で、"担当：佐々木" だけの表示に絞り込みます。

行ラベル	OAサプライ	OA機器	ペーパー	作業用品	事務用家具	照明器具	電子機器	文房具	総計
さわだ美容室		21500	1400			21440		5655	499
みやこの食品	6000		3500		12000			1940	234
阿川デザイン	2300		3500	1450	9900	13400	22000	1080	536
伊田郷土美術館	950	95000	6850	450	28600	8040		3690	1435
結城設計事務所		12900			70400			4975	882
湖東製薬	10310	24800	7490		43800	8820		5270	1004
総計	19560	154200	22740	1900	164700	51700	22000	22610	45941

（表上部）担当　佐々木
合計 / 金額　列ラベル

→ ピボットテーブルに担当ごとのデータを表示して確認できました。

フィルターエリアで複数のアイテムを選択するには

［複数のアイテムを選択］チェックボックスをオンにすると、各アイテムの先頭にチェックボックスが表示され、複数アイテムに該当するデータを抽出できるようになります。

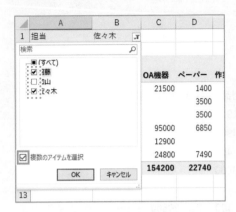

STEP フィルターエリアから［担当］フィールドを削除する

1 ［フィルター］ボックスの［担当］フィールドを、ボックスの外へドラッグアンドドロップします。

→ ピボットテーブルのフィルターエリアから［担当］フィールドを削除できました。

行ラベル	OAサプライ	OA機器	ペーパー	作業用品	事務用家具	照明器具	電子機器	文房具
合計 / 金額 列ラベル								
ABC英語スクール	13360	21500	10150	1920		26800	13500	1007
さわだ美容室		21500	2100		12800	21440		1066
フォーザベスト学習塾	9560	294800	9850	4900			35000	1554
みやこの食品	6000	21500	3500		12000			553
阿川デザイン	12410	24800	6850	1450	65700	17320	23570	1770
伊田郷土美術館	950	95000	6850	450	28600	8040		3690
結城設計事務所	3600	78800		450	93100	8040		586
湖東製薬	10310	24800	7490		43800	8820		527
荒井書店	2300	12900		9800	41200	4900	13500	2015
三上トラベル	2300	53000	9910	3800	101400	40200	35000	1303
山鳩証券			7350		48300	4900		509
小川サイクル		24800	1750	480	20600	7840		441
総計	60790	673400	65800	23250	467500	148300	120570	101090

💬 ピボットテーブルから［担当］による絞り込みが解除され、すべてのデータが表示されます。

LESSON 8 ｜ 自動的にグループ化されるフィールドを配置する

ピボットテーブルには、フィールド内のアイテムを集約するためのグループ化という機能が用意されています。たとえば日付形式のフィールドなどは、アイテムが日単位で並んでいるよりも、月単位でまとめられているほうが集計表として見やすくなる場合があります。
グループ化は手動で行うこともできますが、日付形式のフィールドの場合、自動的にグループ化されるケースがあります。

STEP　［売上日］フィールドを配置してアイテムのグループ化を確認する

1　ピボットテーブルの［列］ボックスから［商品分類］フィールドを削除します。

2　［売上日］フィールドを［列］ボックスにドラッグアンドドロップします。

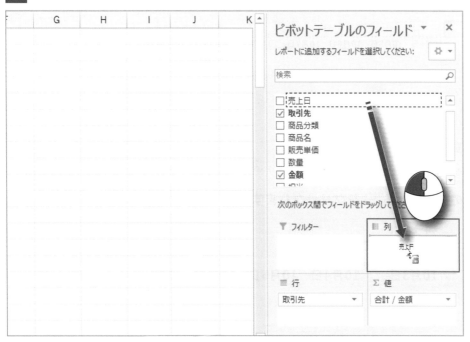

ピボットテーブルでデータを集計・分析する

4

→ ［売上日］フィールドが、自動的に月単位でグループ化されて配置されました。

	A	B	C	D	E	F	G
1							
2							
3	合計 / 金額	列ラベル ▼					
4		⊞10月	⊞11月	⊞12月	総計		
5	行ラベル ▼						
6	ABC英語スクール	14155	22660	60490	97305		
7	さわだ美容室	22200	26690	19615	68505		
8	フォーザベスト学習塾	144400	122720	102530	369650		
9	みやこの食品	7190	6140	35200	48530		
10	阿川デザイン	71120	39100	43650	153870		
11	伊田郷土美術館	17400	106280	19900	143580		
12	結城設計事務所	119075	41420	29360	189855		
13	湖東製薬	61170	6680	32640	100490		
14	荒井書店	18250	65500	21000	104750		
15	三上トラベル	104520	61260	92865	258645		
16	山鳩証券	40500	15150	9990	65640		
17	小川サイクル	2670	4605	52605	59880		
18	総計	622650	518205	519845	1660700		
19							

列エリアには、"売上日"のほかに"月"というフィールドも配置されていることが確認できます。

自動的にグループ化されなかった場合は、次ページのワンポイントを参考に手動でグループ化を行います。

3 ［10月］のアイテムの先頭にある ⊞ をクリックします。

3	合計 / 金額	列ラベル ▼			
4		⊞10月	⊞11月	⊞12月	総計
5	行ラベル ▼				
6	ABC英語スクール	14155	22660	60490	97305
7	さわだ美容室	22200	26690	19615	68505

→ グループ内のアイテムの詳細が表示されます。

			10月3日	10月4日	10月5日	10月6日	10月7日	10月10日	10月11日	10月12
3	合計 / 金額	列ラベル ▼								
4		⊟10月								
5	行ラベル ▼									
6	ABC英語スクール								2875	
7	さわだ美容室									
8	フォーザベスト学習塾				8200				3500	
9	みやこの食品									
10	阿川デザイン			48000		1750				
11	伊田郷土美術館					15800				
12	結城設計事務所		920			13800	1600			
13	湖東製薬			26550	1470			26950		

4 ［10月］のアイテムの先頭にある ⊟ をクリックします。

3	合計 / 金額	列ラベル ▼				
4		⊟10月				
5	行ラベル ▼	10月3日	10月4日	10月5日	10月6日	10
6	ABC英語スクール					
7	さわだ美容室					

→ グループ内のアイテムの詳細が非表示になります。

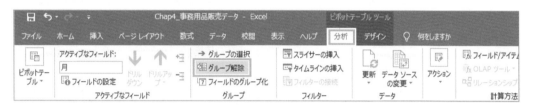

3	合計 / 金額	列ラベル			
4		⊞10月	⊞11月	⊞12月	総計
5	行ラベル				
6	ABC英語スクール	14155	22660	60490	97305
7	さわだ美容室	22200	26690	19615	68505
8	フォーザベスト学習塾	144400	122720	102530	369650
9	みやこの食品	7190	6140	35200	48530
10	阿川デザイン	71120	39100	43650	153870
11	伊田郷土美術館	17400	106280	19900	143580
12	結城設計事務所	119075	41420	29360	189855
13	湖東製薬	61170	6680	32640	100490

⊙ One Point　グループ化を解除するには

アイテムのグループ化を解除するには、グループ化されているアイテムのセルを選択して、[ピボット
テーブルツール]の[分析]タブの[グループ解除]ボタンをクリックします。

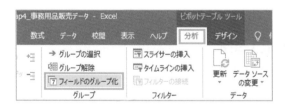

またその他に、ボックス内に配置されているフィールド（今回なら"月"）をボックスから削除しても
グループ化を解除できます。

⊙ One Point　グループ化を手動で行うには

グループ化を手動で行うには、グループ化したいフィールド内の任意のセルを選択して[ピボットテー
ブルツール]の[分析]タブの[フィールドのグループ化]ボタンをクリックします。[グループ化]
ダイアログボックスが表示されたらグループの[単位]を選択して[OK]をクリックします。

LESSON 9 | ピボットテーブルの書式を整える

ピボットテーブルを通常の表と同じように書式設定しても、その性質上、フィールドを入れ替えるたびにいくつかの書式が解除されてしまったり、表の変化に書式が合わなったり、修正がたびたび必要になります。しかし、ピボットテーブルスタイルという組み込みの書式を適用することで、こうした修正の手間を省くことができます。

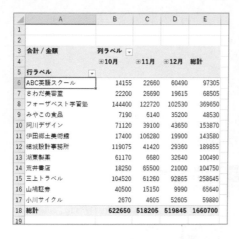

ピボットテーブル
スタイルを適用

ここではさらに、表示形式で"桁区切りスタイル（カンマ）"を設定する方法も学習します。

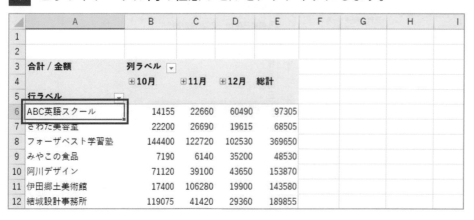

値エリアの各セルに"桁区切り
スタイル（カンマ）"を適用

STEP ピボットテーブルスタイル"（中間）6"を適用する

1 ピボットテーブル内の任意のセルをアクティブにします。

	A	B	C	D	E	F	G	H	I
1									
2									
3	合計 / 金額	列ラベル							
4		⊞10月	⊞11月	⊞12月	総計				
5	行ラベル								
6	ABC英語スクール	14155	22660	60490	97305				
7	さわた美容室	22200	26690	19615	68505				
8	フォーザベスト学習塾	144400	122720	102530	369650				
9	みやこの食品	7190	6140	35200	48530				
10	阿川デザイン	71120	39100	43650	153870				
11	伊田郷土美術館	17400	106280	19900	143580				
12	結城設計事務所	119075	41420	29360	189855				

2 ［ピボットテーブルツール］の［デザイン］タブの［ピボットテーブルスタイル］グループの［その他］ボタンをクリックします。

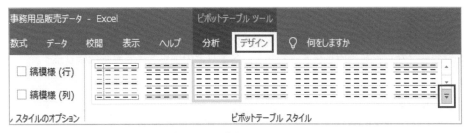

→ ピボットテーブルスタイルの一覧が表示されます。

3 一覧から［ピボットスタイル（中間）6］をクリックします。

→ ピボットテーブルスタイル（中間6）を適用できました。

	A	B	C	D	E	F	G	H	I
1									
2									
3	合計 / 金額	列ラベル							
4		⊞10月	⊞11月	⊞12月	総計				
5	行ラベル								
6	ABC英語スクール	14155	22660	60490	97305				
7	さわだ美容室	22200	26690	19615	68505				
8	フォーザベスト学習塾	144400	122720	102530	369650				
9	みやこの食品	7190	6140	35200	48530				
10	阿川デザイン	71120	39100	43650	153870				
11	伊田郷土美術館	17400	106280	19900	143580				
12	結城設計事務所	119075	41420	29360	189855				
13	湖東製薬	61170	6680	32640	100490				
14	荒井書店	18250	65500	21000	104750				
15	三上トラベル	104520	61260	92865	258645				
16	山鳩証券	40500	15150	9990	65640				
17	小川サイクル	2670	4605	52605	59880				
18	総計	622650	518205	519845	1660700				

4　ピボットテーブルでデータを集計・分析する

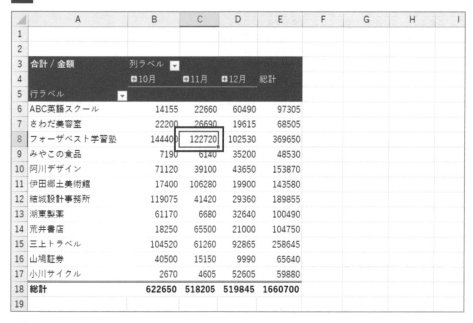

OnePoint　ピボットテーブルスタイルを解除するには

● 書式なしの状態にしたい場合
　　対象のピボットテーブルを選択して、[ピボットテーブルツール] の [デザイン] タブの [ピボットテーブルスタイル] の一覧から [なし] を適用します。ただし、各エリアの境界を表す罫線は残ります。

● 直前に設定していたスタイルに戻したい場合
　　対象のピボットテーブルを選択して、[ピボットテーブルツール] の [デザイン] タブの [ピボットテーブルスタイル] の一覧から、直前まで適用していたピボットテーブルスタイルを適用し直します。

STEP　値エリアの数値に桁区切りスタイル（カンマ）を設定する

1　値エリア内の任意のセルをアクティブにします。

	A	B	C	D	E	F	G	H	I
1									
2									
3	合計 / 金額	列ラベル							
4		⊞10月	⊞11月	⊞12月	総計				
5	行ラベル								
6	ABC英語スクール	14155	22660	60490	97305				
7	さわだ美容室	22200	26690	19615	68505				
8	フォーザベスト学習塾	144400	122720	102530	369650				
9	みやこの食品	7190	6140	35200	48530				
10	阿川デザイン	71120	39100	43650	153870				
11	伊田郷土美術館	17400	106280	19900	143580				
12	結城設計事務所	119075	41420	29360	189855				
13	湖東製薬	61170	6680	32640	100490				
14	荒井書店	18250	65500	21000	104750				
15	三上トラベル	104520	61260	92865	258645				
16	山鳩証券	40500	15150	9990	65640				
17	小川サイクル	2670	4605	52605	59880				
18	総計	622650	518205	519845	1660700				
19									

2　[値] ボックスの [合計 / 金額] フィールドの ▾ をクリックします。

3　[値フィールドの設定] をクリックします。

→ [値フィールドの設定] ダイアログボックスが表示されます。

4 ［表示形式］をクリックします。

→［セルの書式設定］ダイアログボックスが表示されます。

5 ［分類］ボックスの［数値］をクリックします。

6 ［桁区切り（,）を使用する］チェックボックスをオンにします。

7 ［OK］をクリックします。

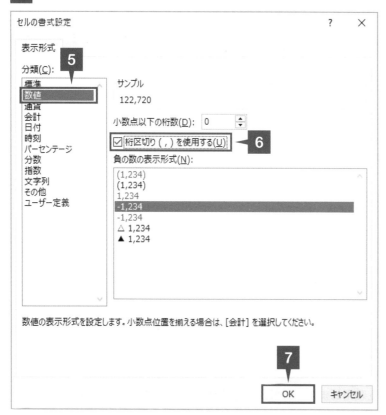

→［値フィールドの設定］ダイアログボックスが再び表示されます。

8 ［値フィールドの設定］ダイアログボックスの［OK］をクリックします。

→ 値エリアの数値に桁区切りスタイル（カンマ）を設定できました。

	A	B	C	D	E	F	G
1							
2							
3	合計 / 金額	列ラベル ▼					
4		⊞10月	⊞11月	⊞12月	総計		
5	行ラベル ▼						
6	ABC英語スクール	14,155	22,660	60,490	97,305		
7	さわだ美容室	22,200	26,690	19,615	68,505		
8	フォーザベスト学習塾	144,400	122,720	102,530	369,650		
9	みやこの食品	7,190	6,140	35,200	48,530		
10	阿川デザイン	71,120	39,100	43,650	153,870		
11	伊田郷土美術館	17,400	106,280	19,900	143,580		
12	結城設計事務所	119,075	41,420	29,360	189,855		
13	湖東製薬	61,170	6,680	32,640	100,490		
14	荒井書店	18,250	65,500	21,000	104,750		
15	三上トラベル	104,520	61,260	92,865	258,645		
16	山鳩証券	40,500	15,150	9,990	65,640		
17	小川サイクル	2,670	4,605	52,605	59,880		
18	総計	622,650	518,205	519,845	1,660,700		
19							

◉ OnePoint　桁区切りスタイルを設定するその他の方法

［値フィールドの設定］ダイアログボックスで設定した桁区切りスタイルは、対象のフィールドをピボットテーブルから削除するといっしょに解除されます。

フィールドを削除しても桁区切りスタイルをセルに残し続けたい場合は、セル範囲を選択して［ホーム］タブの ⬚ ［桁区切りスタイル］ボタンを使用します（"通貨"の表示形式が設定されます）。

ただし、この方法ではフィールドを入れ替えても設定した表示形式（通貨）が残り続けるため、場合によっては手動で表示形式を［標準］に戻す作業が必要になることもあります。

4-2 ピボットテーブルを最新の状態にする

ピボットテーブルは、もとになる一覧表と連動していますが、常に同じ内容が反映されているわけではなく、一覧表のデータを変更したらピボットテーブルも最新の状態にする操作が必要になります。

LESSON 1 ピボットテーブルを更新する

ピボットテーブルのもとになる一覧表のデータを変更しても、その変更内容はすぐにはピボットテーブルに反映されません。一覧表の変更内容をピボットテーブルに反映するには**更新**という操作が必要です。

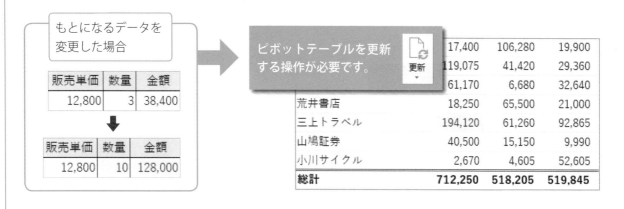

STEP 一覧表のデータを変更してピボットテーブルを更新する

1 シート見出し［販売データ］をクリックしてシートを切り替えます。

	A	B	C	D	E	F	G	H	I	J
1					事務用品販売データ					
3	管理番号	売上日	取引先	商品分類	商品名	販売単価	数量	金額	担当	
4	1	2020/10/3	三上トラベル	事務用家具	事務用スチールデスク	12,800	3	38,400	加山	
5	2	2020/10/3	三上トラベル	事務用家具	OAチェアー	7,800	3	23,400	加山	
6	3	2020/10/3	結城設計事務所	文房具	製図用シャープペンシル	920	1	920	佐々木	
7	4	2020/10/4	湖東製薬	ペーパー	コピー用紙（A4）	350	5	1,750	佐々木	
8	5	2020/10/4	湖東製薬	OA機器	インクジェットプリンター	24,800	1	24,800	佐々木	
9	6	2020/10/4	阿川デザイン	事務用家具	スチール書庫	12,000	4	48,000	加山	
10	7	2020/10/4	小川サイクル	文房具	ボールペン替え芯（黒）	69	10	690	阿藤	
11	8	2020/10/5	湖東製薬	ペーパー	コピー用紙（B5）	320	4	1,280	佐々木	
12	9	2020/10/5	湖東製薬	文房具	カラーペン（青）	95	2	190	佐々木	
13	10	2020/10/5	フォーザベスト学習塾	OAサプライ	プリンタインク（黒）	1,150	2	2,300	阿藤	
14	11	2020/10/5	フォーザベスト学習塾	OAサプライ	プリンタインク（カラー）	2,950	2	5,900	阿藤	
15	12	2020/10/5	三上トラベル	照明器具	LED電球	2,680	10	26,800	加山	
16	13	2020/10/6	伊田郷土美術館	事務用家具	事務用デスク（木調）	15,800	1	15,800	佐々木	
17	14	2020/10/6	阿川デザイン	ペーパー	コピー用紙（A4）	350	5	1,750	加山	
18	15	2020/10/6	結城設計事務所	OA機器	フラットスキャナー	12,900	1	12,900	阿藤	
19	16	2020/10/6	結城設計事務所	文房具	カッターナイフ（大）	450	2	900	佐々木	
20	17	2020/10/7	結城設計事務所	文房具	カッティングマット（A3）	1,600	1	1,600	佐々木	

ピボットテーブル　　販売データ

準備完了

2 シート"販売データ"のセルG4を「10」に、セルH4を「128000」に入力し直します。

D	E	F	G	H	I
事務用品販売データ					
品分類	商品名	販売単価	数量	金額	担当
用家具	事務用スチールデスク	12,800	10	128,000	加山
用家具	OAチェアー	7,800	3	23,400	加山
具	製図用シャープペンシル	920	1	920	佐々木
パー	コピー用紙（A4）	350	5	1,750	佐々木
器	インクジェットプリンター	24,800	1	24,800	佐々木
用家具	スチール書庫	12,000	4	48,000	加山
具	ボールペン替え芯（黒）	69	10	690	阿藤

3 シート見出し［ピボットテーブル］をクリックしてシートを切り替えます。

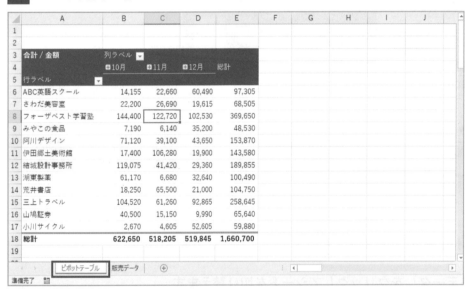

4 ピボットテーブル内の任意のセル（下図ではセルA6）をアクティブにします。

	A	B	C	D	E	F
1						
2						
3	合計 / 金額	列ラベル				
4		⊞10月	⊞11月	⊞12月	総計	
5	行ラベル					
6	ABC英語スクール	14,155	22,660	60,490	97,305	
7	さわだ美容室	22,200	26,690	19,615	68,505	
8	フォーザベスト学習塾	144,400	122,720	102,530	369,650	
9	みやこの食品	7,190	6,140	35,200	48,530	
10	阿川デザイン	71,120	39,100	43,650	153,870	
11	伊田郷土美術館	17,400	106,280	19,900	143,580	
12	結城設計事務所	119,075	41,420	29,360	189,855	
13	湖東製薬	61,170	6,680	32,640	100,490	

5 セル B15 の値を確認しておきます（このセルが更新の操作によって変化します）。

	⊞10月	⊞11月	⊞12月	総計
行ラベル ▼				
ABC英語スクール	14,155	22,660	60,490	97,305
さわだ美容室	22,200	26,690	19,615	68,505
フォーザベスト学習塾	144,400	122,720	102,530	369,650
みやこの食品	7,190	6,140	35,200	48,530
阿川デザイン	71,120	39,100	43,650	153,870
伊田郷土美術館	17,400	106,280	19,900	143,580
結城設計事務所	119,075	41,420	29,360	189,855
湖東製薬	61,170	6,680	32,640	100,490
荒井書店	18,250	65,500	21,000	104,750
三上トラベル	104,520	61,260	92,865	258,645
山鳩証券	40,500	15,150	9,990	65,640
小川サイクル	2,670	4,605	52,605	59,880
総計	622,650	518,205	519,845	1,660,700

この時点では、先ほど行ったもとのデータの変更は反映されていません。

6 ［ピボットテーブルツール］の ［分析］タブの ［更新］ボタンをクリックします。

→ ピボットテーブルが基になるデータの変更に合わせて更新されました。

	A	B	C	D	E	F
1						
2						
3	**合計 / 金額**	列ラベル ▼				
4		⊞10月	⊞11月	⊞12月	総計	
5	**行ラベル** ▼					
6	ABC英語スクール	14,155	22,660	60,490	97,305	
7	さわだ美容室	22,200	26,690	19,615	68,505	
8	フォーザベスト学習塾	144,400	122,720	102,530	369,650	
9	みやこの食品	7,190	6,140	35,200	48,530	
10	阿川デザイン	71,120	39,100	43,650	153,870	
11	伊田郷土美術館	17,400	106,280	19,900	143,580	
12	結城設計事務所	119,075	41,420	29,360	189,855	
13	湖東製薬	61,170	6,680	32,640	100,490	
14	荒井書店	18,250	65,500	21,000	104,750	
15	三上トラベル	194,120	61,260	92,865	348,245	
16	山鳩証券	40,500	15,150	9,990	65,640	
17	小川サイクル	2,670	4,605	52,605	59,880	
18	**総計**	712,250	518,205	519,845	1,750,300	
19						

LESSON 2 | ピボットテーブルのデータ範囲を変更する

もとになる一覧表に行や列を追加するなど、ピボットテーブルの参照範囲が広がった場合はデータソースの変更の操作を行います。この操作を行わないと、追加した範囲がピボットテーブルに含まれません。

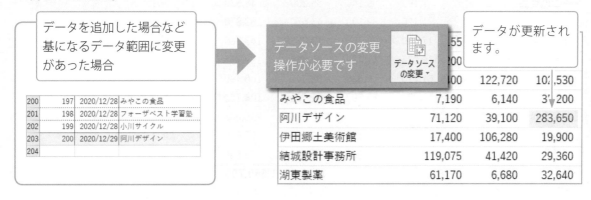

| | データを追加した場合など基になるデータ範囲に変更があった場合 | → | データソースの変更操作が必要です | | データが更新されます。 |

200	197	2020/12/28	みやこの食品		
201	198	2020/12/28	フォーザベスト学習塾		
202	199	2020/12/28	小川サイクル		
203	200	2020/12/29	阿川デザイン		
204					

		255	200	100	122,720	10 530
みやこの食品					7,190	6,140	3 200
阿川デザイン					71,120	39,100	283,650
伊田郷土美術館					17,400	106,280	19,900
結城設計事務所					119,075	41,420	29,360
湖東製薬					61,170	6,680	32,640

STEP 一覧表にデータを追加してピボットテーブルの範囲を変更する

1 シート見出し［販売データ］をクリックしてシートを切り替えます。

2 203 行目に下図のように入力します。

▲	A	B	C	D	E	F	G	H	I
200	197	2020/12/28	みやこの食品	文房具	ファイル（A3サイズ）	240	5	1,200	佐々木
201	198	2020/12/28	フォーザベスト学習塾	文房具	ボールペン（黒）	690	2	1,380	加山
202	199	2020/12/28	小川サイクル	照明器具	蛍光灯	980	5	4,900	阿藤
203	200	2020/12/29	阿川デザイン	OA機器	ノートパソコン	120,000	2	240,000	加山
204									
205									

3 シート見出し［ピボットテーブル］をクリックしてシートを切り替えます。

4 ピボットテーブル内の任意のセルをアクティブにします。

▲	A	B	C	D	E	F	G
1							
2							
3	合計 / 金額	列ラベル					
4		⊞10月	⊞11月	⊞12月	総計		
5	行ラベル						
6	ABC英語スクール	14,155	22,660	300,490	337,305		
7	さわた美容室	22,200	26,690	19,615	68,505		
8	フォーザベスト学習塾	144,400	122,720	102,530	369,650		
9	みやこの食品	7,190	6,140	35,200	48,530		
10	阿川デザイン	71,120	39,100	43,650	153,870		
11	伊田郷土美術館	17,400	106,280	19,900	143,580		
12	結城設計事務所	119,075	41,420	29,360	189,855		

💬 セル D10 の値を確認しておきます。
まだ追加入力したデータは反映されていません。

5 ［ピボットテーブルツール］の［分析］タブの［データソースの変更］ボタンをクリックします。

→ ［ピボットテーブルのデータソースの変更］ダイアログボックスが表示され、［テーブル / 範囲］ボックスに、現在のピボットテーブルの基になっているセル範囲が表示されます。

	A	B	C	D	E	F	G	H	I	J	K
3	管理番号	売上日	取引先	商品分類	商品名	販売単価	数量	金額	担当		
4	1	2020/10/3	三上トラベル	事務用家具	事務用スチールデスク	12,800	10	128,000	加山		
5	2	2020/10/3	三上トラベル	事務用家具	OAチェアー	7,800	3	23,400	加山		
6	3	2020/10/3	結城設計事務所	文房具	製図用シャープペンシル	920		920	佐々木		

[ピボットテーブルのデータソースの変更]　分析するデータを選択してください。　●テーブルまたは範囲を選択(S)　テーブル/範囲(T): 販売データ!$A$3:$I$202　外部データソースを使用(U)　接続の選択(C)...　接続名:　OK　キャンセル

6 表の最終セルまで範囲選択するために、Ctrl + Shift + End キーを押します。

→ 追加した 203 行目までが参照範囲として選択されます。

テーブル/範囲(T): 販売データ!$A$3:$I$203

	A	B	C	D	E	F	G	H	I
203	200	2020/12/29	アシカトラベル	OA機器	ノートパソコン	95,000	2	190,000	加山

7 ［ピボットテーブルのデータソースの変更］ダイアログボックスの［OK］をクリックします。

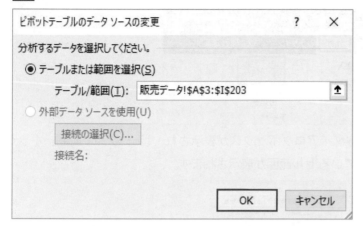

データソースの範囲が
セル I203 までになっ
ていることを確認しま
す（絶対参照で表記さ
れています）。

→ ピボットテーブルのデータソースの範囲を変更できました。

	A	B	C	D	E	F
1						
2						
3	合計 / 金額	列ラベル ▼				
4		⊞10月	⊞11月	⊞12月	総計	
5	行ラベル ▼					
6	ABC英語スクール	14,155	22,660	60,490	97,305	
7	さわだ美容室	22,200	26,690	19,615	68,505	
8	フォーザベスト学習塾	144,400	122,720	102,530	369,650	
9	みやこの食品	7,190	6,140	35,200	48,530	
10	阿川デザイン	71,120	39,100	283,650	393,870	
11	伊田郷土美術館	17,400	106,280	19,900	143,580	
12	結城設計事務所	119,075	41,420	29,360	189,855	
13	湖東製薬	61,170	6,680	32,640	100,490	
14	荒井書店	18,250	65,500	21,000	104,750	
15	三上トラベル	194,120	61,260	92,865	348,245	
16	山鳩証券	40,500	15,150	9,990	65,640	
17	小川サイクル	2,670	4,605	52,605	59,880	
18	総計	712,250	518,205	759,845	1,990,300	
19						

もとのデータに追加入
力した"阿川デザイン"
の12月の販売データ
がピボットテーブルに
反映されたことが確認
できます。

8 ブック「Chap4_ 事務用品販売データ」を上書き保存して閉じます。

OnePoint　データソースの範囲を選択するその他の方法

LESSON では Ctrl + Shift + End キーのショートカットキーを使用しましたが、以下の方法でもデータソースを選択し直せます。

● セル番地をドラッグして選択

［ピボットテーブルのデータソースの変更］ダイアログボックスを開いたら、ドラッグ操作で範囲を選択し直します。

● セル番地を直接入力

［ピボットテーブルのデータソースの変更］ダイアログボックスを開いたら、［テーブル / 範囲］ボックス内のセル番地を直接入力し直します。

● Shift + 方向キー（← ↑ ↓ →）

［ピボットテーブルのデータソースの変更］ダイアログボックスを開いたら、そのまま Shift + 方向キーを押すことで範囲の下端または右端を 1 行または 1 列ずつ拡張・縮小できます。

4

OnePoint　ピボットテーブルをコピーして普通の表として貼り付けるには

ピボットテーブルはフィールドを入れ替えることでさまざまなパターンに表を変化させることができますが、特定のパターンを残しておきたい場合はピボットテーブルをコピーして別のシートなどに貼り付けます。

このときピボットテーブルではなく普通の表として貼り付けたい場合は、貼り付け時に " 値の貼り付け " を使用します。

範囲を選択して
［コピー］を実行

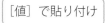

［値］で貼り付け

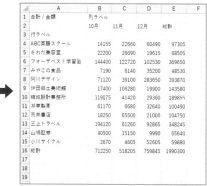

通常の表として扱う
ことができます。

ピボットテーブルでデータを集計・分析する

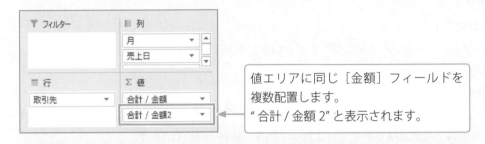

⊖ OnePoint **値エリアに複数の集計結果を表示するには**

LESSON では値エリアに 1 つのフィールドのみを配置して学習を進めましたが、たとえば "金額の合計の他に取引の件数（個数）も表示したい" といった場合は、値エリアにもう 1 つフィールドを配置して、その集計の種類を変更します。

1 値エリアに［金額］フィールドが配置されている状態で、さらに［金額］フィールドを追加します。

値エリアに同じ［金額］フィールドを複数配置します。
"合計 / 金額 2" と表示されます。

行ラベル	10月 合計 / 金額	合計 / 金額2	11月 合計 / 金額	合計 / 金額2	12月 合計 / 金額	合計 / 金額2	全体の 合計 / 金額
ABC英語スクール	14,155	14155	22,660	22660	60,490	60490	97,305
さわだ美容室	22,200	22200	26,690	26690	19,615	19615	68,505
フォーザベスト学習塾	144,400	144400	122,720	122720	102,530	102530	369,650
みやこの食品	7,190	7190	6,140	6140	35,200	35200	48,530

2 配置したデータの集計方法を変更するために、［値］ボックスのフィールド名の▼をクリックして［値フィールドの設定］をクリックし、［値フィールドの設定］ダイアログボックスで集計に使用する計算の種類を指定して、［OK］をクリックします。

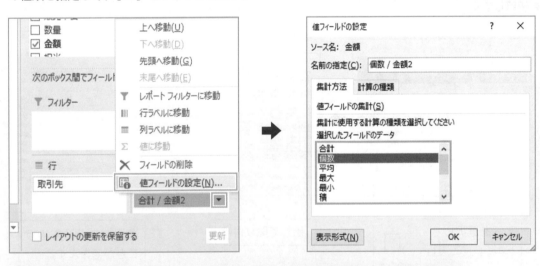

行ラベル	10月 合計 / 金額	個数 / 金額2	11月 合計 / 金額	個数 / 金額2	12月 合計 / 金額	個数 / 金額2	全体の 合計 / 金額
ABC英語スクール	14,155	7	22,660	8	60,490	9	97,305
さわだ美容室	22,200	2	26,690	4	19,615	7	68,505
フォーザベスト学習塾	144,400	7	122,720	8	102,530	6	369,650
みやこの食品	7,190	3	6,140	4	35,200	5	48,530

⟵ One Point　"おすすめピボットテーブル"の機能について

ピボットテーブルにどのようなフィールドを配置すればよいか分からない場合や、作成を急ぐ場合は、"おすすめピボットテーブル"という機能が便利です。

おすすめピボットテーブルは、[挿入]タブの[おすすめピボットテーブル]ボタンで利用できます。実行するとダイアログボックスが表示され、さまざまなパターンのピボットテーブルの中から、自由に選んで挿入することができます。

ピボットテーブルの作成に慣れていない方はもちろん、視点の異なるフィールド構成に気づくことができるなどの利点もあります。

⟵ One Point　ピボットグラフをつくるには

[ピボットテーブルツール]の[分析]タブの[ピボットグラフ]ボタンをクリックすると、ピボットテーブルをもとにしたグラフを作成できます。

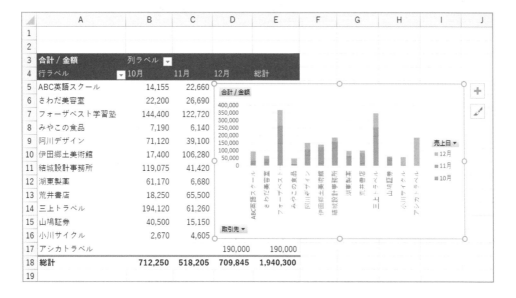

学習のまとめ　CHAPTER 4　章末練習問題

【章末練習問題 1】ネットショップ売上データ（ピボットテーブルの作成）

スクール応用 _Excel 2019 ▶ CHAPTER4 ▶ 章末練習問題 ▶ E「Chap4_ ネットショップ売上データ」

1 ブック「Chap4_ ネットショップ売上データ」を開きましょう。

2 シート“2021 年”の表をもとに、新規のワークシートにピボットテーブルを挿入しましょう。

3 空白のピボットテーブルの各エリアに、下図のようにフィールドを配置しましょう。

	A	B	C	D	E	F	G
1							
2							
3	合計 / 金額	列ラベル					
4	行ラベル	その他雑貨	家電	食器	調理器具	総計	
5	⊞4月	38140	337410	44900	80640	501090	
6	⊞5月	59200	492420	82450	69200	703270	
7	⊞6月	38950	320880	72850	57040	489720	
8	⊞7月	33260	212430	59050	94070	398810	
9	総計	169550	1363140	259250	300950	2092890	
10							
11							
12							

［商品カテゴリ］　［販売日］　［金額］

4 “フィルター”エリアに、［会員分類］フィールドを配置し、“特別会員”の表示だけに絞り込みましょう。

	A	B	C	D	E	F	G
1	会員分類	特別会員					
2							
3	合計 / 金額	列ラベル					
4	行ラベル	その他雑貨	家電	食器	調理器具	総計	
5	⊞4月	1720	279060	3350		284130	
6	⊞5月		324640			324640	
7	⊞6月	3900	283600	4500	3600	295600	
8	⊞7月	1380	162400	14950	33170	211900	
9	総計	7000	1049700	22800	36770	1116270	
10							
11							
12							

5 ［金額］フィールドの計算の種類を"平均"に変更しましょう。結果を確認したら、再度"合計"に計算の種類を戻しましょう。

	A	B	C	D	E	F
1	会員分類	特別会員 🔽				
2						
3	平均 / 金額	列ラベル 🔽				
4	行ラベル 🔽	その他雑貨	家電	食器	調理器具	総計
5	⊞4月	1720	31006.66667	1675		23677.5
6	⊞5月		29512.72727			29512.72727
7	⊞6月	1950	40514.28571	4500	3600	26872.72727
8	⊞7月	1380	40600	3737.5	6634	15135.71429
9	総計	1750	33861.29032	3257.142857	6128.333333	23255.625
10						

6 "フィルター"エリアから［会員分類］フィールドを削除しましょう。

7 ［月］［販売日］と［商品カテゴリ］フィールドの配置を入れ替えましょう。

	A	B	C	D	E	F	G
1							
2							
3	合計 / 金額	列ラベル 🔽					
4		⊞4月	⊞5月	⊞6月	⊞7月	総計	
5	行ラベル 🔽						
6	その他雑貨	38140	59200	38950	33260	169550	
7	家電	337410	492420	320880	212430	1363140	
8	食器	44900	82450	72850	59050	259250	
9	調理器具	80640	69200	57040	94070	300950	
10	総計	501090	703270	489720	398810	2092890	
11							
12							

8 グループ化されている"7月"のデータの詳細を展開して表示しましょう。確認後、表示を戻しましょう。

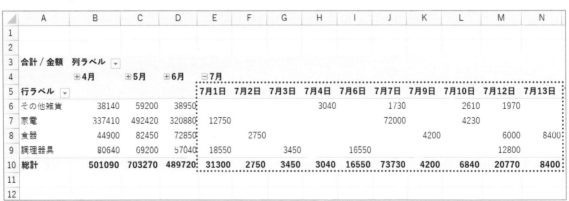

⑨ ピボットテーブルに、ピボットテーブルスタイル "薄いオレンジ、ピボットスタイル（中間）10" を適用しましょう。

⑩ "値" エリアの数値に桁区切りスタイル（カンマ）を設定しましょう。

⑪ ブックを上書き保存しましょう。ブックは閉じずに引き続き章末練習問題2へ進みましょう。

＜完成例＞

	A	B	C	D	E	F	G
1							
2							
3	合計 / 金額	列ラベル ▼					
4		⊞4月	⊞5月	⊞6月	⊞7月	総計	
5	行ラベル ▼						
6	その他雑貨	38,140	59,200	38,950	33,260	169,550	
7	家電	337,410	492,420	320,880	212,430	1,363,140	
8	食器	44,900	82,450	72,850	59,050	259,250	
9	調理器具	80,640	69,200	57,040	94,070	300,950	
10	総計	501,090	703,270	489,720	398,810	2,092,890	
11							
12							

【章末練習問題 2】ネットショップ売上データ（ピボットテーブルの更新）

📂 スクール応用 _Excel 2019 ▶ 📂 CHAPTER4 ▶ 📂 章末練習問題 ▶ E 「Chap4_ ネットショップ売上データ」

---

1 ブック「Chap4_ ネットショップ売上データ」を引き続き使用します。ブックを閉じている場合は開きましょう。

2 シート "2021 年 " のセル G4 の値を「10」に変更しましょう。

	A	B	C	D	E	F	G	H	I
1	ネットショップ売上データ								
2									
3	管理番号	販売日	商品カテゴリ	商品名	会員分類	価格	数量	送料	金額
4	1	2021/4/2	食器	タンブラーセット	一般会員	1,250	10	250	12,750
5	2	2021/4/2	食器	保温タンブラー（グリーン）	一般会員	1,850	1	250	2,100
6	3	2021/4/2	食器	タンブラーセット	一般会員	1,250	1	250	1,500

3 ピボットテーブルのシートのセル B8（4 月 - 食器）の変化に注目しながら、ピボットテーブルを更新しましょう。

	A	B	C	D	E	F	G
1							
2							
3	合計 / 金額	列ラベル ▼					
4		⊞4月	⊞5月	⊞6月	⊞7月	総計	
5	行ラベル ▼						
6	その他雑貨	38,140	59,200	38,950	33,260	169,550	
7	家電	337,410	492,420	320,880	212,430	1,363,140	
8	食器	56,150	82,450	72,850	59,050	270,500	
9	調理器具	80,640	69,200	57,040	94,070	300,950	
10	総計	512,340	703,270	489,720	398,810	2,104,140	
11							
12							

4 シート "2021 年 " の 255 行目に以下のデータを入力しましょう。

	A	B	C	D	E	F	G	H	I
252	249	2021/7/27	調理器具	ステンレスケトル	一般会員	3,150	1	250	3,400
253	250	2021/7/29	食器	保温タンブラー（ホワイト）	特別会員	1,850	2	0	3,700
254	251	2021/7/29	その他雑貨	キッチンタイマー	一般会員	360	1	250	610
255	252	2021/8/1	調理器具	圧力鍋	特別会員	12,800	1	250	13,050
256									
257									

5 先ほど入力した範囲を含むように、ピボットテーブルのデータソースを変更しましょう。

6 ブックを上書き保存して閉じましょう。

<完成例>

	A	B	C	D	E	F	G	H
1								
2								
3	合計 / 金額	列ラベル ▾						
4		⊞4月	⊞5月	⊞6月	⊞7月	⊞8月	総計	
5	行ラベル ▾							
6	その他雑貨	38,140	59,200	38,950	33,260		169,550	
7	家電	337,410	492,420	320,880	212,430		1,363,140	
8	食器	56,150	82,450	72,850	59,050		270,500	
9	調理器具	80,640	69,200	57,040	94,070	13,050	314,000	
10	総計	512,340	703,270	489,720	398,810	13,050	2,117,190	
11								
12								

データを検索する
関数とテーブル機能

ここでは別の表からデータを検索して該当するデータを表示する関数や、データ件数の多い一覧表をより扱いやすくするためのテーブル機能を学習します。どちらの機能もたくさんのデータが入力された大きな表の作成に役立ちます。

5-1 検索/行列関数を利用する

検索 / 行列関数を使うと、該当データを検索することができます。特に VLOOKUP 関数は、検索 / 行列関数のなかでもよく使用される代表的なものです。

LESSON 1 | VLOOKUP関数でデータを検索して表示する

VLOOKUP 関数は、指定した値を検索用の表から探して、それに該当するデータを表示する関数です。VLOOKUP 関数は検索用の表とともに使用します。

ここでは、"品番" を入力するとそれに該当する "品名" が表示される数式の作成を例に VLOOKUP 関数を学習します。

VLOOKUP関数 データを検索して表示する

数式 = VLOOKUP (検索値 , 範囲 , 列番号 , 検索方法)　　**分類** 検索 / 行列

ブイルックアップ

検索値………検索する値や、値が入力されたセルを指定します。

範囲…………検索する範囲（検索用の表）を指定します。指定した範囲の左端列に "検索値" が含まれている必要があります。

列番号………数式の結果として表示したいデータのある列を "範囲" の左端から数えた列数で指定します。

検索方法……"検索値" に完全に一致（0 または FALSE）するか、近似値を含めるか（1 または TRUE）を指定します。

数式例 =VLOOKUP(C4, J4:L14, 2, 0)

意　味 <u>セル C4</u> に<u>完全一致</u>するものを<u>セル J4 〜 L14</u> の左端列から検索し、該当行の <u>2 列目の値</u>を取り出す。
　　　　　検索値　　検索方法　　　　　範囲　　　　　　　　　　　　　　　　列番号

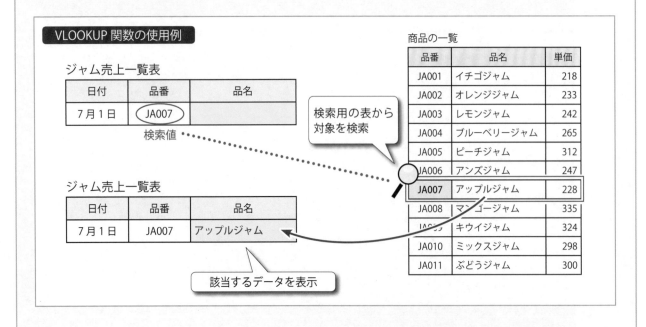

VLOOKUP 関数の使用例

ジャム売上一覧表

日付	品番	品名
7月1日	JA007	

検索値

検索用の表から対象を検索

ジャム売上一覧表

日付	品番	品名
7月1日	JA007	アップルジャム

該当するデータを表示

商品の一覧

品番	品名	単価
JA001	イチゴジャム	218
JA002	オレンジジャム	233
JA003	レモンジャム	242
JA004	ブルーベリージャム	265
JA005	ピーチジャム	312
JA006	アンズジャム	247
JA007	アップルジャム	228
JA008	マンゴージャム	335
JA009	キウイジャム	324
JA010	ミックスジャム	298
JA011	ぶどうジャム	300

1 ブック「Chap5_ データを検索する関数」を開きます。

スクール応用 _Excel 2019 ▶ CHAPTER5 ▶ E 「Chap5_ データを検索する関数」

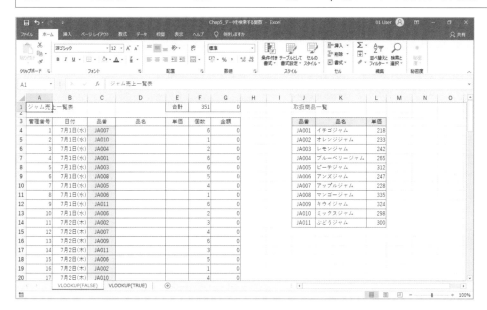

実習用データはインターネットからダウンロードできます。詳細は本書のP.（4）に記載されています。

2 セル D4 をアクティブにします。

	A	B	C	D	E	F	G
1	ジャム売上一覧表				合計	351	0
2							
3	管理番号	日付	品番	品名	単価	個数	金額
4	1	7月1日(水)	JA007			6	0
5	2	7月1日(水)	JA010			1	0
6	3	7月1日(水)	JA004			2	0
7	4	7月1日(水)	JA001			6	0
8	5	7月1日(水)	JA003			6	0
9	6	7月1日(水)	JA008			5	0
10	7	7月1日(水)	JA005			4	0
11	8	7月1日(水)	JA006			1	0
12	9	7月1日(水)	JA011			6	0

セル C4 の"品番"を基に、セルD4に"品名"を表示する数式を作成していきます。

3 ［数式］タブの［検索 / 行列］ボタンをクリックします。

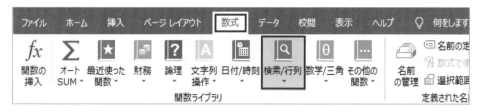

→ ［検索 / 行列］の分類に属する関数の一覧が表示されます。

データを検索する関数とテーブル機能

5

4 一覧から［VLOOKUP］をクリックします。

→ ［関数の引数］ダイアログボックスが表示されます。

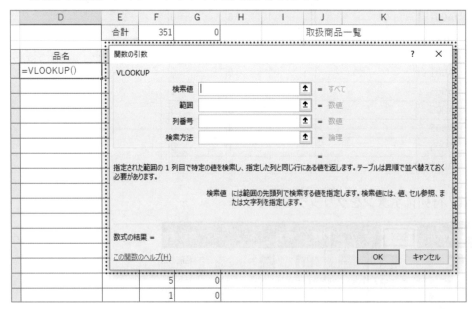

5　［検索値］ボックスにカーソルがあることを確認して、セル C4 をクリックします。

B	C	D	E	F	G	H	I
覧表			合計	351	0		
日付	品番	品名					
月1日(水)	JA007	=VLOOKUP()	関数の引数				
月1日(水)	JA010		VLOOKUP				
月1日(水)	JA004						
月1日(水)	JA001			検索値			
月1日(水)	JA003			範囲			
月1日(水)	JA008			列番号			
月1日(水)	JA005			検索方法			
月1日(水)	JA006						
月1日(水)	JA011		指定された範囲の1列目で特定の値を検索し、指定した列と同じ行				
月1日(水)	JA006		必要があります。				

検索値　には範囲の先頭列で検知
たは文字列を指定します

> 検索する品番が入力さ
> れたセルを指定してい
> ます。

→［検索値］ボックスに "C4" と表示されます。

6　［範囲］ボックスにカーソルを移動します。

VLOOKUP

検索値	C4	⬆	= "JA007"
範囲		⬆	= 数値
列番号		⬆	= 数値
検索方法		⬆	= 論理

=

7　セル J4 ～ L14 を範囲選択します。

F	G	H	I	J	K	L	M
		?	×	取扱商品一覧			
6	0			品番	品名	単価	
1	0			JA001	イチゴジャム	218	
2	0			JA002	オレンジジャム	233	
6	0			JA003	レモンジャム	242	
6	0			JA004	ブルーベリージャム	265	
5	0			JA005	ピーチジャム	312	
4	0			JA006	アンズジャム	247	
1	0			JA007	アップルジャム	228	
6	0			JA008	マンゴージャム	335	
2	0			JA009	キウイジャム	324	
3	0			JA010	ミックスジャム	298	
4	0			JA011	ぶどうジャム	300	
6	0					11R x 3C	

> このセル範囲が検索の
> 対象になります。
> 項目名が入力されてい
> るタイトル行は含め
> ず、データが入力され
> ているセルだけを選択
> します。

→［範囲］ボックスに "J4:L14" と表示されます。

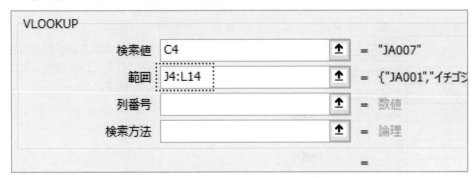

今回はこの参照範囲を
絶対参照にする必要が
あります。

8 キーボードの F4 キーを押します。

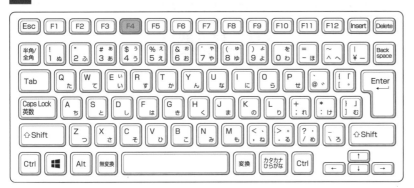

絶対参照にしておかな
いと、あとで数式をコ
ピーした際に正しく表
示できません。

→［範囲］ボックスのセル参照が "$J$4:$L$14"（絶対参照）に変わります。

VLOOKUP

検索値	C4	⬆	= "JA007"
範囲	$J$4:$L$14	⬆	= {"JA001","イチゴジ
列番号		⬆	= 数値
検索方法		⬆	= 論理

=

9 ［列番号］ボックスにカーソルを移動し、半角で「2」と入力します。

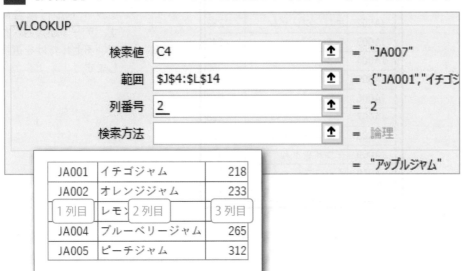

「2」と入力したのは、
表示したいデータが、
［範囲］の左端から数
えて 2 列目にあるから
です。

10 ［検索方法］ボックスにカーソルを移動し、半角で「0」と入力します。

VLOOKUP			
検索値	C4	⬆	= "JA007"
範囲	$J$4:$L$14	⬆	= {"JA001","イチゴシ
列番号	2	⬆	= 2
検索方法	0	⬆	= FALSE
			= "アップルジャム"

今回は完全に一致する
データを検索するた
め、「0」を指定してい
ます。「FALSE」と入力
することもできます。

11 ［関数の引数］ダイアログボックスの ［OK］ をクリックします。

→ セル D4 に品番（JA007）に該当する品名（アップルジャム）が表示できました。

	A	B	C	D	E	F	G
1	ジャム売上一覧表				合計	351	0
3	管理番号	日付	品番	品名	単価	個数	金額
4	1	7月1日(水)	JA007	アップルジャム		6	0
5	2	7月1日(水)	JA010			1	0
6	3	7月1日(水)	JA004			2	0
7	4	7月1日(水)	JA001			6	0
8	5	7月1日(水)	JA003			6	0
9	6	7月1日(水)	JA008			5	0
10	7	7月1日(水)	JA005			4	0
11	8	7月1日(水)	JA006			1	0
12	9	7月1日(水)	JA011			6	0

12 セル D4 のフィルハンドルをダブルクリックして数式をコピーします。

	A	B	C	D	E	F	G
1	ジャム売上一覧表				合計	351	0
3	管理番号	日付	品番	品名	単価	個数	金額
4	1	7月1日(水)	JA007	アップルジャム		6	0
5	2	7月1日(水)	JA010	ミックスジャム		1	0
6	3	7月1日(水)	JA004	ブルーベリージャム		2	0
7	4	7月1日(水)	JA001	イチゴジャム		6	0
8	5	7月1日(水)	JA003	レモンジャム		6	0
9	6	7月1日(水)	JA008	マンゴージャム		5	0
10	7	7月1日(水)	JA005	ピーチジャム		4	0
11	8	7月1日(水)	JA006	アンズジャム		1	0
12	9	7月1日(水)	JA011	ぶどうジャム		6	0
13	10	7月1日(水)	JA006	アンズジャム		2	0
14	11	7月2日(木)	JA002	オレンジジャム		3	0
15	12	7月2日(木)	JA007	アップルジャム		4	0
16	13	7月2日(木)	JA009	キウイジャム		6	0
17	14	7月2日(木)	JA011	ぶどうジャム		3	0
18	15	7月2日(木)	JA006	アンズジャム		5	0
19	16	7月2日(木)	JA002	オレンジジャム		1	0

セル D4 のフィルハン
ドルを、セル D103 ま
でドラッグしてもかま
いません。

このとき、左図のよう
な結果にならない場合
は、［範囲］ に指定し
たセル範囲が絶対参照
になっていない可能性
があります。

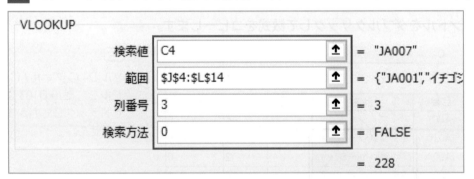

⟲ OnePoint　引数 " 範囲 " が絶対参照になっていない場合

VLOOKUP 関数の数式を作成後にコピーする場合、引数 " 範囲 " を絶対参照にしていないと、下図のように誤った結果が表示されます。

| D4 | ▼ | : | × ✓ fx | =VLOOKUP(C4,J4:L14,2,0) | | | | | | | | |

▲	A	B	C	D	E	F	G	H	I	J	K	L
1	ジャム売上一覧表				合計	351	0			取扱商品一覧		
2												
3	管理番号	日付	品番	品名	単価	個数	金額			品番	品名	単価
4	1	7月1日(水)	JA007	アップルジャム		6	0			JA001	イチゴジャム	218
5	2	7月1日(水)	JA010	ミックスジャム		1	0			JA002	オレンジジャム	233
6	3	7月1日(水)	JA004	ブルーベリージャム		2	0			JA003	レモンジャム	242
7	4	7月1日(水)	JA001	#N/A		6	0			JA004	ブルーベリージャム	265
8	5	7月1日(水)	JA003	#N/A		6	0			JA005	ピーチジャム	312
9	6	7月1日(水)	JA008	マンゴージャム		5	0			JA006	アンズジャム	247
10	7	7月1日(水)	JA005	#N/A		4	0			JA007	アップルジャム	228
11	8	7月1日(水)	JA006	#N/A		1	0			JA008	マンゴージャム	335
12	9	7月1日(水)	JA011	ぶどうジャム		6				JA009	キウイジャム	324
13	10	7月1日(水)	JA006	#N/A						JA010	ミックスジャム	298
14	11	7月2日(木)	JA002	#N/A						JA011	ぶどうジャム	300
15	12	7月2日(木)	JA007	#N/A								
16	13	7月2日(木)	JA009	#N/A								
17	14	7月2日(木)	JA011	#N/A								
18	15	7月2日(木)	JA006	#N/A		5	0					

> 絶対参照にしないと検索対象となる表の参照範囲がずれてしまうためです。

STEP　セルE4 〜E103 に"品番"に該当する"単価"を表示する

1　セル E4 に以下のように数式を作成して、セル E103 までコピーします。

VLOOKUP

検索値	C4	↑	= "JA007"
範囲	$J$4:$L$14	↑	= {"JA001","イチゴジ
列番号	3	↑	= 3
検索方法	0	↑	= FALSE

　　　　　　　　　　　　　　　　　　= 228

> 💬 先ほどの数式と比べると［列番号］の引数だけが異なります。
> 表示したいデータ（単価）が［範囲］の左から 3 列目にあるからです。

▲	A	B	C	D	E	F	G
1	ジャム売上一覧表				合計	351	91,530
2							
3	管理番号	日付	品番	品名	単価	個数	金額
4	1	7月1日(水)	JA007	アップルジャム	228	6	1,368
5	2	7月1日(水)	JA010	ミックスジャム	298	1	298
6	3	7月1日(水)	JA004	ブルーベリージャム	265	2	530
7	4	7月1日(水)	JA001	イチゴジャム	218	6	1,308
8	5	7月1日(水)	JA003	レモンジャム	242	6	1,452
9	6	7月1日(水)	JA008	マンゴージャム	335	5	1,675
10	7	7月1日(水)	JA005	ピーチジャム	312	4	1,248

→ セル E4 〜 E103 に品番 " に該当する " 単価 " を表示できました。

LESSON 2 | 検索範囲の元データを修正する

検索範囲と VLOOKUP 関数の結果は連動しており、検索範囲のデータを修正すればそのデータを参照しているセルの値も自動的に更新されます。

品番	品名	単価
JA001	イチゴジャム	218
JA002	オレンジジャム	233
JA003	レモンジャム	242

品番	品名	単価
JA001	イチゴジャム	218
JA002	オレンジママレード	250
JA003	レモンジャム	242

7月2日(木)	JA006	アンズジャム	247
7月2日(木)	JA002	オレンジママレード	250
7月2日(木)	JA010	ミックスジャム	298
7月2日(木)	JA002	オレンジママレード	250
7月2日(木)	JA008	マンゴージャム	335
7月2日(木)	JA009	キウイジャム	324
7月2日(木)	JA004	ブルーベリージャム	265
7月2日(木)	JA011	ぶどうジャム	300
7月2日(木)	JA006	アンズジャム	247
7月3日(金)	JA002	オレンジママレード	250
7月3日(金)	JA004	ブルーベリージャム	265

検索範囲のデータを変更すると…

VLOOKUP 関数の数式の結果もすべて変化します。

STEP 検索範囲の"オレンジジャム"のデータを修正する

1 セル K5「オレンジジャム」を「オレンジママレード」に入力し直します。

E	F	G	H	I	J	K	L
合計	351	91,530			取扱商品一覧		
単価	個数	金額			品番	品名	単価
228	6	1,368			JA001	イチゴジャム	218
298	1	298			JA002	オレンジジャム	233
265	2	530			JA003	レモンジャム	242
218	6	1,308			JA004	ブルーベリージャム	265

E	F	G	H	I	J	K	L
合計	351	91,530			取扱商品一覧		
単価	個数	金額			品番	品名	単価
228	6	1,368			JA001	イチゴジャム	218
298	1	298			JA002	オレンジママレード	233
265	2	530			JA003	レモンジャム	242
218	6	1,308			JA004	ブルーベリージャム	265

データを検索する関数とテーブル機能

5

2 セル L5「233」を「250」に入力し直します。

E	F	G	H	I	J	K	L
合計	351	91,530			取扱商品一覧		
単価	個数	金額			品番	品名	単価
228	6	1,368			JA001	イチゴジャム	218
298	1	298			JA002	オレンジママレード	233
265	2	530			JA003	レモンジャム	242
218	6	1,308			JA004	ブルーベリージャム	265

E	F	G	H	I	J	K	L
合計	351	91,530			取扱商品一覧		
単価	個数	金額			品番	品名	単価
228	6	1,368			JA001	イチゴジャム	218
298	1	298			JA002	オレンジママレード	250
265	2	530			JA003	レモンジャム	242
218	6	1,308			JA004	ブルーベリージャム	265

→ 検索用の表のデータを修正したことで、D列とE列のデータも連動して更新されました。

	A	B	C	D	E	F	G
13	10	7月1日(水)	JA006	アンズジャム	247	2	494
14	11	7月2日(木)	JA002	オレンジママレード	250	3	750
15	12	7月2日(木)	JA007	アップルジャム	228	4	912
16	13	7月2日(木)	JA009	キウイジャム	324	6	1,944
17	14	7月2日(木)	JA011	ぶどうジャム	300	3	900
18	15	7月2日(木)	JA006	アンズジャム	247	5	1,235
19	16	7月2日(木)	JA002	オレンジママレード	250	1	250
20	17	7月2日(木)	JA010	ミックスジャム	298	4	1,192
21	18	7月2日(木)	JA002	オレンジママレード	250	1	250
22	19	7月2日(木)	JA008	マンゴージャム	335	2	670
23	20	7月2日(木)	JA009	キウイジャム	324	3	972
24	21	7月2日(木)	JA004	ブルーベリージャム	265	1	265
25	22	7月2日(木)	JA011	ぶどうジャム	300	5	1,500
26	23	7月2日(木)	JA006	アンズジャム	247	4	988
27	24	7月3日(金)	JA002	オレンジママレード	250	2	500
28	25	7月3日(金)	JA004	ブルーベリージャム	265	1	265
29	26	7月3日(金)	JA006	アンズジャム	247	4	988
30	27	7月3日(金)	JA005	ピーチジャム	312	4	1,248
31	28	7月3日(金)	JA003	レモンジャム	242	2	484

このように、VLOOKUP関数は、検索用の表を修正すれば、そのデータを参照しているセルの値も修正されるため、更新性に優れています。

LESSON **3** | 検索方法にTRUEを指定してデータを検索する

点数などをもとに評価を分類するような表を作成する場合、検索用の表を1点刻みで作るのは効率が良いとは言えません。そこで、値に幅を持たせて検索用の表を作り、VLOOKUP関数の**検索方法**の引数に1(TRUE)を指定します。TRUEを指定すると、検索値未満の最大値が該当データとして検出されます。なお、TRUEを使うには、検索用の表は昇順に並んでいる必要があります。

評価を以下のように分類する場合

　0〜 39点 …… E
40〜 64点 …… D
65〜 79点 …… C
80〜 89点 …… B
90〜100点 …… A

《非効率な検索用の表の例》

点数	評価
0	E
1	E
2	E
3	E
4	E

96	A
97	A
98	A
99	A
100	A

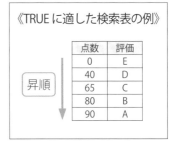

《TRUEに適した検索表の例》

昇順

点数	評価
0	E
40	D
65	C
80	B
90	A

STEP セルC4〜C28に"点数"に該当する"評価"を表示する

1 シート見出し[VLOOKUP(TRUE)]をクリックして、シートを切り替えます。

データを検索する関数とテーブル機能

5

2 セル C4 をアクティブにします。

	A	B	C	D	E	F	G	H
1	テスト評価算出表							
2					評価は　高◀ A B C D E ▶低　の5段階			
3	生徒名	点数	評価		点数	評価		（補足）点数範囲
4	安藤加奈	93			0	E		0〜39
5	五木涼介	75			40	D		40〜64
6	遠藤穂香	91			65	C		65〜79
7	大西海帆	74			80	B		80〜89
8	木戸安奈	89			90	A		90〜
9	国見陸人	47						

3 ［数式］タブの［最近使った関数］ボタンをクリックします。

4 関数名の一覧から［VLOOKUP］をクリックします。

→ ［関数の引数］ダイアログボックスが表示されます。

5 ［検索値］ボックスに「B4」と入力します（B4 はセルをクリックして入力できます）。

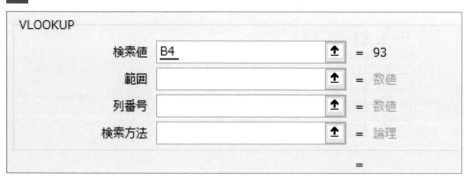

6 ［範囲］ボックスにカーソルを移動して、セル E4 〜 F8 を範囲選択します。

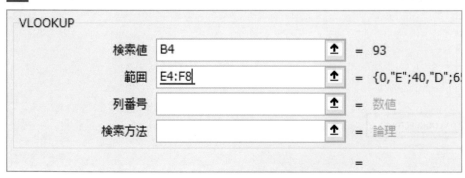

7 キーボードの F4 キーを押します。

→［範囲］ボックスのセル参照が "$E$4:$F$8"（絶対参照）に変わります。

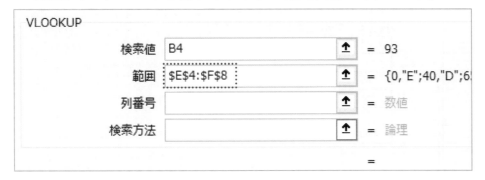

VLOOKUP			
検索値	B4	⬆	= 93
範囲	$E$4:$F$8	⬆	= {0,"E";40,"D";6
列番号		⬆	= 数値
検索方法		⬆	= 論理
			=

8 ［列番号］ボックスにカーソルを移動し、半角で「2」と入力します。

VLOOKUP			
検索値	B4	⬆	= 93
範囲	$E$4:$F$8	⬆	= {0,"E";40,"D";6
列番号	2	⬆	= 2
検索方法		⬆	= 論理
			= "A"

9 ［検索方法］ボックスに「1」と入力します。

💬 「TRUE」と入力しても
かまいません。

VLOOKUP			
検索値	B4	⬆	= 93
範囲	$E$4:$F$8	⬆	= {0,"E";40,"D";6
列番号	2	⬆	= 2
検索方法	1	⬆	= TRUE
			= "A"

10 ［関数の引数］ダイアログボックスの［OK］をクリックします。

→ セル C4 に "A" と表示できました。

💬 E～F列で点数 "93" に
該当する評価を確認す
ると "A" であることが
わかります。

▲	A	B	C	D	E	F	G	H
1	テスト評価算出表							
2					評価は 高◀ A B C D E ▶低 の5段階			
3	生徒名	点数	評価		点数	評価		（補足）点数範囲
4	安藤加奈	93	A		0	E		0～39
5	五木涼介	75			40	D		40～64
6	遠藤穂香	91			65	C		65～79
7	大西海帆	74			80	B		80～89
8	木戸安奈	89			90	A		90～
9	国見陸人	47						

5

データを検索する関数とテーブル機能

11 セルC4のフィルハンドルをダブルクリックして数式をコピーします。

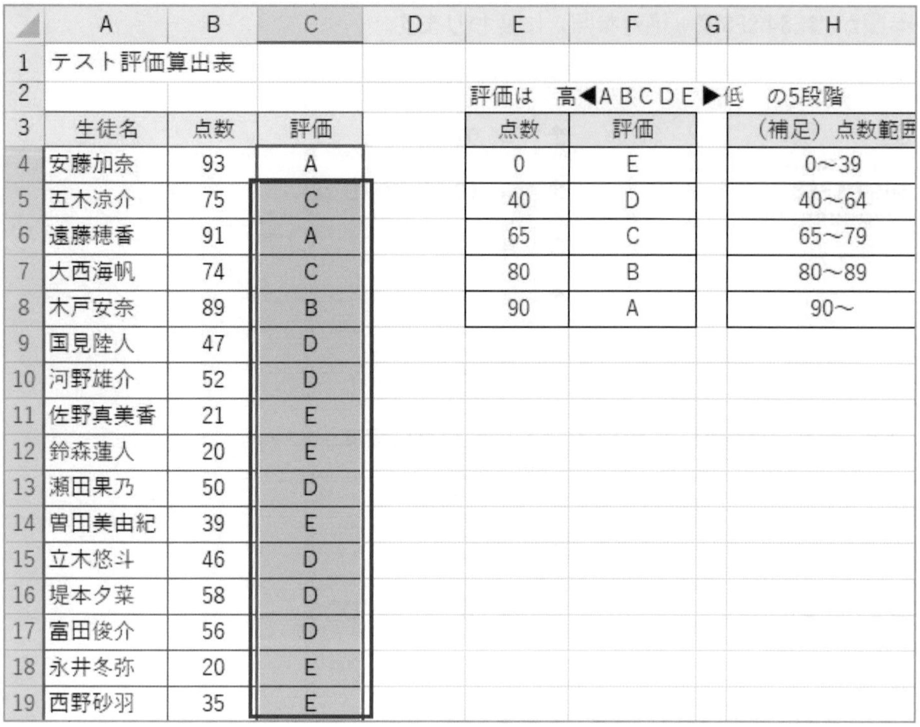

	A	B	C	D	E	F	G	H
1	テスト評価算出表							
2					評価は　高◀ABCDE▶低　の5段階			
3	生徒名	点数	評価		点数	評価		（補足）点数範囲
4	安藤加奈	93	A		0	E		0〜39
5	五木涼介	75	C		40	D		40〜64
6	遠藤穂香	91	A		65	C		65〜79
7	大西海帆	74	C		80	B		80〜89
8	木戸安奈	89	B		90	A		90〜
9	国見陸人	47	D					
10	河野雄介	52	D					
11	佐野真美香	21	E					
12	鈴森蓮人	20	E					
13	瀬田果乃	50	D					
14	曽田美由紀	39	E					
15	立木悠斗	46	D					
16	堤本夕菜	58	D					
17	富田俊介	56	D					
18	永井冬弥	20	E					
19	西野砂羽	35	E					

セルC4のフィルハンドルを、セルC28までドラッグしてもかまいません。

12 ブック「Chap5_データを検索する関数」を上書き保存して閉じます。

OnePoint　HLOOKUP関数（検索用の表のデータが横に並ぶ場合）

検索用の表のデータが下図のように横に並ぶ場合はVLOOKUP関数が利用できません。このような場合はHLOOKUP関数を利用します。HLOOKUP関数の引数はVLOOKUP関数とほぼ同じです。3つ目の引数だけが"列番号"ではなく"行番号"になっています。

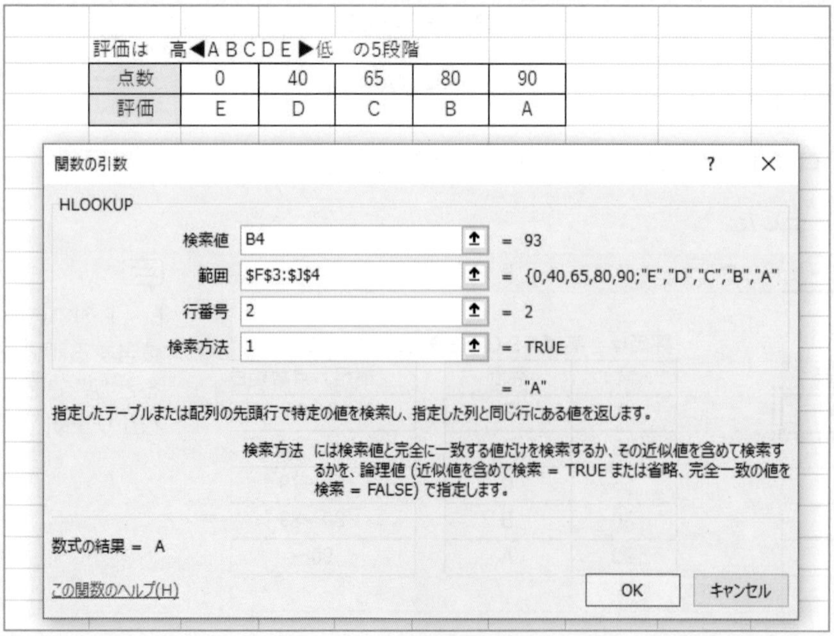

5-2 テーブル機能でデータベースを管理する

Excelでは、列と行に対してデータを規則的に並べることによって、たくさんのデータ（件数の多いデータ）を管理できます。蓄積したデータを整理し、集計や分析、検索など活用できるようにしたものを**データベース**と呼びます。データベースを作成することで、帳簿や売上履歴、顧客名簿、在庫管理など、さまざまな業務を効率化することが可能になります。

LESSON 1 | 表をテーブルに変換する

テーブルとは、たくさんのデータが規則的に並んだデータベース型の表を、より管理しやすい形式に変換したものです。テーブルの特徴には以下のようなものがあります。

テーブル機能の特徴

① 表全体に書式（テーブルスタイル）が設定される。またその書式はいつでも変更できる。

② 新規データの入力に合わせて表の書式や数式が自動的に拡張される。

③ 表の最終行に集計の値を表示できる。またいつでも解除できる。

④ 必要なデータだけを抽出（絞り込み）できる。

⑤ 任意の項目を基準にしてデータ全体を並べ替えることができる。

⑥ いつでも通常の表に戻すことができる。

データを検索する関数とテーブル機能

5

1 ブック「**Chap5_ スポーツシューズ納品履歴（テーブル）**」を開きます。

> 📁 スクール応用 _Excel 2019 ▶ 📁 CHAPTER5 ▶ E 「Chap5_ スポーツシューズ納品履歴（テーブル）」

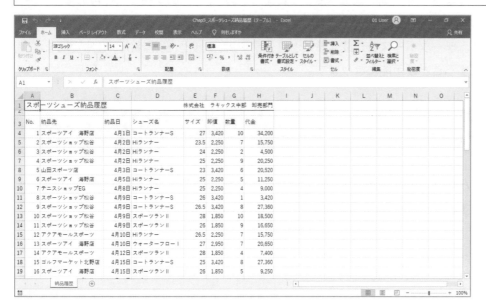

💬 実習用データはインターネットからダウンロードできます。詳細は本書のP.（4）に記載されています。

2 セル A3 〜 H63 の中の任意のセルをアクティブにします。

	A	B	C	D	E	F	G	H
1	スポーツシューズ納品履歴				株式会社	ラキックス中部	卸売部門	
2								
3	No.	納品先	納品日	シューズ名	サイズ	卸値	数量	代金
4	1	スポーツアイ　海野店	4月1日	コートランナーS	27	3,420	10	34,200
5	2	スポーツショップ松谷	4月2日	Hiランナー	23.5	2,250	7	15,750
6	3	スポーツショップ松谷	4月2日	Hiランナー	24	2,250	2	4,500
7	4	スポーツショップ松谷	4月2日	Hiランナー	25	2,250	9	20,250
8	5	山田スポーツ店	4月3日	コートランナーS	23	3,420	6	20,520
9	6	スポーツアイ　海野店	4月5日	Hiランナー	25	2,250	5	11,250
10	7	テニスショップEG	4月8日	Hiランナー	25	2,250	4	9,000
11	8	スポーツショップ松谷	4月9日	コートランナーS	26	3,420	1	3,420
12	9	スポーツショップ松谷	4月9日	コートランナーS	26.5	3,420	8	27,360
13	10	スポーツショップ松谷	4月9日	スポーツランⅡ	28	1,850	10	18,500
14	11	スポーツショップ松谷	4月9日	スポーツランⅡ	26	1,850	9	16,650
15	12	アクアモールスポーツ	4月10日	Hiランナー	26.5	2,250	7	15,750
16	13	スポーツアイ　海野店	4月10日	ウォーターフローⅠ	27	2,950	7	20,650
17	14	アクアモールスポーツ	4月12日	スポーツランⅡ	28	1,850	4	7,400
18	15	ゴルフマーケット北野店	4月15日	コートランナーS	25	3,420	8	27,360

💬 左図では、セル D5 をアクティブにしていますが、データが入力されたセルであれば、どのセルでもかまいません。テーブル化される範囲は自動的に認識されます。

3 ［ホーム］タブの［テーブルとして書式設定］ボタンをクリックします。

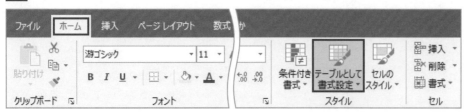

→ テーブルスタイルの一覧が表示されます。

4 ［中間］の種類から［青 , テーブルスタイル（中間）2］をクリックします。

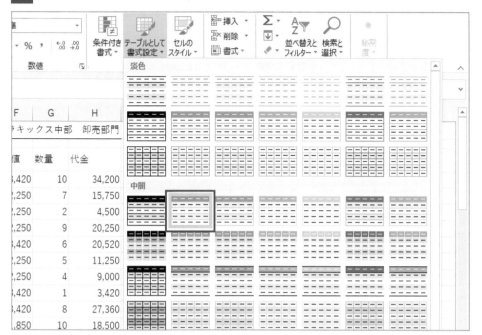

テーブル化と同時に設定する書式を指定しています。
今回は［テーブルスタイル（中間）2］を選択していますが、普段は目的に合わせて自由に選択します。

→［テーブルとして書式設定］ダイアログボックスが表示され、テーブル化する範囲が認識されます。

5 ［先頭行をテーブルの見出しとして使用する］チェックボックスがオンになっていることを確認します。

6 ［OK］をクリックします。

D	E	F	G	H	I
シューズ名	サイズ	卸値	数量	代金	
コートランナーS	27	3,420	10	34,200	
Hiランナー	23.5	2,250	7	15,750	
Hiランナー	24	2,250	2	4,500	
Hiランナー	25	2,250	9	20,250	
コートランナーS	23	3,420	6	20,520	
Hiランナー	25	2,250	5	11,250	
Hiランナー	25	2,250	4	9,000	
コートランナーS					
コートランナーS					
スポーツラン II					
スポーツラン II					
Hiランナー					
ウォーターフロー					
スポーツラン II	28	1,850	4	7,400	
コートランナーS	25	3,420	8	27,360	

テーブルとして書式設定　？　×

テーブルに変換するデータ範囲を指定してください(W)

=$A$3:$H$63　↑

☑ 先頭行をテーブルの見出しとして使用する(M)

5　OK　**6** ンセル

5

データを検索する関数とテーブル機能

→ セル A3 ～ H63 を［テーブルスタイル（中間）2］のテーブルに変換できました。

	A	B	C	D	E	F	G	H
3	No.	納品先	納品日	シューズ名	サイズ	卸値	数量	代金
4	1	スポーツアイ　海野店	4月1日	コートランナーS	27	3,420	10	34,200
5	2	スポーツショップ松谷	4月2日	Hiランナー	23.5	2,250	7	15,750
6	3	スポーツショップ松谷	4月2日	Hiランナー	24	2,250	2	4,500
7	4	スポーツショップ松谷	4月2日	Hiランナー	25	2,250	9	20,250
8	5	山田スポーツ店	4月3日	コートランナーS	23	3,420	6	20,520
9	6	スポーツアイ　海野店	4月5日	Hiランナー	25	2,250	5	11,250
10	7	テニスショップEG	4月8日	Hiランナー	25	2,250	4	9,000
11	8	スポーツショップ松谷	4月9日	コートランナーS	26	3,420	1	3,420
12	9	スポーツショップ松谷	4月9日	コートランナーS	26.5	3,420	8	27,360
13	10	スポーツショップ松谷	4月9日	スポーツランII	28	1,850	10	18,500
14	11	スポーツショップ松谷	4月9日	スポーツランII	26	1,850	9	16,650
15	12	アクアモールスポーツ	4月10日	Hiランナー	26.5	2,250	7	15,750
16	13	スポーツアイ　海野店	4月10日	ウォーターフローI	27	2,950	7	20,650
17	14	アクアモールスポーツ	4月12日	スポーツランII	28	1,850	4	7,400
18	15	ゴルフマーケット北野店	4月15日	コートランナーS	25	3,420	8	27,360
19	16	スポーツアイ　海野店	4月15日	スポーツランII	26	1,850	5	9,250
20	17	スポーツショップ松谷	4月16日	スポーツランII	26	1,850	10	18,500

テーブル化の設定直後
はセル範囲が選択され
た状態になります。
左図はその選択を解除
した状態です。

⏎OnePoint　通常の表とテーブルの見分け方

テーブル化された表の中のセルを選択すると、リボンに［テーブルツール］の［デザイン］というコンテキストタブが表示されます。また、テーブルの見出しのセルには ▼（フィルターボタン）が表示されます。これらの違いから、通常の表とテーブルとを見分けることができます。

［テーブルツール］の［デザイン］タブ

フィルターボタン

⏎OnePoint　テーブルに変換するその他の方法

LESSON では、データ内の任意のセルを選択した状態で、［テーブルとして書式設定］ボタンを使いましたが、［挿入］タブの［テーブル］ボタンをクリックすることでも表をテーブルに変換できます。
この場合、テーブルスタイルは既定のものが自動的に適用されます。

OnePoint　テーブルスタイルを変更するには

テーブル変換時に選んだテーブルスタイル（書式）は、いつでも変更することができます。テーブルスタイルを変更するには、テーブル内の任意のセルをアクティブにして［テーブルツール］の［デザイン］タブの［テーブルスタイル］の［その他］をクリックして、テーブルスタイルの一覧から設定したいスタイルをクリックします。

OnePoint　テーブル化する範囲が正しく識別されない場合

表のタイトルなどがテーブル化したいデータと隣接している場合、Excel がテーブル化する範囲を正しく識別できないことがあります。その場合は、あらかじめテーブル化したいセル範囲を選択してからテーブル化を実行するか、［テーブルとして書式設定］ダイアログボックスの［テーブルに変換するデータ範囲を指定してください］ボックス内の範囲を修正します。

表のタイトルとデータ範囲が隣接しているため、Excelがテーブル化する範囲を正しく識別できていません。

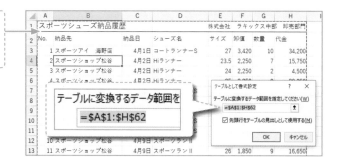

●対処方法1
あらかじめテーブル化したい範囲を選択したうえでテーブル化を実行します。

●対処方法2
［テーブルに変換するデータ範囲を指定してください］ボックス内の範囲を修正します。

LESSON 2 | テーブルにデータを追加する

テーブルの下に新規データを入力すると、データを追加した行までテーブルの書式と数式が自動的に拡張されます。通常の表なら手動で書式や数式をコピーする必要がありますが、テーブルの場合その手間を省くことができます。ただし、テーブルの最終行のすぐ下に入力したときしか効果は発揮されません。

62	59 アクアモールスポーツ	5月30日 ウォーターフロー I	23	2,950	8	23,600
63	60 スポーツアイ　海野店	5月30日 スポーツラン II	28	1,850	6	11,100
64	61					
65						

テーブル下にデータを入力すると…

⬇

62	59 アクアモールスポーツ	5月30日 ウォーターフロー I	23	2,950	8	23,600
63	60 スポーツアイ　海野店	5月30日 スポーツラン II	28	1,850	6	11,100
64	61					
65						

書式や数式が自動的に拡張されます。

STEP テーブルの最終行の下（64行目）にデータを追加する

1 テーブルの最終行が見えるまで画面を下へスクロールします。

	No.	納品先	納品日	シューズ名	サイズ	卸値	数量	代金
61	58	山田スポーツ店	5月29日	コートランナーS	27	3,420	4	13,680
62	59	アクアモールスポーツ	5月30日	ウォーターフロー I	23	2,950	8	23,600
63	60	スポーツアイ　海野店	5月30日	スポーツラン II	28	1,850	6	11,100
64								
65								
66								
67								
68								
69								
70								
71								

🗨 テーブルの場合、スクロールしても、見出しの項目が列番号の部分に常に表示されます。

	No.	納品先
61	58	山田スポー

2 セル A64 をアクティブにします。

61	58 山田スポーツ店	5月29日	コートランナーS
62	59 アクアモールスポーツ	5月30日	ウォーターフロー I
63	60 スポーツアイ　海野店	5月30日	スポーツラン II
64			
65			
66			
67			

3 半角で「61」と入力します。

62	59 アクアモールスポーツ	5月30日 ウォーターフロー I
63	60 スポーツアイ　海野店	5月30日 スポーツラン II
64	61	
65		
66		

まだセルの確定はしないでください。

4 キーボードの Tab キーを押してセルを確定します。

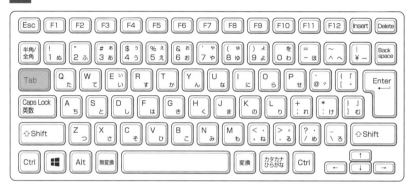

セルの確定は Enter キーでも行えますが、今回はセルへのデータ入力を右方向へ続けていくため Tab キーが便利です。

→ セルの確定と同時に、自動的に書式と数式が拡張されます。

	No.	納品先	納品日	シューズ名	サイズ	卸値	数量	代金
61	58	山田スポーツ店	5月29日	コートランナーS	27	3,420	4	13,680
62	59	アクアモールスポーツ	5月30日	ウォーターフロー I	23	2,950	8	23,600
63	60	スポーツアイ　海野店	5月30日	スポーツラン II	28	1,850	6	11,100
64	61							0
65								
66								
67								
68								

"代金"の列のセルには、自動的に"卸値*数量"の数式がコピーされています。

5 セル B64 に下図のように入力し、Tab キーで確定します。

62	59 アクアモールスポーツ	5月30日 ウォーターフロー I
63	60 スポーツアイ　海野店	5月30日 スポーツラン II
64	61 スポーツショップ松谷	
65		
66		

6 セル C64 に下図のように入力し、Tab キーで確定します。

62	59 アクアモールスポーツ	5月30日 ウォーターフロー I
63	60 スポーツアイ　海野店	5月30日 スポーツラン II
64	61 スポーツショップ松谷	2020/6/1
65		
66		

確定すると"6月1日"の形式に変化します。

7 64 行目の他のセルに下図のようにデータを入力します。

品日 ▼	シューズ名 ▼	サイズ ▼	卸値 ▼	数量 ▼	代金 ▼
5月29日	コートランナーS	27	3,420	4	13,680
5月30日	ウォーターフローⅠ	23	2,950	8	23,600
5月30日	スポーツランⅡ	28	1,850	6	11,100
6月1日	スポーツランⅡ	26	1,850	5	9,250

💬 "代金" のセルには数式が自動的にコピーされているため、結果の値が表示されます。

8 さらに 65 行目にも下図のようにデータを入力します。

62	59	アクアモールスポーツ	5月30日	ウォーターフローⅠ	23	2,950	8	23,600
63	60	スポーツアイ　海野店	5月30日	スポーツランⅡ	28	1,850	6	11,100
64	61	スポーツショップ松谷	6月1日	スポーツランⅡ	26	1,850	5	9,250
65	62	アクアモールスポーツ	6月1日	コートランナーS	23	3,420	2	6,840
66								
67								
68								

↩ OnePoint **入力済みデータのリストから選択して入力するには**

今回のような一覧表タイプの表にデータを入力するとき、入力済みデータのリストを表示して、その中から選択して入力できます。リストには同じ列に入力されているデータが表示されます。リストから入力することで、入力の効率が上がる、入力ミスが減るなどの利点があります。

入力済みリストは、Alt + ↓キーで表示できます。表示されたリストから↑↓キーで入力候補を選択しEnter キーで確定します。または入力候補をマウスでクリックします。

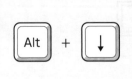

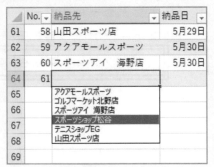

One Point　テーブルに集計行を表示するには

テーブルには合計やデータの個数などを表示する集計行の機能が備わっています。集計行を表示するには、テーブル内の任意のセルをアクティブにして、[テーブルツール]の[デザイン]タブの[集計行]チェックボックスをオンにします。

集計の種類を変更するには、集計のセルを選択したときに表示される ▼ をクリックして、集計方法の一覧から選択します。

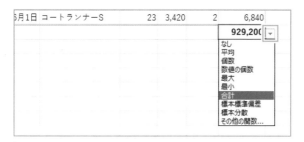

One Point　集計行を表示した状態でデータを追加入力するには

集計行を表示すると、テーブルの1行下に新規データを入力しても自動的に書式や数式が拡張されなくなってしまいます。集計行の表示後は、テーブル右下の ◢ マークにマウスポインターを合わせて下方向にドラッグし、テーブルの範囲を拡張してからデータを入力します。

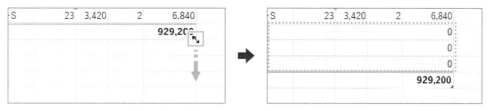

この方法は、集計行を表示していない状態でも、テーブルを一度に複数行拡張したいときや、最終行から1行以上間隔をあけてデータを入力したいときなどに便利です。
また、右方向へドラッグすれば列を拡張することもできます。

LESSON 3 | 特定のデータを抽出して表示する

たくさんのデータから目的のデータを探すのは大変な作業です。データの数をある程度絞り込めれば、データが探しやすくなります。データを絞り込んで表示することを抽出（フィルター）と言います。

表をテーブル化すると、見出しに ▼（フィルターボタン）が表示されます。このボタンを利用するとテーブル内の特定のデータだけを選んで表示できるため、"特定の納品先"や"特定の商品"だけを表示するといったことができます。

STEP ▶ 納品先が"アクアモールスポーツ"のデータだけを抽出する

1 テーブル内の任意のセル（下図ではセル A4）を選択します。

	A	B	C	D	E	F	G	H
1	スポーツシューズ納品履歴				株式会社	ラキックス中部	卸売部門	
2								
3	No.	納品先	納品日	シューズ名	サイズ	卸値	数量	代金
4	1	スポーツアイ　海野店	4月1日	コートランナーS	27	3,420	10	34,200
5	2	スポーツショップ松谷	4月2日	Hiランナー	23.5	2,250	7	15,750
6	3	スポーツショップ松谷	4月2日	Hiランナー	24	2,250	2	4,500
7	4	スポーツショップ松谷	4月2日	Hiランナー	25	2,250	9	20,250

2 セル B3（"納品先"の見出し）の ▼ をクリックします。

	A	B	C	D	E	F	G	H
1	スポーツシューズ納品履歴				株式会社	ラキックス中部	卸売部門	
2								
3	No.	納品先	納品日	シューズ名	サイズ	卸値	数量	代金
4	1	スポーツアイ　海野店	4月1日	コートランナーS	27	3,420	10	34,200
5	2	スポーツショップ松谷	4月2日	Hiランナー	23.5	2,250	7	15,750
6	3	スポーツショップ松谷	4月2日	Hiランナー	24	2,250	2	4,500
7	4	スポーツショップ松谷	4月2日	Hiランナー	25	2,250	9	20,250

→ 抽出の設定などを行うパネルが表示されます。

3	No.	納品先	納品日	シューズ名	サイズ	卸値	数量	代金
		昇順(S)	4月1日	コートランナーS	27	3,420	10	34,200
		降順(O)	4月2日	Hiランナー	23.5	2,250	7	15,750
		色で並べ替え(T) ▶	4月2日	Hiランナー	24	2,250	2	4,500
		シート ビュー(V) ▶	4月2日	Hiランナー	25	2,250	9	20,250
		"納品先" からフィルターをクリア(C)	4月3日	コートランナーS	23	3,420	6	20,520
		色フィルター(I) ▶	4月5日	Hiランナー	25	2,250	5	11,250
		テキスト フィルター(F) ▶	4月8日	Hiランナー	25	2,250	4	9,000
		検索 🔎	4月9日	コートランナーS	26	3,420	1	3,420
		☑(すべて選択)	4月9日	コートランナーS	26.5	3,420	8	27,360
		☑アクアモールスポーツ	4月9日	スポーツランII	28	1,850	10	18,500
		☑ゴルフマーケット北野店	4月9日	スポーツランII	26	1,850	9	16,650
		☑スポーツアイ　海野店	4月10日	Hiランナー	26.5	2,250	7	15,750
		☑スポーツショップ松谷	4月10日	ウォーターフローI	27	2,950	7	20,650
		☑テニスショップEG	4月12日	スポーツランII	28	1,850	4	7,400
		☑山田スポーツ店	4月15日	コートランナーS	25	3,420	8	27,360
			4月15日	スポーツランII	26	1,850	5	9,250
		OK　キャンセル	4月16日	スポーツランII	26	1,850	10	18,500
21	18	スポーツショップ松谷	4月16日	ウォーターフローI	24	2,950	6	17,700

3 ［（すべて選択)］のチェックボックスをクリックしてオフにします。

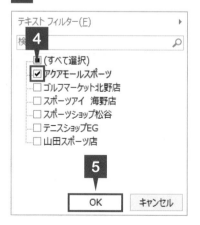

4 ［アクアモールスポーツ］のチェックボックスをクリックしてオンにします。

5 ［OK］をクリックします。

🗩
対象外の項目を1つずつオフにしていくよりも効率的です。

→ 納品先が"アクアモールスポーツ"のデータだけを抽出できました。

	A	B	C	D	E	F	G	H
3	No.	納品先	納品日	シューズ名	サイズ	卸値	数量	代金
15	12	アクアモールスポーツ	4月10日	Hiランナー	26.5	2,250	7	15,750
17	14	アクアモールスポーツ	4月12日	スポーツランⅡ	28	1,850	4	7,400
29	26	アクアモールスポーツ	4月22日	スポーツランⅡ	24	1,850	4	7,400
34	31	アクアモールスポーツ	4月25日	Hiランナー	26	2,250	6	13,500
43	40	アクアモールスポーツ	5月8日	コートランナーS	25	3,420	6	20,520
50	47	アクアモールスポーツ	5月15日	スポーツランⅡ	24	1,850	5	9,250
53	50	アクアモールスポーツ	5月20日	ウォーターフローⅠ	25	2,950	9	26,550
54	51	アクアモールスポーツ	5月21日	コートランナーS	28	3,420	2	6,840
62	59	アクアモールスポーツ	5月30日	ウォーターフローⅠ	23	2,950	8	23,600
65	62	アクアモールスポーツ	6月1日	コートランナーS	23	3,420	2	6,840
66								
67								
68								
69								
70								
71								
72								
73								

納品履歴 ⊕

62 レコード中 10 個が見つかりました

"納品先"の ▼ が ▼ に変わります。これはこの列のデータをもとに抽出が行われていることを表しています。

OnePoint **現在の抽出条件や件数を簡単に確認するには**

データの抽出が行われている列の ▼ にマウスポインターを合わせると、その列の抽出条件が確認できます。また、ステータスバーでは、抽出結果の件数を確認することができます。

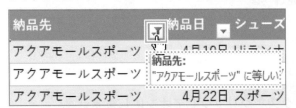

OnePoint **複数の項目に抽出条件を設定する**

抽出は複数の項目で行うこともできます。たとえば、納品先を"アクアモールスポーツ"で抽出した後、さらにシューズ名などでも抽出を行えば、より条件を絞ってデータを表示できます。

	A	B	C	D	E	F	G	H
3	No.	納品先	納品日	シューズ名	サイズ	卸値	数量	代金
43	40	アクアモールスポーツ	5月8日	コートランナーS	25	3,420	6	20,520
54	51	アクアモールスポーツ	5月21日	コートランナーS	28	3,420	2	6,840
65	62	アクアモールスポーツ	6月1日	コートランナーS	23	3,420	2	6,840
66								

STEP 納品先に設定されているデータの抽出を解除する

1 データの抽出が行われている "納品先" の ![フィルター] フィルターボタンをクリックします。

2 ["納品先" からフィルターをクリア] をクリックします。

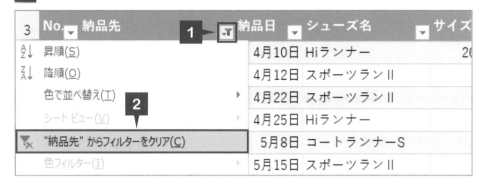

→ "納品先" のデータの抽出を解除できました。

	A	B	C	D	E	F	G	H
3	No.	納品先	納品日	シューズ名	サイズ	卸値	数量	代金
4	1	スポーツアイ　海野店	4月1日	コートランナーS	27	3,420	10	34,200
5	2	スポーツショップ松谷	4月2日	Hiランナー	23.5	2,250	7	15,750
6	3	スポーツショップ松谷	4月2日	Hiランナー	24	2,250	2	4,500
7	4	スポーツショップ松谷	4月2日	Hiランナー	25	2,250	9	20,250
8	5	山田スポーツ店	4月3日	コートランナーS	23	3,420	6	20,520
9	6	スポーツアイ　海野店	4月5日	Hiランナー	25	2,250	5	11,250
10	7	テニスショップEG	4月8日	Hiランナー	25	2,250	4	9,000
11	8	スポーツショップ松谷	4月9日	コートランナーS	26	3,420	1	3,420
12	9	スポーツショップ松谷	4月9日	コートランナーS	26.5	3,420	8	27,360
13	10	スポーツショップ松谷	4月9日	スポーツランⅡ	28	1,850	10	18,500
14	11	スポーツショップ松谷	4月9日	スポーツランⅡ	26	1,850	9	16,650

💬
"納品先" の ![T] が ![▼] に戻ります。
このマークの変化を見ることで、他にも抽出が残っていないかどうかを確認することができます。

5

データを検索する関数とテーブル機能

🔄 **OnePoint** 抽出を解除するその他の方法

抽出の解除は以下のいずれかの方法でも行えます。

● [(すべて選択)] チェックボックスをオン

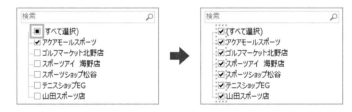

● [データ] タブの [クリア] ボタンをクリック

また、テーブル機能自体を解除すると、抽出の効果も自動的に解除されます。

LESSON 4 | さまざまな条件を指定してデータを抽出する

数値フィルターや日付フィルターを利用してさらに詳細な条件で抽出を行うこともできます。
ここではトップテン、特定の範囲の数値、特定の期間の日付などを条件にデータの抽出を行います。

STEP "代金"の上位5項目のデータを抽出する

1 テーブル内の任意のセルを選択します。

2 セル H3（"代金"）に表示されている ▽ フィルターボタンをクリックします。

3 ［数値フィルター］にマウスポインターを合わせて［トップテン］をクリックします。

→ ［トップテン オートフィルター］ダイアログボックスが表示されます。

4 項目数を "5"（上位5項目）に変更します。

5 ［OK］をクリックします。

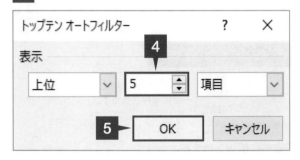

→ "代金"の上位5項目のデータを抽出できました。

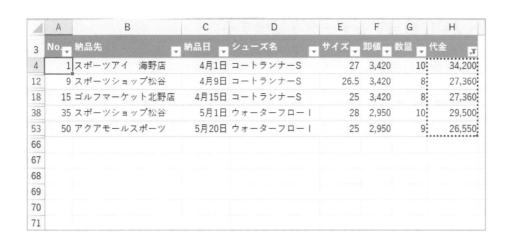

上位5項目の抽出は行われますが、自動的に上位順に並べ替わりません。
並べ替えの操作はLESSON5（P.212）で学習します。

One Point　［トップテン オートフィルター］ダイアログボックス

［トップテン オートフィルター］ダイアログボックスでは、"上位項目"のほか、"下位項目"でもデータを抽出できます。また、項目数ではなく、全体の何パーセントという指定のしかたもできます。

"上位"、"下位"の切り替えができます。

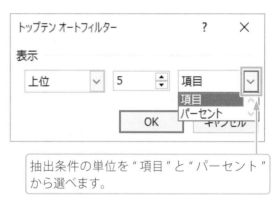

抽出条件の単位を"項目"と"パーセント"から選べます。

STEP **"代金"に設定されているデータの抽出を解除する**

1 データの抽出が行われている"代金"の ![icon] をクリックします。

2 ["代金"からフィルターをクリア]をクリックします。

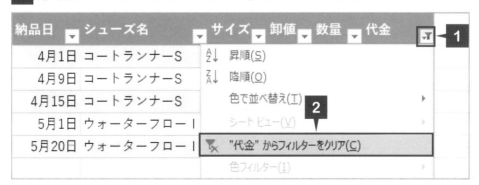

→ "代金"のデータの抽出を解除できました。

5
データを検索する関数とテーブル機能

STEP ▶ "サイズ"が"23 ～ 24"に該当するデータを抽出する

1 テーブル内の任意のセルを選択します。

2 セル E3（"サイズ"）に表示されている ▾ フィルターボタンをクリックします。

3 ［数値フィルター］にマウスポインターを合わせて［指定の範囲内］をクリックします。

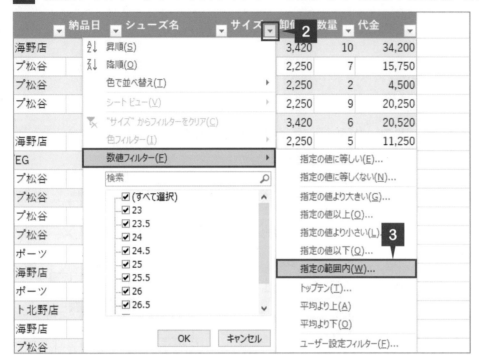

→［オートフィルター オプション］ダイアログボックスが表示されます。

4 ［サイズ］のボックスの1つ目に半角で「23」と入力します。右のボックスが"以上"となっていることを確認します。

5 ［サイズ］のボックスの2つ目に半角で「24」と入力します。右のボックスが"以下"となっていることを確認します。

6 ［AND］が ◉ になっていることを確認します。

7 ［OK］をクリックします。

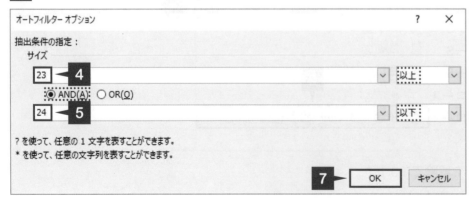

→ "サイズ" が "23 〜 24" に該当するデータを抽出できました。

	A	B	C	D	E	F	G	H
3	No.	納品先	納品日	シューズ名	サイズ	卸値	数量	代金
5	2	スポーツショップ松谷	4月2日	Hiランナー	23.5	2,250	7	15,750
6	3	スポーツショップ松谷	4月2日	Hiランナー	24	2,250	2	4,500
8	5	山田スポーツ店	4月3日	コートランナーS	23	3,420	6	20,520
21	18	スポーツショップ松谷	4月16日	ウォーターフローI	24	2,950	6	17,700
24	21	テニスショップEG	4月18日	コートランナーS	23	3,420	3	10,260
25	22	スポーツアイ　海野店	4月19日	ウォーターフローI	23.5	2,950	8	23,600
26	23	ゴルフマーケット北野店	4月19日	Hiランナー	24	2,250	6	13,500
29	26	アクアモールスポーツ	4月22日	スポーツランII	24	1,850	4	7,400
30	27	スポーツショップ松谷	4月22日	コートランナーS	23	3,420	5	17,100
36	33	山田スポーツ店	4月28日	ウォーターフローI	23.5	2,950	5	14,750
39	36	スポーツショップ松谷	5月1日	スポーツランII	23.5	1,850	2	3,700
41	38	テニスショップEG	5月1日	スポーツランII	24	1,850	5	9,250
46	43	スポーツショップ松谷	5月10日	コートランナーS	23	3,420	4	13,680
48	45	スポーツアイ　海野店	5月12日	Hiランナー	24	2,250	9	20,250
49	46	スポーツショップ松谷	5月15日	スポーツランII	23	1,850	3	5,550
50	47	アクアモールスポーツ	5月15日	スポーツランII	24	1,850	5	9,250
57	54	山田スポーツ店	5月24日	スポーツランII	23	1,850	9	16,650
60	57	テニスショップEG	5月28日	スポーツランII	24	1,850	6	11,100
62	59	アクアモールスポーツ	5月30日	ウォーターフローI	23	2,950	8	23,600
65	62	アクアモールスポーツ	6月1日	コートランナーS	23	3,420	2	6,840
66								
67								

納品履歴　　＋

62 レコード中 20 個が見つかりました

STEP　"サイズ"に設定されているデータの抽出を解除する

1 データの抽出が行われている "サイズ" の ▼ フィルターボタンをクリックします。

2 ["サイズ" からフィルターをクリア] をクリックします。

納品日	シューズ名	サイズ	卸値	数量	代金
A↓ 昇順(S)			2,250	7	15,750
Z↓ 降順(O)			2,250	2	4,500
色で並べ替え(T)	▶		3,420	6	20,520
シート ビュー(V)	▶		2,950	6	17,700
"サイズ" からフィルターをクリア(C)			3,420	3	10,260
色フィルター(I)	▶		2,950	8	23,600
✓ 数値フィルター(F)	▶		2,250	6	13,500

→ "サイズ" に設定されているデータの抽出を解除できました。

STEP "納品日"が"2020/4/1 ～ 2020/4/7"に該当するデータを抽出する

1 テーブル内の任意のセルを選択します。

2 セルC3（"納品日"）に表示されている ▼ フィルターボタンをクリックします。

3 ［日付フィルター］にマウスポインターを合わせて［指定の範囲内］をクリックします。

→ ［オートフィルター オプション］ダイアログボックスが表示されます。

4 ［納品日］のボックスの1つ目に半角で「2020/4/1」と入力します。右のボックスが"以降"となっていることを確認します。

5 ［納品日］のボックスの2つ目に半角で「2020/4/7」と入力します。右のボックスが"以前"となっていることを確認します。

6 ［AND］が ● になっていることを確認します。

7 ［OK］をクリックします。

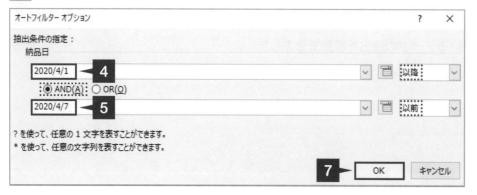

年数も入力しないと正しく抽出できません。

→ "納品日" が "2020/4/1 ～ 2020/4/7" に該当するデータを抽出できました。

	A	B	C	D	E	F	G	H
3	No.	納品先	納品日	シューズ名	サイズ	卸値	数量	代金
4	1	スポーツアイ　海野店	4月1日	コートランナーS	27	3,420	10	34,200
5	2	スポーツショップ松谷	4月2日	Hiランナー	23.5	2,250	7	15,750
6	3	スポーツショップ松谷	4月2日	Hiランナー	24	2,250	2	4,500
7	4	スポーツショップ松谷	4月2日	Hiランナー	25	2,250	9	20,250
8	5	山田スポーツ店	4月3日	コートランナーS	23	3,420	6	20,520
9	6	スポーツアイ　海野店	4月5日	Hiランナー	25	2,250	5	11,250
66								
67								
68								
69								
70								
71								
72								
73								
74								
75								
76								
77								

納品履歴　⊕

62 レコード中 6 個が見つかりました

STEP "納品日"に設定されているデータの抽出を解除する

1 データの抽出が行われている "納品日" の 🔽 フィルターボタンをクリックします。

2 ["納品日" からフィルターをクリア] をクリックします。

→ "納品日" に設定されているデータの抽出を解除できました。

LESSON 5 | データを並べ替える

抽出と並んでテーブルの便利な機能である並べ替えは、基準とする項目を選んで昇順（小さい順）または降順（大きい順）で行を並べ直すものです。数値だけではなく、文字列の比較によって並べ替えることもできます（データ入力時の読みの五十音順）。

並べ替えは便利ですが、抽出とは違い、いったん並べ替えたデータを解除する（元の並び順に戻す）機能が用意されていません。そのため、元の並び順に戻すには、最初の並び順を記した項目（今回の表なら"№."の列）をあらかじめ設けておく必要があります。

STEP "代金"の昇順（小さい順）にデータを並べ替える

1 テーブル内の任意のセルを選択します。

2 セルH3（"代金"）に表示されている ▼ フィルターボタンをクリックします。

3 ［昇順］をクリックします。

3	No. ▼	納品先	納品日 ▼	シューズ名 ▼	サイズ ▼	卸値 ▼	数量 ▼	代金 ▼
4	1	スポーツアイ　海野店	4月1日	コートランナーS				昇順(S)
5	2	スポーツショップ松谷	4月2日	Hiランナー				降順(O)
6	3	スポーツショップ松谷	4月2日	Hiランナー				色で並べ替え
7	4	スポーツショップ松谷	4月2日	Hiランナー				シートビュー
8	5	山田スポーツ店	4月3日	コートランナーS				"代金"からフィルターをクリア(C)
9	6	スポーツアイ　海野店	4月5日	Hiランナー				色フィルター(I)
10	7	テニスショップEG	4月8日	Hiランナー				数値フィルター(F)

→ "代金"の昇順にデータを並べ替えました。

	A	B	C	D	E	F	G	H
3	No. ▼	納品先	納品日 ▼	シューズ名 ▼	サイズ ▼	卸値 ▼	数量 ▼	代金 ↑
4	8	スポーツショップ松谷	4月9日	コートランナーS	26	3,420	1	3,420
5	36	スポーツショップ松谷	5月1日	スポーツランII	23.5	1,850	2	3,700
6	41	テニスショップEG	5月8日	スポーツランII	26	1,850	2	3,700
7	3	スポーツショップ松谷	4月2日	Hiランナー	24	2,250	2	4,500
8	44	山田スポーツ店	5月10日	Hiランナー	28	2,250	2	4,500
9	19	スポーツショップ松谷	4月16日	スポーツランII	27	1,850	3	5,550
10	46	スポーツショップ松谷	5月15日	スポーツランII	23	1,850	3	5,550
11	25	山田スポーツ店	4月21日	ウォーターフローI	27	2,950	2	5,900
12	28	スポーツショップ松谷	4月22日	コートランナーS	24.5	3,420	2	6,840
13	51	アクアモールスポーツ	5月21日	コートランナーS	28	3,420	2	6,840
14	62	アクアモールスポーツ	6月1日	コートランナーS	23	3,420	2	6,840
15	14	アクアモールスポーツ	4月12日	スポーツランII	28	1,850	4	7,400
16	26	アクアモールスポーツ	4月22日	スポーツランII	24	1,850	4	7,400
17	53	スポーツショップ松谷	5月24日	ウォーターフローI	27	2,950	3	8,850
18	7	テニスショップEG	4月8日	Hiランナー	25	2,250	4	9,000
19	16	スポーツアイ　海野店	4月15日	スポーツランII	26	1,850	5	9,250
20	38	テニスショップEG	5月1日	スポーツランII	24	1,850	5	9,250
21	47	アクアモールスポーツ	5月15日	スポーツランII	24	1,850	5	9,250

💬 "代金"の ▼ が ↑ に変わり、データの並べ替えが行われていることを表しています。

STEP　"代金"の降順（大きい順）にデータを並べ替える

1　テーブル内の任意のセルを選択します。

2　セル H3（" 代金 "）に表示されている フィルターボタンをクリックします。

3　[降順] をクリックします。

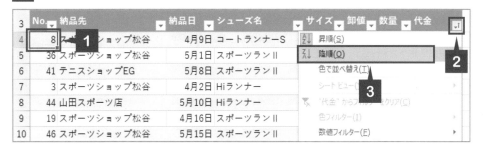

→ " 代金 " の降順にデータを並べ替えました。

	A	B	C	D	E	F	G	H	
3	No.	納品先	納品日	シューズ名	サイズ	卸値	数量	代金	
4	1	スポーツアイ　海野店	4月1日	コートランナーS	27	3,420	10	34,200	
5	35	スポーツショップ松谷	5月1日	ウォーターフロー I	28	2,950	10	29,500	
6	9	スポーツショップ松谷	4月9日	コートランナーS	26.5	3,420	8	27,360	
7	15	ゴルフマーケット北野店	4月15日	コートランナーS	25	3,420	8	27,360	
8	50	アクアモールスポーツ	5月20日	ウォーターフロー I	25	2,950	9	26,550	
9	22	スポーツアイ　海野店	4月19日	ウォーターフロー I	23.5	2,950	8	23,600	
10	24	ゴルフマーケット北野店	4月21日	ウォーターフロー I	24.5	2,950	8	23,600	
11	39	スポーツアイ　海野店	5月2日	ウォーターフロー I	25	2,950	8	23,600	
12	59	アクアモールスポーツ	5月30日	ウォーターフロー I	23	2,950	8	23,600	
13	49	スポーツアイ　海野店	5月19日	Hiランナー	25.5	2,250	10	22,500	
14	13	スポーツアイ　海野店	4月10日	ウォーターフロー I	27	2,950	7	20,650	
15	5	山田スポーツ店	4月3日	コートランナーS	23	3,420	6	20,520	
16	40	アクアモールスポーツ	5月8日	コートランナーS	25	3,420	6	20,520	
17	4	スポーツショップ松谷	4月2日	Hiランナー	25	2,250	9	20,250	
18	30	スポーツショップ松谷	4月22日	Hiランナー	27	2,250	9	20,250	
19	42	ゴルフマーケット北野店	5月9日	Hiランナー	25	2,250	9	20,250	
20	45	スポーツアイ　海野店	5月12日	Hiランナー	24	2,250	9	20,250	
21	10	スポーツショップ松谷	4月9日	スポーツラン II	28	1,850	10	18,500	

" 代金 " の が に変わり、データの並べ替えが行われていることを表しています。

4　同様の方法でデータを " 納品日 " の昇順に並べ替えます。

	A	B	C	D	E	F	G	H	
3	No.	納品先	納品日	シューズ名	サイズ	卸値	数量	代金	
4	1	スポーツアイ　海野店	4月1日	コートランナーS	27	3,420	10	34,200	
5	4	スポーツショップ松谷	4月2日	Hiランナー	25	2,250	9	20,250	
6	2	スポーツショップ松谷	4月2日	Hiランナー	23.5	2,250	7	15,750	
7	3	スポーツショップ松谷	4月2日	Hiランナー	24	2,250	2	4,500	
8	5	山田スポーツ店	4月3日	コートランナーS	23	3,420	6	20,520	
9	6	スポーツアイ　海野店	4月5日	Hiランナー	25	2,250	5	11,250	
10	7	テニスショップEG	4月8日	Hiランナー	25	2,250	4	9,000	
11	9	スポーツショップ松谷	4月9日	コートランナーS	26.5	3,420	8	27,360	
12	10	スポーツショップ松谷	4月9日	スポーツラン II	28	1,850	10	18,500	
13	11	スポーツショップ松谷	4月9日	スポーツラン II	26	1,850	9	16,650	
14	8	スポーツショップ松谷	4月9日	コートランナーS	26	3,420	1	3,420	
15	13	スポーツアイ　海野店	4月10日	ウォーターフロー I	27	2,950	7	20,650	
16	12	アクアモールスポーツ	4月10日	Hiランナー	26.5	2,250	7	15,750	

5 同様の方法でデータを"納品先"の降順に並べ替えます。

3	No.	納品先	納品日	シューズ名	サイズ	卸値	数量	代金
	A	B	C	D	E	F	G	H
4	5	山田スポーツ店	4月3日	コートランナーS	23	3,420	6	20,520
5	25	山田スポーツ店	4月21日	ウォーターフローI	27	2,950	2	5,900
6	32	山田スポーツ店	4月28日	スポーツランII	26	1,850	9	16,650
7	33	山田スポーツ店	4月28日	ウォーターフローI	23.5	2,950	5	14,750
8	44	山田スポーツ店	5月10日	Hiランナー	28	2,250	2	4,500
9	54	山田スポーツ店	5月24日	スポーツランII	23	1,850	9	16,650
10	58	山田スポーツ店	5月29日	コートランナーS	27	3,420	4	13,680
11	7	テニスショップEG	4月8日	Hiランナー	25	2,250	4	9,000
12	21	テニスショップEG	4月18日	コートランナーS	23	3,420	3	10,260
13	38	テニスショップEG	5月1日	スポーツランII	24	1,850	5	9,250
14	41	テニスショップEG	5月8日	スポーツランII	26	1,850	2	3,700
15	48	テニスショップEG	5月19日	コートランナーS	26	3,420	4	13,680
16	57	テニスショップEG	5月28日	スポーツランII	24	1,850	6	11,100
17	4	スポーツショップ松谷	4月2日	Hiランナー	25	2,250	9	20,250
18	2	スポーツショップ松谷	4月2日	Hiランナー	23.5	2,250	7	15,750

文字列が入力されたセルを並べ替える場合、昇順は五十音順、降順はその逆順となります。

並べ替えは、左図のように同じ入力内容のデータをまとめたいときにも役立ちます。

6 同様の方法でデータを"No."の昇順（最初の並び順）に並べ替えます。

3	No.	納品先	納品日	シューズ名	サイズ	卸値	数量	代金
	A	B	C	D	E	F	G	H
4	1	スポーツアイ　海野店	4月1日	コートランナーS	27	3,420	10	34,200
5	2	スポーツショップ松谷	4月2日	Hiランナー	23.5	2,250	7	15,750
6	3	スポーツショップ松谷	4月2日	Hiランナー	24	2,250	2	4,500
7	4	スポーツショップ松谷	4月2日	Hiランナー	25	2,250	9	20,250
8	5	山田スポーツ店	4月3日	コートランナーS	23	3,420	6	20,520
9	6	スポーツアイ　海野店	4月5日	Hiランナー	25	2,250	5	11,250
10	7	テニスショップEG	4月8日	Hiランナー	25	2,250	4	9,000
11	8	スポーツショップ松谷	4月9日	コートランナーS	26	3,420	1	3,420
12	9	スポーツショップ松谷	4月9日	コートランナーS	26.5	3,420	8	27,360
13	10	スポーツショップ松谷	4月9日	スポーツランII	28	1,850	10	18,500
14	11	スポーツショップ松谷	4月9日	スポーツランII	26	1,850	9	16,650
15	12	アクアモールスポーツ	4月10日	Hiランナー	26.5	2,250	7	15,750
16	13	スポーツアイ　海野店	4月10日	ウォーターフローI	27	2,950	7	20,650
17	14	アクアモールスポーツ	4月12日	スポーツランII	28	1,850	4	7,400
18	15	ゴルフマーケット北野店	4月15日	コートランナーS	25	3,420	8	27,360

このように、最初の並び順を記した項目を設けておくと、元の並び順に戻すことができます。

→ さまざまなデータを基準に並べ替えができることを確認できました。

LESSON **6** | データを複数レベルで並べ替える

納品先順に並べ替えたうえで、同じ納品先のデータはシューズ名順に並べ替え、さらに同じ
シューズ名のデータはサイズ順に並べ替えたいという場合などは、［並べ替え］ダイアログボッ
クスを使って複数の条件（レベル）を指定できます。
［並べ替え］ダイアログボックスには**レベルの追加**というボタンが用意されており、レベルを追
加することで並べ替えの条件を複数追加していくことが可能になります。

3	No.	納品先	納品日	シューズ名	サイズ	卸値	数量	代金
4	12	アクアモールスポーツ	4月10日	Hiランナー	26.5	2,250	7	15,750
5	31	アクアモールスポーツ	4月25日	Hiランナー	26	2,250	6	13,500
6	50	アクアモールスポーツ	5月20日	ウォーターフロー I	25	2,950	9	26,550
7	59	アクアモールスポーツ	5月30日	ウォーターフロー I	23	2,950	8	23,600
8	51	ア	5月21日				2	6,840
9	40	ア	5月8日				6	20,520
10	62	ア	6月1日				2	6,840
11	14	ア	4月12日				4	7,400
12	26	アクアモールスポーツ	4月22日	スポーツランII	24	1,850	4	7,400
13	47	アクアモールスポーツ	5月15日	スポーツランII	24	1,850	5	9,250
14	42	ゴルフマーケット北野店	5月9日	Hiランナー	25	2,250	9	20,250
15	23	ゴルフマーケット北野店	4月19日	Hiランナー	24	2,250	6	13,500
16	24	ゴルフマーケット北野店	4月21日	ウォーターフロー I	24.5	2,950	8	23,600

① "納品先" の昇順　　② "シューズ名" の昇順　　③ "サイズ" の降順

STEP 複数の条件（レベル）を指定してデータを並べ替える

1 テーブル内の任意のセルを選択します。

2 ［データ］タブの［並べ替え］ボタンをクリックします。

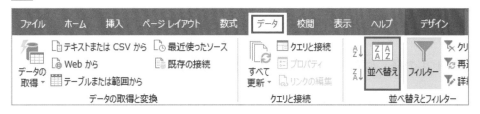

→ ［並べ替え］ダイアログボックスが表示されます。

3 ［列］の［最優先されるキー］の ▽ をクリックして［納品先］をクリックします。

4 ［並べ替えのキー］は［セルの値］に、［順序］は［昇順］になっていることを確認します。

5 ［レベルの追加］をクリックします。

→［次に優先されるキー］が表示されます。

6 ［列］の［次に優先されるキー］の ∨ をクリックして［シューズ名］をクリックします。

7 ［並べ替えのキー］は［セルの値］に、［順序］は［昇順］になっていることを確認します。

8 ［レベルの追加］をクリックします。

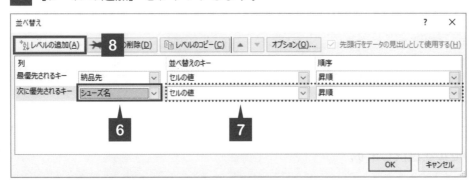

→ もう1つ［次に優先されるキー］が表示されます。

9 ［列］の［次に優先されるキー］の ∨ をクリックして［サイズ］をクリックします。

10 ［並べ替えのキー］が［セルの値］になっていることを確認します。

11 ［順序］の ∨ をクリックして［大きい順］をクリックします。

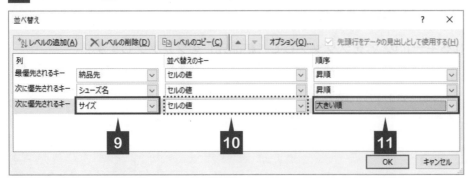

12 ［OK］をクリックします。

→ 表のデータを納品先の昇順、シューズ名の昇順、サイズの降順に並べ変えることができました。

	A	B	C	D	E
1	スポーツシューズ納品履歴				株式会社
2					
3	No.	納品先	納品日	シューズ名	サイズ
4	12	アクアモールスポーツ	4月10日	Hiランナー	26.5
5	31	アクアモールスポーツ	4月25日	Hiランナー	26
6	50	アクアモールスポーツ	5月20日	ウォーターフローⅠ	25
7	59	アクアモールスポーツ	5月30日	ウォーターフローⅠ	23
8	51	アクアモールスポーツ	5月21日	コートランナーS	28
9	40	アクアモールスポーツ	5月8日	コートランナーS	25
10	62	アクアモールスポーツ	6月1日	コートランナーS	23
11	14	アクアモールスポーツ	4月12日	スポーツランⅡ	28
12	26	アクアモールスポーツ	4月22日	スポーツランⅡ	24
13	47	アクアモールスポーツ	5月15日	スポーツランⅡ	24
14	42	ゴルフマーケット北野店	5月9日	Hiランナー	25
15	23	ゴルフマーケット北野店	4月19日	Hiランナー	24
16	24	ゴルフマーケット北野店	4月21日	ウォーターフローⅠ	24.5
17	55	ゴルフマーケット北野店	5月24日	コートランナーS	26.5
18	15	ゴルフマーケット北野店	4月15日	コートランナーS	25

ここではテーブルに変換した表を用いて学習しましたが、通常の表でも［並べ替え］ダイアログボックスを使って複数レベルで並べ替えることができます。

13 データを"No."の昇順（最初の並び順）に並べ替えます。

14 ブック「Chap5_ スポーツシューズ納品履歴（テーブル）」を上書き保存して閉じます。

⊕ One Point　**設定した並べ替えのレベルを削除するには**

一度［並べ替え］ダイアログボックスで並べ替えのレベルを設定すると、次に［並べ替え］ダイアログボックスを使用するときに以前の設定が残った状態になります。不要な並べ替えレベルがある場合は、対象のレベルをクリックして選択し、［レベルの削除］ボタンをクリックして削除します。

また、作成済みのレベルとよく似た条件を作成したい場合には［レベルのコピー］を、レベルの順番を変更したい場合には ▲▼ をクリックして設定できます。

データを検索する関数とテーブル機能　5

OnePoint テーブルを解除して通常の表に戻すには

基本的にテーブルのままでも問題はありませんが、テーブル化を解除して作業を終えたいときは以下の
方法を行うことで通常の表に戻すことができます。

1 テーブル内のすべての抽出を解除します。

2 データを最初の並び順に並べ直します。

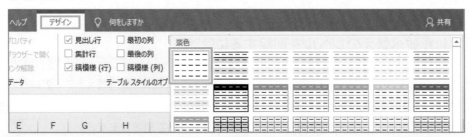

3 解除後の表に集計行が必要でない場合は解除します。

4 解除後の表にテーブルスタイルが必要でない場合は解除します。("なし"に設定)

5 [テーブルツール] の [デザイン] タブの [範囲に変換] をクリックします。

6 テーブル解除の確認メッセージの [はい] をクリックします。

学習の まとめ | **CHAPTER 5 章末練習問題**

【章末練習問題 1】洋菓子受注入力表（VLOOKUP）

📁 スクール応用 _Excel 2019 ▶ 📁 CHAPTER5 ▶ 📁 章末練習問題 ▶ E 「Chap5_ 洋菓子受注入力表（VLOOKUP）」

---

1 ブック「Chap5_ 洋菓子受注入力表（VLOOKUP）」を開きましょう。

2 セル D4 に、VLOOKUP 関数を使って"商品番号"に該当する"商品名"を表示しましょう。
※検索用の範囲にはセル範囲 I4～K12 を使用します。

$$=VLOOKUP(\underset{\text{検索値}}{\boxed{\quad}}, \underset{\text{範囲}}{\boxed{\qquad\qquad\qquad}}, \underset{\text{列番号}}{\boxed{\quad}}, \underset{\text{検索方法}}{\boxed{\quad}})$$

3 作成した数式をセル D17 までコピーしましょう。
※商品番号を入力していない行にはエラー値が表示されますが今回はそのまま進めます。

4 セル F4 に、VLOOKUP 関数を使って"商品番号"に該当する"単価"を表示しましょう。

5 作成した数式をセル F17 までコピーしましょう。
※商品番号を入力していない行には"#N/A"というエラー値が表示されますが、今回はそのまま進めます。

6 完成例を参考にして、セル C11～C17 とセル E11～E17 に"商品番号"と"個数"のデータを入力しましょう。
※"商品名"と"単価"のセルには VLOOKUP 関数の数式が入力されているため自動的にデータが表示されます。

7 上書き保存してブックを閉じましょう

<完成例>

	A	B	C	D	E	F	G	H
1				◎洋菓子◎　受注データ入力表				
2								
3	管理No.	受注日	商品番号	商品名	個数	単価	金額	
4	1	2021/4/1	201	生チョコレート（マイルド）	13	1,150	14,950	
5	2	2021/4/1	301	フルーツケーキ	10	2,300	23,000	
6	3	2021/4/1	201	生チョコレート（マイルド）	15	1,150	17,250	
7	4	2021/4/2	202	生チョコレート（ビター）	12	1,200	14,400	
8	5	2021/4/2	302	ナッツケーキ	11	2,100	23,100	
9	6	2021/4/2	102	フィナンシェ（10個入り）	13	1,600	20,800	
10	7	2021/4/3	101	ダックワーズ（10個入り）	14	1,900	26,600	
11	8	2021/4/3	303	バウムクーヘン	10	2,400	24,000	
12	9	2021/4/3	103	マドレーヌ（10個入り）	15	1,500	22,500	
13	10	2021/4/4	201	生チョコレート（マイルド）	13	1,150	14,950	
14	11	2021/4/4	101	ダックワーズ（10個入り）	10	1,900	19,000	
15	12	2021/4/4	302	ナッツケーキ	9	2,100	18,900	
16	13	2021/4/5	202	生チョコレート（ビター）	8	1,200	9,600	
17	14	2021/4/5	102	フィナンシェ（10個入り）	12	1,600	19,200	
18								

データを検索する関数とテーブル機能

【章末練習問題 2】洋菓子注文管理表（テーブル）

📁 スクール応用_Excel 2019 ▶ 📁 CHAPTER5 ▶ 📁 章末練習問題 ▶ Ｅ「Chap5_洋菓子注文管理表（テーブル）」

1 ブック「Chap5_洋菓子注文管理表（テーブル）」を開きましょう。

2 セル範囲 A3 ～ G262 をテーブルに変換しましょう。テーブルスタイルは "ゴールド、テーブルスタイル（中間）5" を使用します。

3 263 行目、264 行目（テーブルの下の行）に次のデータを入力しましょう。

- データを入力すると自動的に書式と数式が拡張されます。"商品名" と "単価" のセルには VLOOKUP 関数の数式が入力されているので自動的に該当データが表示されます。

	管理No. ▼	受注日 ▼	商品番号 ▼	商品名 ▼	販売個 ▼	単価 ▼	金額 ▼
261	258	2021/6/30	103	マドレーヌ（10個入り）	1	1,500	1,500
262	259	2021/6/30	203	生チョコレート（ホワイト）	1	1,350	1,350
263	260	2021/6/30	201	生チョコレート（マイルド）	5	1,150	5,750
264	261	2021/6/30	301	フルーツケーキ	2	2,300	4,600
265							
266							
267							
268							

4 "商品番号" が "303" のデータだけを抽出しましょう（25 件）。

3	管理No. ▼	受注日 ▼	商品番号 ▼	商品名 ▼	販売個数 ▼	単価 ▼	金額 ▼
17	14	2021/4/4	303	バウムクーヘン	3	2,400	7,200
26	23	2021/4/8	303	バウムクーヘン	1	2,400	2,400
47	44	2021/4/16	303	バウムクーヘン	3	2,400	7,200
56	53	2021/4/20	303	バウムクーヘン	1	2,400	2,400
57	54	2021/4/20	303	バウムクーヘン	1	2,400	2,400
62	59	2021/4/21	303	バウムクーヘン	3	2,400	7,200
76	73	2021/4/27	303	バウムクーヘン	3	2,400	7,200
77	74	2021/4/27	303	バウムクーヘン	3	2,400	7,200
82	79	2021/4/30	303	バウムクーヘン	2	2,400	4,800
97	94	2021/5/3	303	バウムクーヘン	8	2,400	19,200
108	105	2021/5/9	303	バウムクーヘン	3	2,400	7,200
166	163	2021/5/26	303	バウムクーヘン	3	2,400	7,200
168	165	2021/5/27	303	バウムクーヘン	3	2,400	7,200
173	170	2021/5/29	303	バウムクーヘン	2	2,400	4,800
193	190	2021/6/4	303	バウムクーヘン	3	2,400	7,200
197	194	2021/6/5	303	バウムクーヘン	2	2,400	4,800

Sheet1 ＋

261 レコード中 25 個が見つかりました

5 先ほどの抽出に加えて、"商品番号"が"103"のデータも抽出しましょう（44件）。

3	管理No.	受注日	商品番号	商品名	販売個数	単価	金額
17	14	2021/4/4	303	バウムクーヘン	3	2,400	7,200
26	23	2021/4/8	303	バウムクーヘン	1	2,400	2,400
32	29	2021/4/9	103	マドレーヌ（10個入り）	3	1,500	4,500
44	41	2021/4/14	103	マドレーヌ（10個入り）	1	1,500	1,500
47	44	2021/4/16	303	バウムクーヘン	3	2,400	7,200
49	46	2021/4/18	103	マドレーヌ（10個入り）	2	1,500	3,000
56	53	2021/4/20	303	バウムクーヘン	1	2,400	2,400
57	54	2021/4/20	303	バウムクーヘン	1	2,400	2,400
62	59	2021/4/21	303	バウムクーヘン	3	2,400	7,200
76	73	2021/4/27	303	バウムクーヘン	3	2,400	7,200
77	74	2021/4/27	303	バウムクーヘン	3	2,400	7,200
82	79	2021/4/30	303	バウムクーヘン	2	2,400	4,800
86	83	2021/5/1	103	マドレーヌ（10個入り）	5	1,500	7,500
91	88	2021/5/2	103	マドレーヌ（10個入り）	3	1,500	4,500
95	92	2021/5/3	103	マドレーヌ（10個入り）	1	1,500	1,500
97	94	2021/5/3	303	バウムクーヘン	8	2,400	19,200
108	105	2021/5/9	303	バウムクーヘン	3	2,400	7,200

Sheet1

261 レコード中 44 個が見つかりました

6 先ほどの抽出に加えて、"受注日"が"5月"のデータも抽出しましょう（14件）

3	管理No.	受注日	商品番号	商品名	販売個数	単価	金額
86	83	2021/5/1	103	マドレーヌ（10個入り）	5	1,500	7,500
91	88	2021/5/2	103	マドレーヌ（10個入り）	3	1,500	4,500
95	92	2021/5/3	103	マドレーヌ（10個入り）	1	1,500	1,500
97	94	2021/5/3	303	バウムクーヘン	8	2,400	19,200
108	105	2021/5/9	303	バウムクーヘン	3	2,400	7,200
112	109	2021/5/11	103	マドレーヌ（10個入り）	3	1,500	4,500
116	113	2021/5/13	103	マドレーヌ（10個入り）	1	1,500	1,500
124	121	2021/5/15	103	マドレーヌ（10個入り）	3	1,500	4,500
138	135	2021/5/18	103	マドレーヌ（10個入り）	1	1,500	1,500
140	137	2021/5/19	103	マドレーヌ（10個入り）	1	1,500	1,500
150	147	2021/5/21	103	マドレーヌ（10個入り）	2	1,500	3,000
166	163	2021/5/26	303	バウムクーヘン	3	2,400	7,200
168	165	2021/5/27	303	バウムクーヘン	3	2,400	7,200
173	170	2021/5/29	303	バウムクーヘン	2	2,400	4,800
265							
266							

Sheet1

261 レコード中 14 個が見つかりました

7 現在のテーブルのデータを"商品名"の昇順に並べ替えましょう。

3	管理No.	受注日	商品番号	商品名	販売個数	単価	金額
86	94	2021/5/3	303	バウムクーヘン	8	2,400	19,200
91	105	2021/5/9	303	バウムクーヘン	3	2,400	7,200
95	163	2021/5/26	303	バウムクーヘン	3	2,400	7,200
97	165	2021/5/27	303	バウムクーヘン	3	2,400	7,200
108	170	2021/5/29	303	バウムクーヘン	2	2,400	4,800
112	83	2021/5/1	103	マドレーヌ（10個入り）	5	1,500	7,500
116	88	2021/5/2	103	マドレーヌ（10個入り）	3	1,500	4,500
124	92	2021/5/3	103	マドレーヌ（10個入り）	1	1,500	1,500
138	109	2021/5/11	103	マドレーヌ（10個入り）	3	1,500	4,500
140	113	2021/5/13	103	マドレーヌ（10個入り）	1	1,500	1,500
150	121	2021/5/15	103	マドレーヌ（10個入り）	3	1,500	4,500
166	135	2021/5/18	103	マドレーヌ（10個入り）	1	1,500	1,500
168	137	2021/5/19	103	マドレーヌ（10個入り）	1	1,500	1,500
173	147	2021/5/21	103	マドレーヌ（10個入り）	2	1,500	3,000
265							

8 現在の抽出を解除して、"管理No."の昇順（最初の並び順）に並べ替えた後、"金額"の上位5項目を抽出しましょう。

3	管理No.	受注日	商品番号	商品名	販売個数	単価	金額
24	21	2021/4/7	301	フルーツケーキ	12	2,300	27,600
33	30	2021/4/10	104	焼き菓子詰め合わせ	15	2,100	31,500
69	66	2021/4/23	301	フルーツケーキ	18	2,300	41,400
187	184	2021/6/3	102	フィナンシェ（10個入り）	18	1,600	28,800
198	195	2021/6/6	303	バウムクーヘン	15	2,400	36,000
265							

9 現在の抽出を解除して、"販売個数"が5個以上10個以下のデータを抽出しましょう（16件）。

3	管理No.	受注日	商品番号	商品名	販売個数	単価	金額
45	42	2021/4/15	201	生チョコレート（マイルド）	10	1,150	11,500
54	51	2021/4/19	302	ナッツケーキ	6	2,100	12,600
75	72	2021/4/25	302	ナッツケーキ	9	2,100	18,900
86	83	2021/5/1	103	マドレーヌ（10個入り）	5	1,500	7,500
97	94	2021/5/3	303	バウムクーヘン	8	2,400	19,200
99	96	2021/5/4	201	生チョコレート（マイルド）	6	1,150	6,900
127	124	2021/5/16	202	生チョコレート（ビター）	6	1,200	7,200
133	130	2021/5/17	201	生チョコレート（マイルド）	8	1,150	9,200
142	139	2021/5/20	201	生チョコレート（マイルド）	6	1,150	6,900
148	145	2021/5/21	202	生チョコレート（ビター）	9	1,200	10,800
188	185	2021/6/4	203	生チョコレート（ホワイト）	10	1,350	13,500
190	187	2021/6/4	301	フルーツケーキ	5	2,300	11,500
195	192	2021/6/5	104	焼き菓子詰め合わせ	6	2,100	12,600
210	207	2021/6/11	201	生チョコレート（マイルド）	6	1,150	6,900
243	240	2021/6/26	101	ダックワーズ（10個入り）	6	1,900	11,400
263	260	2021/6/30	201	生チョコレート（マイルド）	5	1,150	5,750
265							
266							
267							
268							

Sheet1 ⊕

261 レコード中 16 個が見つかりました

10 現在の抽出を解除して、"金額"が 20,000 円より大きいデータを抽出しましょう（10 件）。

3	管理No.	受注日	商品番号	商品名	販売個数	単価	金額
11	8	2021/4/3	101	ダックワーズ（10個入り）	11	1,900	20,900
24	21	2021/4/7	301	フルーツケーキ	12	2,300	27,600
33	30	2021/4/10	104	焼き菓子詰め合わせ	15	2,100	31,500
69	66	2021/4/23	301	フルーツケーキ	18	2,300	41,400
141	138	2021/5/19	302	ナッツケーキ	12	2,100	25,200
146	143	2021/5/20	101	ダックワーズ（10個入り）	12	1,900	22,800
187	184	2021/6/3	102	フィナンシェ（10個入り）	18	1,600	28,800
198	195	2021/6/6	303	バウムクーヘン	15	2,400	36,000
204	201	2021/6/9	202	生チョコレート（ビター）	18	1,200	21,600
253	250	2021/6/28	101	ダックワーズ（10個入り）	11	1,900	20,900
265							
266							
267							
268							
269							
270							
271							
272							

Sheet1

261 レコード中 10 個が見つかりました

11 現在の抽出を解除して、"受注日"が 2021/ 5/ 1 から 2021/ 5/ 6 までのデータを抽出しましょう（19 件）。

3	管理No.	受注日	商品番号	商品名	販売個数	単価	金額
85	82	2021/5/1	201	生チョコレート（マイルド）	1	1,150	1,150
86	83	2021/5/1	103	マドレーヌ（10個入り）	5	1,500	7,500
87	84	2021/5/1	203	生チョコレート（ホワイト）	3	1,350	4,050
88	85	2021/5/1	101	ダックワーズ（10個入り）	3	1,900	5,700
89	86	2021/5/1	104	焼き菓子詰め合わせ	3	2,100	6,300
90	87	2021/5/1	104	焼き菓子詰め合わせ	3	2,100	6,300
91	88	2021/5/2	103	マドレーヌ（10個入り）	3	1,500	4,500
92	89	2021/5/2	101	ダックワーズ（10個入り）	1	1,900	1,900
93	90	2021/5/3	104	焼き菓子詰め合わせ	3	2,100	6,300
94	91	2021/5/3	201	生チョコレート（マイルド）	11	1,150	12,650
95	92	2021/5/3	103	マドレーヌ（10個入り）	1	1,500	1,500
96	93	2021/5/3	201	生チョコレート（マイルド）	1	1,150	1,150
97	94	2021/5/3	303	バウムクーヘン	8	2,400	19,200
98	95	2021/5/4	102	フィナンシェ（10個入り）	2	1,600	3,200
99	96	2021/5/4	201	生チョコレート（マイルド）	6	1,150	6,900
100	97	2021/5/4	102	フィナンシェ（10個入り）	3	1,600	4,800
101	98	2021/5/5	101	ダックワーズ（10個入り）	3	1,900	5,700
102	99	2021/5/6	203	生チョコレート（ホワイト）	2	1,350	2,700
103	100	2021/5/6	203	生チョコレート（ホワイト）	1	1,350	1,350
265							

Sheet1

261 レコード中 19 個が見つかりました

5

データを検索する関数とテーブル機能

12 現在の抽出を解除して、テーブルのデータを"金額"の降順（大きい順）に並べ替えましょう。

3	管理No.	受注日	商品番号	商品名	販売個数	単価	金額
4	66	2021/4/23	301	フルーツケーキ	18	2,300	41,400
5	195	2021/6/6	303	バウムクーヘン	15	2,400	36,000
6	30	2021/4/10	104	焼き菓子詰め合わせ	15	2,100	31,500
7	184	2021/6/3	102	フィナンシェ（10個入り）	18	1,600	28,800
8	21	2021/4/7	301	フルーツケーキ	12	2,300	27,600
9	138	2021/5/19	302	ナッツケーキ	12	2,100	25,200
10	143	2021/5/20	101	ダックワーズ（10個入り）	12	1,900	22,800
11	201	2021/6/9	202	生チョコレート（ビター）	18	1,200	21,600
12	8	2021/4/3	101	ダックワーズ（10個入り）	11	1,900	20,900
13	250	2021/6/28	101	ダックワーズ（10個入り）	11	1,900	20,900
14	81	2021/4/30	102	フィナンシェ（10個入り）	12	1,600	19,200
15	94	2021/5/3	303	バウムクーヘン	8	2,400	19,200
16	72	2021/4/25	302	ナッツケーキ	9	2,100	18,900
17	7	2021/4/3	202	生チョコレート（ビター）	15	1,200	18,000
18	111	2021/5/12	202	生チョコレート（ビター）	15	1,200	18,000
19	34	2021/4/12	203	生チョコレート（ホワイト）	12	1,350	16,200
20	185	2021/6/4	203	生チョコレート（ホワイト）	10	1,350	13,500
21	91	2021/5/3	201	生チョコレート（マイルド）	11	1,150	12,650
22	51	2021/4/19	302	ナッツケーキ	6	2,100	12,600
23	192	2021/6/5	104	焼き菓子詰め合わせ	6	2,100	12,600

13 テーブルのデータを"受注日"の昇順（古い順）に並べ替え、同じ"受注日"のデータは"商品名"の昇順に、同じ商品名のデータは"販売個数"の降順（大きい順）に並べ替えましょう。

3	管理No.	受注日	商品番号	商品名	販売個数	単価	金額
4	2	2021/4/1	301	フルーツケーキ	3	2,300	6,900
5	3	2021/4/1	201	生チョコレート（マイルド）	3	1,150	3,450
6	1	2021/4/1	201	生チョコレート（マイルド）	1	1,150	1,150
7	5	2021/4/2	302	ナッツケーキ	1	2,100	2,100
8	6	2021/4/2	202	生チョコレート（ビター）	3	1,200	3,600
9	4	2021/4/2	202	生チョコレート（ビター）	2	1,200	2,400
10	8	2021/4/3	101	ダックワーズ（10個入り）	11	1,900	20,900
11	10	2021/4/3	301	フルーツケーキ	1	2,300	2,300
12	7	2021/4/3	202	生チョコレート（ビター）	15	1,200	18,000
13	9	2021/4/3	202	生チョコレート（ビター）	3	1,200	3,600
14	11	2021/4/3	201	生チョコレート（マイルド）	1	1,150	1,150
15	12	2021/4/4	302	ナッツケーキ	2	2,100	4,200
16	14	2021/4/4	303	バウムクーヘン	3	2,400	7,200
17	13	2021/4/4	104	焼き菓子詰め合わせ	2	2,100	4,200
18	18	2021/4/5	104	焼き菓子詰め合わせ	2	2,100	4,200
19	15	2021/4/5	202	生チョコレート（ビター）	2	1,200	2,400
20	17	2021/4/5	203	生チョコレート（ホワイト）	2	1,350	2,700
21	16	2021/4/5	201	生チョコレート（マイルド）	1	1,150	1,150
22	20	2021/4/6	102	フィナンシェ（10個入り）	3	1,600	4,800
23	19	2021/4/6	203	生チョコレート（ホワイト）	3	1,350	4,050

14 テーブルのデータをはじめの並び順（"管理No."の昇順）に並べ替えましょう。

15 ブックを上書き保存して閉じましょう。

6

複数ページの印刷に
役立つ機能を利用する

ここでは印刷に関するさまざまな設定を学習します。ページの上
部や下部の余白に各種情報を印刷できるヘッダーとフッター、任
意の位置でページを区切る改ページのほか、すべてのページにタ
イトル行を印刷する方法も学習します。

6-1 ヘッダーとフッターを設定する

Excel のワークシートは行や列の設定によってページの境目が変化することが多いため、ページの上部や下部に情報を印刷するのは非常に困難です。たとえば、ページの下部に入力したつもりの情報がいつの間にか次ページの上部にずれているということが起こります。ここでは、そのようなことを気にしなくても常にページの上部や下部に情報を印刷する方法を学習します。

LESSON 1 | ヘッダー、フッターとは

ワークシートを印刷すると用紙の上部と下部には余白ができますが、この余白に情報を印刷する機能がヘッダー（上余白）、フッター（下余白）です。
ヘッダーとフッターは、上余白または下余白に文字列を直接入力できるほか、下図のようにさまざまな情報を挿入することができます。

ヘッダー

会社のロゴなど、
画像を挿入できます。

現在の日付を
挿入できます。

他にも以下の情報を
挿入できます。

・総ページ数
・現在の時刻
・ファイルのパス
・シート名
・ファイル名

※通常の文字列も入
　力できます。

ページ番号を
挿入できます。

フッター

ヘッダーとフッターの特徴

・すべてのページの同じ位置に同じ情報を印刷できます（ページ番号はページごとに変化）。
・入力できるエリアは、左、中央、右の3つの領域に分かれていて自由に指定できます。
・挿入した情報は、"&" と " [ ] （角カッコ）" で囲まれた特殊なコードで表示されます。

LESSON 2 │ 編集に適した表示モードに切り替える

Excelでは作業の内容に応じて表示モードを切り替えることができます。用意されている表示モードは3種類で、［表示］タブの［標準］ボタン、［ページレイアウト］ボタン、［改ページプレビュー］ボタンで切り替えることができます。ヘッダーとフッターの設定時は、主にページレイアウトという表示モードを使用します。

3つの表示モードの特徴

標準	表の作成時やデータの閲覧時など、多くの場面で利用する基本の表示モードです。印刷結果のイメージが分かりにくいという面もあります。
ページレイアウト	印刷結果に近い表示モードです。余白を含んだイメージやページの変わる位置が分かりやすく、ヘッダーやフッターの編集にも適しています。
改ページプレビュー	改ページ（ページの区切り位置）を調整しながらシートの編集ができる表示モードです。データ件数が多いときなど、複数ページにわたる表を編集するのに適しています。

ページレイアウトの画面構成

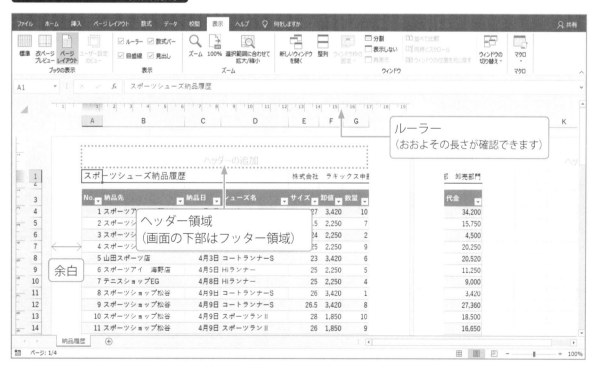

6

複数ページの印刷に役立つ機能を利用する

STEP 画面の表示モードを"ページレイアウト"に切り替える

1 ブック「Chap6_ スポーツシューズ納品履歴（印刷）」を開きます。

> 📁 スクール応用_Excel 2019 ▶ 📁 CHAPTER6 ▶ 📄「Chap6_ スポーツシューズ納品履歴（印刷）」

💬 実習用データはインターネットからダウンロードできます。詳細は本書のP. (4) に記載されています。

CHAPTER5 で作成したブック「Chap5_ スポーツシューズ納品履歴（テーブル）」を引き続き利用することもできます。

2 ［表示］タブの［ページレイアウト］ボタンをクリックします。

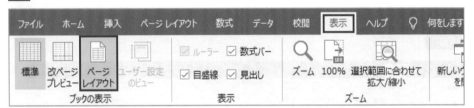

→ 画面の表示モードを"ページレイアウト"に切り替えることができました。

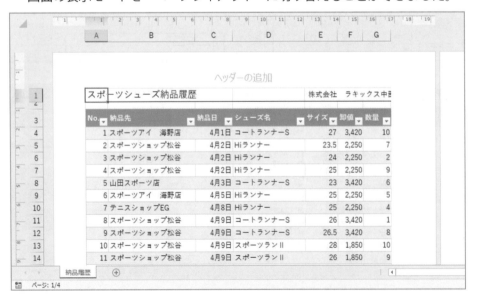

💬 ページレイアウトには、画面下部のステータスバーの［ページレイアウト］ボタンでも切り替えられます。

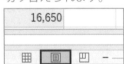

LESSON 3 | ヘッダーに現在の日付を挿入する

まずはヘッダーに現在の日付を挿入します。挿入した日付はブックを開くたびに更新されます。
そのため、いつでも印刷を実行した日付が印刷されます。

STEP　ヘッダーに現在の日付を挿入する

1 ヘッダーの右側のボックス内をクリックします。

→ ヘッダー右側のボックス内に、カーソルが右揃えの状態で表示されます。また、リボンには［ヘッダー
/フッター ツール］の［デザイン］タブが表示されます。

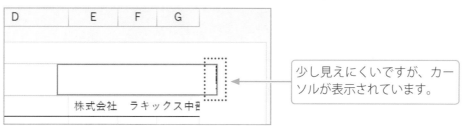

少し見えにくいですが、カーソルが表示されています。

2 ［ヘッダー/フッター ツール］の［デザイン］タブの［現在の日付］ボタンをクリックします。

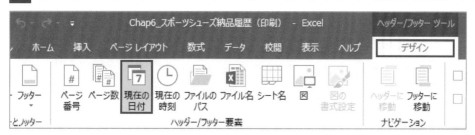

→ ヘッダーの右側のボックスに "&[日付]" と表示されます。

この時点では、"&" から始まる特殊なコードで表示されます。

3 ワークシート内の任意のセル（ヘッダーとフッター以外の場所）をクリックします。

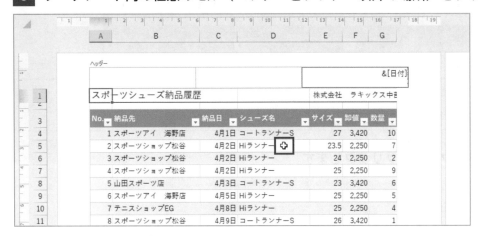

ヘッダーとフッターに挿入した日付は、ワークシート内のセルを選択することで結果を確認できます。

→ ヘッダーに現在の日付が挿入できました。

日付は操作時のものが表示されるため、左図と異なっていても問題ありません。

OnePoint　常に同じ日付（更新されない日付）を表示するには

［現在の日付］ボタンで挿入した日付は、ブックを開くたびに更新されます。常に同じ日付をヘッダーやフッターに挿入したい場合は、以下のように直接入力します。

STEP ヘッダーに挿入した日付のフォントサイズを変更する

1 ヘッダーの右側のボックス内をクリックします。

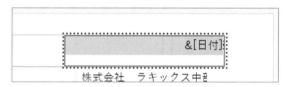

→ ボックス内が灰色に覆われ、選択された状態になります。

2 ［ホーム］タブの［フォントサイズ］ボタンの▼をクリックして、［9］をクリックします。

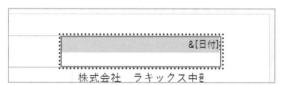

→ フォントサイズが 9pt に変更され、小さくなります。

3 ワークシート内の任意のセル（ヘッダーとフッター以外の場所）をクリックします。

→ ヘッダーの右側のボックス内のフォントサイズを 9pt に変更できました。

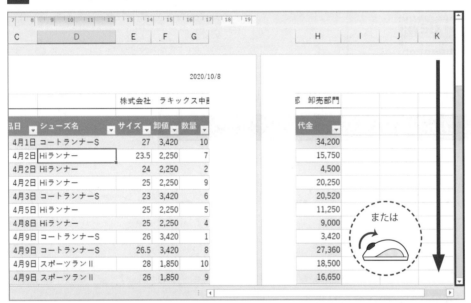

STEP 画面をスクロールして 2 ページ目のヘッダーを確認する

1 2 ページ目が見えるまで画面を下へスクロールします。

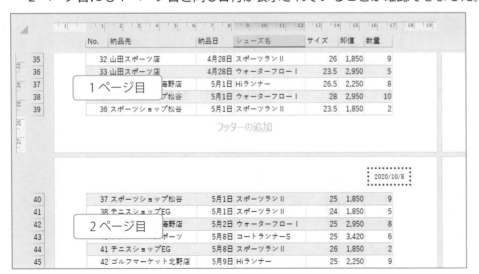

ヘッダーとフッターの特徴は、すべてのページの同じ位置に同じ種類の情報が表示されることです。
ここではそれを確認するために、2 ページ目ヘッダーが見える位置までスクロールしています。

→ 2 ページ目にも 1 ページ目と同じ日付が表示されていることが確認できました。

LESSON **4** フッターにページ番号を挿入する

印刷物が複数ページに及ぶ場合、ページ番号を挿入できます。ヘッダーとフッターの特徴はすべてのページに同じ内容を印刷できることですが、ページ番号はそれぞれのページに合わせたナンバーが印刷されます。ここではフッターの中央にページ番号を挿入します。

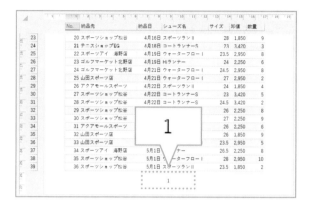
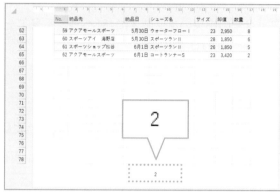

STEP フッターにページ番号を挿入する

1 1ページ目のフッターが見える位置まで画面をスクロールします。

2 フッターの中央のボックス内をクリックします。

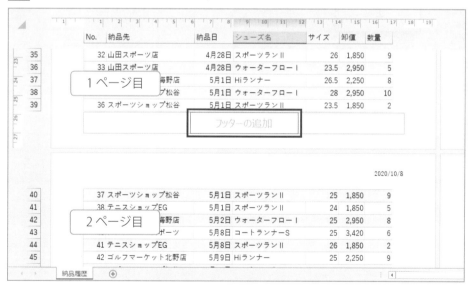

→ カーソルがフッターの中央のボックス内へ移動します。

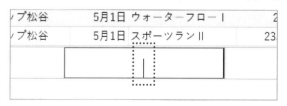

3 [ヘッダー / フッター ツール] の [デザイン] タブの [ページ番号] ボタンをクリックします。

→ フッターの中央のボックスに "&[ページ番号]" というコードが表示されます。

4 ワークシート内の任意のセル（ヘッダーとフッター以外の場所）をクリックします。

→ フッターにページ番号が挿入されていることが確認できました。

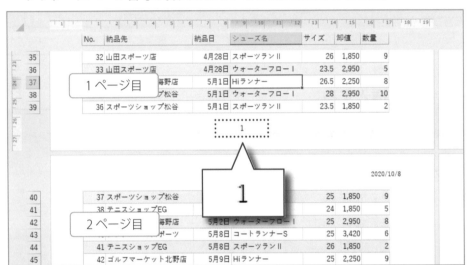

💬
1 ページ目に "2" と表示された場合は [ページ番号] ではなく誤って [ページ数] ボタンをクリックしたことが考えられます。

5 2 ページ目のフッターが見える位置まで画面を下へスクロールします。

→ 2 ページ目にもページ番号が挿入されていることが確認できました。

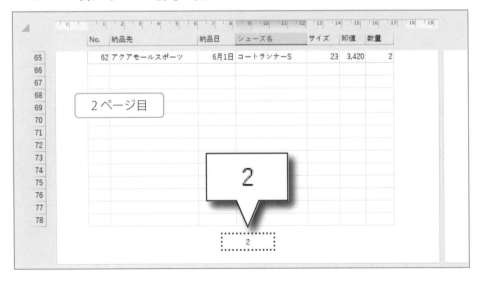

One Point　ヘッダーとフッター間の移動

LESSON では、画面をスクロールしてフッターエリアを直接クリックしましたが、ヘッダーとフッターの領域にカーソルがある状態なら［ヘッダー / フッター ツール］の［デザイン］タブの［ヘッダーに移動］ボタン、［フッターに移動］ボタンが便利です。ヘッダー、フッター間でカーソルを移動できます。

One Point　総ページ数を表示するには

ページ番号だけでなく、総ページ数も表示したい場合は、［ヘッダー / フッター ツール］の［デザイン］タブの［ページ数］ボタンを使用します。

ページ番号とページ数の間に区切りになる文字を直接入力することもできます。

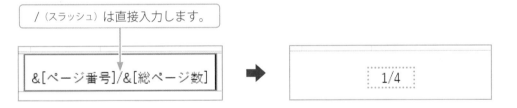

One Point　ヘッダーとフッターを削除するには

ヘッダーとフッターは、通常の文字と同様に Delete キーや Backspace キーで削除できます。

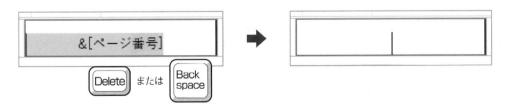

6

複数ページの印刷に役立つ機能を利用する

LESSON 5 ヘッダーに画像を挿入する

ヘッダーとフッターには画像を挿入することもできます。画像はパソコンに保存されているものやインターネットからダウンロードしたものを利用できます。

挿入直後の画像はヘッダーとフッターの枠内に収まらないことが多いため、本レッスンでは挿入後にサイズを調整する操作も合わせて学習します。

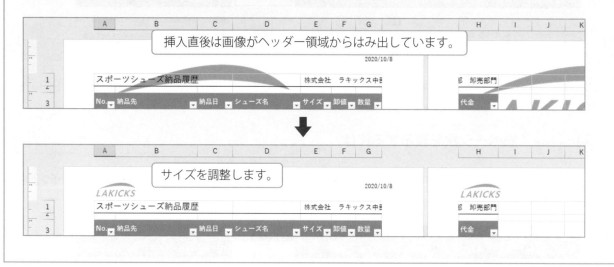

挿入直後は画像がヘッダー領域からはみ出しています。

サイズを調整します。

STEP ヘッダーに画像「会社ロゴマーク」を挿入する

1 1ページ目のヘッダーが見える位置まで画面を上へスクロールします。

2 ヘッダーの左側のボックス内でクリックします。

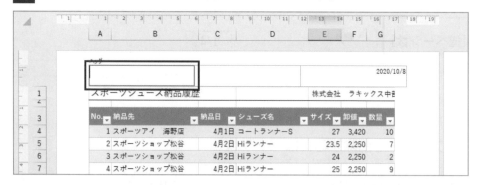

3 [ヘッダー / フッター ツール] の [デザイン] タブの [図] ボタンをクリックします。

→ [画像の挿入] ウィンドウが表示されます。

4 ［ファイルから］の［参照▸］をクリックします。

→ ［図の挿入］ダイアログボックスが表示されます。

5 「スクール応用_Excel2019」フォルダーの「CHAPTER6」フォルダーに移動します。

6 「会社ロゴマーク」をクリックします。

7 ［挿入］をクリックします。

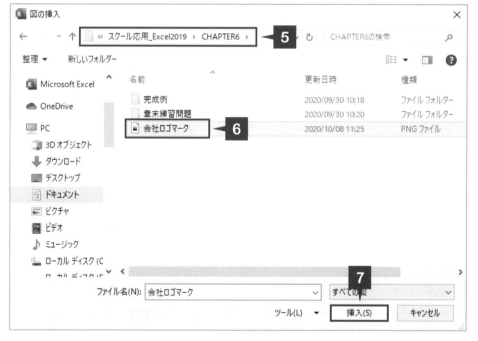

💬
画像ファイル「会社ロ
ゴマーク」が見つから
ない場合は次のページ
の OnePoint を参考に
してください。

→ ヘッダーの左側のボックスに "&[図]" というコードが表示されます。

複数ページの印刷に役立つ機能を利用する

6

8 ワークシート内の任意のセル（ヘッダーとフッター以外の場所）をクリックします。

→ ヘッダーに画像（図）を挿入できました。

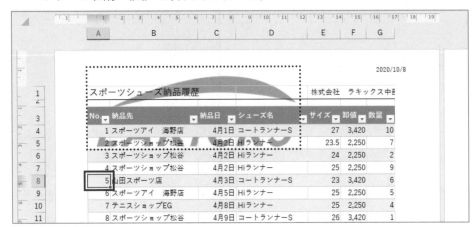

この時点では画像が
ヘッダーのボックス
からはみ出しています
が、次の操作でサイズ
を調整しますので、問
題はありません。

OnePoint 画像「会社ロゴマーク」が見つからない場合（ファイルの検索）

画像「会社ロゴマーク」が見つからない場合は、ファイルの検索機能を利用します。
［図の挿入］ダイアログボックス左側にある［PC］をクリックして検索場所を PC 全体に指定し、ダイアログボックス右上にある［PC の検索］ボックス内に「会社ロゴ」と入力します（入力は途中まででも検索が行われます）。

検索に時間がかかる場合は、［次の範囲内を再検索］の［ライブラリ］をクリックして検索範囲を絞り込みます。
それでも見つからない場合は、実習用データのダウンロードが正しく行われていないことが考えられます。自分のパソコン内に保存されている別の画像で代用して学習を進めてください。
なお、この操作は［開く］ダイアログボックスや、画面の下部（タスクバー）の ▣ をクリックして表示できるエクスプローラーでも使用できるため、画像ファイルだけでなくさまざまなファイルを検索することができます。

STEP　ヘッダーの画像のサイズを高さ 1cm に調整する

1　画像を挿入したヘッダーの左側のボックス内をクリックします。

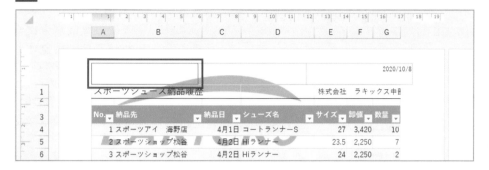

2　［ヘッダー / フッター ツール］の［デザイン］タブの［図の書式設定］ボタンをクリックします。

→　［図の書式設定］ダイアログボックスの［サイズ］タブが表示されます。

3　［縦横比を固定する］チェックボックスがオンになっていることを確認します。

4　［サイズと角度］の［高さ］ボックスの数値を［1cm］に設定します。

5　［OK］をクリックします。

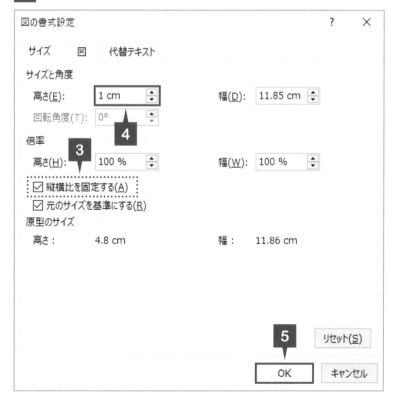

数値はスピンボタンをクリックすることで増減できますが、ちょうど 1cm にならない場合はボックス内をクリックしてカーソルを表示し、数値を直接入力します。

6

複数ページの印刷に役立つ機能を利用する

6 ワークシート内の任意のセル（ヘッダーとフッター以外の場所）をクリックします。

→ ヘッダーの画像のサイズを高さ1cmに調整できました。

画像の幅は高さに合わせて自動調整されています。これは［図の書式設定］ダイアログボックスの［縦横比を固定する］チェックボックスがオンになっているからです。

STEP 画面の表示モードを"標準"に切り替える

1 ［表示］タブの［標準］ボタンをクリックします。

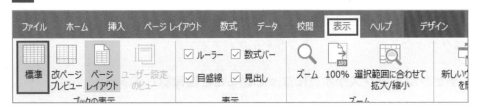

→ 画面の表示モードが"標準"に切り替わりました。

標準ではヘッダーとフッターが見えなくなりますが、消えたわけではありません。

標準には、画面下部のステータスバーの［標準］ボタンでも切り替えられます。

STEP 印刷プレビューでヘッダーとフッターの状態を確認する

1 ［ファイル］タブをクリックします。

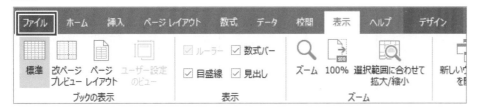

2 ［印刷］をクリックします。

→ 印刷プレビューが表示されます。ヘッダーとフッターが全体のイメージとともに確認できます。

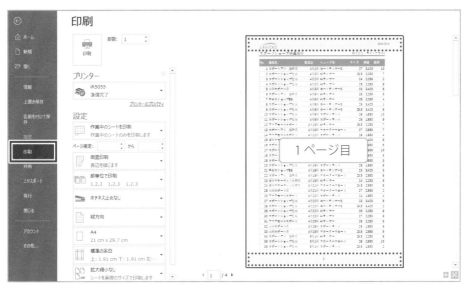

3 ページ下部の ▶［次ページ］をクリックします。

→ 2ページ目の印刷プレビューが表示されます。

4 同様の方法で 3 ページと 4 ページも確認します。

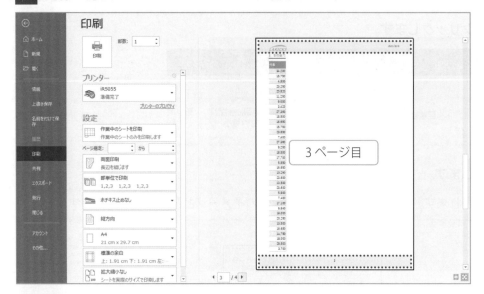

本書ではテーブル化された表を使って学習を進めましたが、ヘッダーフッター機能は、表の種別を問わず利用できます。

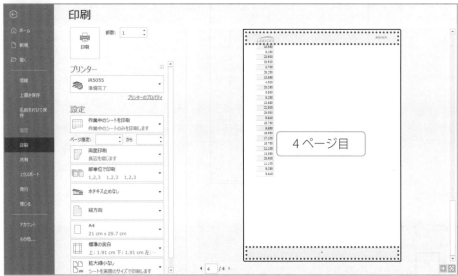

→ 印刷プレビューでヘッダーとフッターの状態を確認できました。

5 画面左上の ⊖ をクリックして印刷プレビューを閉じます。

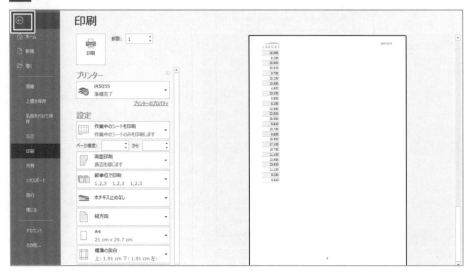

6-2 改ページと印刷タイトルを利用する

大きな表を印刷するときに注意しなければならないのがページの区切り位置 です。ここでは、自分が指定する位置でページを区切る方法を学習します。また、2ページ目以降の先頭行に見出しを印刷して、より見やすい印刷物に仕上げる方法も学習します。

LESSON 1 | 改ページ位置を変更する

改ページとは、印刷時のページ区切りのことです。改ページ位置でそのページの印刷が終わり、それ以降の行は次のページに印刷されます。

本レッスンに使用する表の場合、月ごとにページを区切ったほうが印刷結果が見やすくなるので、初期設定の改ページ位置を変更する操作を行います。

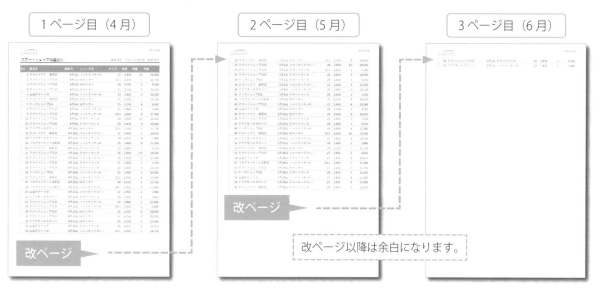

1ページ目（4月）　　2ページ目（5月）　　3ページ目（6月）

改ページ

改ページ

改ページ以降は余白になります。

改ページを設定するときは改ページプレビューを使用します。改ページの位置が青い点線または実線で表示され、各ページの区切り位置が一目で分かります。またこれらの線はドラッグして改ページ位置を自由に変更することもできます。

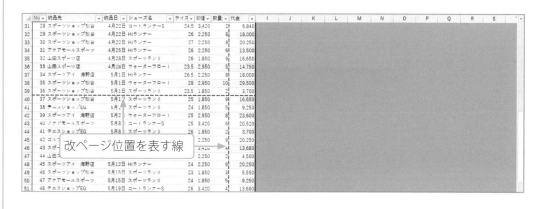

改ページ位置を表す線

複数ページの印刷に役立つ機能を利用する

6

STEP ▶ 画面の表示モードを"改ページプレビュー"に切り替える

1 [表示] タブの [改ページプレビュー] ボタンをクリックします。

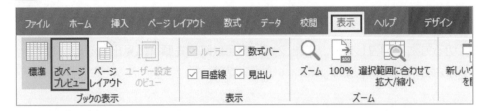

→ 画面の表示モードを "改ページプレビュー" に切り替えることができました。

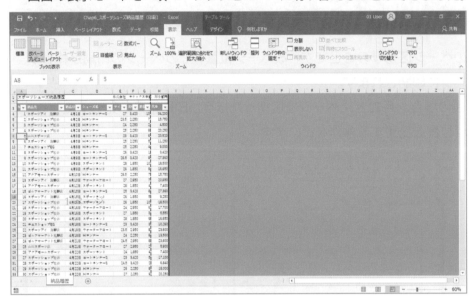

改ページプレビューに切り替えた直後は、画面の表示倍率は小さくなります。

改ページプレビューには、画面下部のステータスバーの [改ページプレビュー] ボタンでも切り替えられます。

2 画面右下の [ズームスライダー] の ＋ を何回かクリックして、見やすい倍率に調整します。

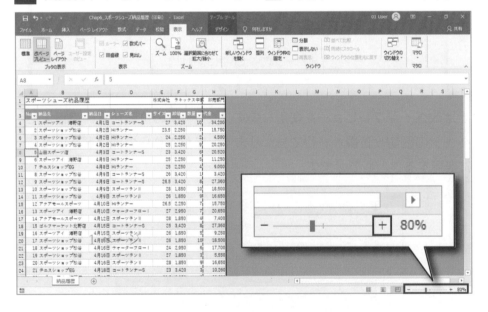

倍率を上げすぎると今度は全体像が分かりづらくなります。
データの内容が把握できつつ、全体像も確認できる倍率に調整しましょう。

1 １ページ目と２ページの改ページ位置まで画面を下へスクロールします。

	No	納品先	納品日	シューズ名	サイズ	卸値	数量	代金	
31	28	スポーツショップ松谷	4月22日	コートランナーS	24.5	3,420	2	6,840	
32	29	スポーツショップ松谷	4月22日	Hiランナー	26	2,250	8	18,000	
33	30	スポーツショップ松谷	4月22日	Hiランナー	27	2,250	9	20,250	
34	31	アクアモールスポーツ	4月25日	Hiランナー	26	2,250	6	13,500	
35	32	山田スポーツ店	4月28日	スポーツランⅡ	26	1,850	9	16,650	
36	33	山田スポーツ店	4月28日	ウォーターフローⅠ	23.5	2,950	5	14,750	
37	34	スポーツアイ　海野店	5月1日	Hiランナー	26.5	2,250	8	18,000	
38	35	スポーツショップ松谷	5月1日	ウォーターフローⅠ	28	2,950	10	29,500	
39									
40	37	スポーツショップ松谷	5月1日	スポーツランⅡ		1,850	3		
41	38	テニスショップEG	5月1日	スポーツランⅡ	24	1,850	5	9,250	
42	39	スポーツアイ　海野店	5月2日	ウォーターフローⅠ	25	2,950	8	23,600	
43	40	アクアモールスポーツ	5月8日	コートランナーS	25	3,420	6	20,520	
44	41	テニスショップEG	5月8日	スポーツランⅡ	26	1,850	2	3,700	
45	42	ゴルフマーケット北野店	5月9日	Hiランナー	25	2,250	9	20,250	
46	43	スポーツショップ松谷	5月10日	コートランナーS	23	3,420	4	13,680	
47	44	山田スポーツ店	5月10日	Hiランナー	28	2,250		4,500	
48	45	スポーツアイ　海野店	5月12日	Hiランナー	24	2,250	9	20,250	
49	46	スポーツショップ松谷	5月15日	スポーツランⅡ	23	1,850	3	5,550	
50	47	アクアモールスポーツ	5月15日	スポーツランⅡ	24	1,850	5	9,250	
51	48	テニスショップEG	5月19日	コートランナーS	26	3,420	4	13,680	
52	49	スポーツアイ　海野店	5月19日	Hiランナー	25.5	2,250	10	22,500	
53	50	アクアモールスポーツ	5月20日	ウォーターフローⅠ	25	2,950	9	26,550	
54	51	アクアモールスポーツ	5月21日	コートランナーS	28	3,420	2	6,840	

納品履歴

自動で設定される改ページ位置は"青い点線"で表示されています。

2 改ページ位置を表す点線にマウスポインターを合わせます。

	No	納品先	納品日	シューズ名	サイズ	卸値
31	28	スポーツショップ松谷	4月22日	コートランナーS	24.5	3,42
32	29	スポーツショップ松谷	4月22日	Hiランナー	26	2,25
33	30	スポーツショップ松谷	4月22日	Hiランナー	27	2,25
34	31	アクアモールスポーツ	4月25日	Hiランナー	26	2,25
35	32	山田スポーツ店	4月28日	スポーツランⅡ	26	1,85
36	33	山田スポーツ店	4月28日	ウォーターフローⅠ	23.5	2,95
37	34	スポーツアイ　海野店	5月1日	Hiランナー	26.5	2,25
38	35	スポーツショップ松谷	5月1日	ウォーターフローⅠ	28	2,95
39	36	スポーツショップ松谷	5月1日	スポーツランⅡ	23.5	1,85
40	37	スポーツショップ松谷	5月1日	スポーツランⅡ	25	1,85
41	38	テニスショップEG	5月1日	スポーツランⅡ	24	1,85
42	39	スポーツアイ　海野店	5月2日	ウォーターフローⅠ	25	2,95
43	40	アクアモールスポーツ	5月8日	コートランナーS	25	3,42
44	41	テニスショップEG	5月8日	スポーツランⅡ	26	1,85
45	42	ゴルフマーケット北野店	5月9日	Hiランナー	25	2,25
46	43	スポーツショップ松谷	5月10日	コートランナーS	23	3,42

→ マウスポインターの形が ↕ に変わります。

6

複数ページの印刷に役立つ機能を利用する

3 4月と5月のデータの境界線までドラッグします。

	No	納品先	納品日	シューズ名	サイズ	卸値
31	28	スポーツショップ松谷	4月22日	コートランナーS	24.5	3,42(
32	29	スポーツショップ松谷	4月22日	Hiランナー	26	2,25(
33	30	スポーツショップ松谷	4月22日	Hiランナー	27	2,25(
34	31	アクアモールスポーツ	4月25日	Hiランナー	26	2,25(
35	32	山田スポーツ店	4月28日	スポーツランⅡ	26	1,85(
36	33	山田スポーツ店	4月28日	ウォーターフローⅠ	23.5	2,95(
37	34	スポーツアイ　海野店	5月1日	Hiランナー	26.5	2,25(
38	35	スポーツショップ松谷	5月1日	ウォーターフローⅠ	28	2,95(
39	36	スポーツショップ松谷	5月	スポーツランⅡ	23.5	1,85(
40	37	スポーツショップ松谷	5月	スポーツランⅡ	25	1,85(
41	38	テニスショップEG	5月1日	スポーツランⅡ	24	1,85(
42	39	スポーツアイ　海野店	5月2日	ウォーターフローⅠ	25	2,95(
43	40	アクアモールスポーツ	5月8日	コートランナーS	25	3,42(
44	41	テニスショップEG	5月8日	スポーツランⅡ	26	1,85(
45	42	ゴルフマーケット北野店	5月9日	Hiランナー	25	2,25(
46	43	スポーツショップ松谷	5月10日	コートランナーS	23	3,42(

→ 4月と5月のデータの境界に改ページ位置を変更できました。

	No	納品先	納品日	シューズ名	サイズ	卸値
31	28	スポーツショップ松谷	4月22日	コートランナーS	24.5	3,42(
32	29	スポーツショップ松谷	4月22日	Hiランナー	26	2,25(
33	30	スポーツショップ松谷	4月22日	Hiランナー	27	2,25(
34	31	アクアモールスポーツ	4月25日	Hiランナー	26	2,25(
35	32	山田スポーツ店	4月28日	スポーツランⅡ	26	1,85(
36	33	山田スポーツ店	4月28日	ウォーターフローⅠ	23.5	2,95(
37	34	スポーツアイ　海野店	5月1日	Hiランナー	26.5	2,25(
38	35	スポーツショップ松谷	5月1日	ウォーターフローⅠ	28	2,95(
39	36	スポーツショップ松谷	5月1日	スポーツランⅡ	23.5	1,85(
40	37	スポーツショップ松谷	5月1日	スポーツランⅡ	25	1,85(
41	38	テニスショップEG	5月1日	スポーツランⅡ	24	1,85(
42	39	スポーツアイ　海野店	5月2日	ウォーターフローⅠ	25	2,95(
43	40	アクアモールスポーツ	5月8日	コートランナーS	25	3,42(
44	41	テニスショップEG	5月8日	スポーツランⅡ	26	1,85(
45	42	ゴルフマーケット北野店	5月9日	Hiランナー	25	2,25(
46	43	スポーツショップ松谷	5月10日	コートランナーS	23	3,42(

改ページ位置を表す青いラインが手動で変更したことを示す"実線"に変わりました。

STEP "代金"の列の右側に改ページ位置を変更する

1 "数量"と"代金"の列の間にある改ページ位置を表す点線にマウスポインターを合わせます。

No	納品先	納品日	シューズ名	サイズ	卸値	数量	代金	
31	28 スポーツショップ松谷	4月22日	コートランナーS	24.5	3,420	2	6,840	
32	29 スポーツショップ松谷	4月22日	Hiランナー	26	2,250	8	18,000	
33	30 スポーツショップ松谷	4月22日	Hiランナー	27	2,250	9	20,250	
34	31 アクアモールスポーツ	4月25日	Hiランナー	26	2,250	6	13,500	
35	32 山田スポーツ店	4月28日	スポーツランⅡ	26	1,850	9	16,650	
36	33 山田スポーツ店	4月28日	ウォーターフローⅠ	23.5	2,950	5	14,750	
37	34 スポーツアイ　海野店	5月1日	Hiランナー	26.5	2,250	8	18,000	
38	35 スポーツショップ松谷	5月1日	ウォーターフローⅠ	28	2,950		29,500	
39	36 スポーツショップ松谷	5月1日	スポーツランⅡ	23.5	1,850		3,700	
40	37 スポーツショップ松谷	5月1日	スポーツランⅡ	25	1,850	9	16,650	
41	38 テニスショップEG	5月1日	スポーツランⅡ	24	1,850	5	9,250	

2 下図の位置まで右方向にドラッグします。

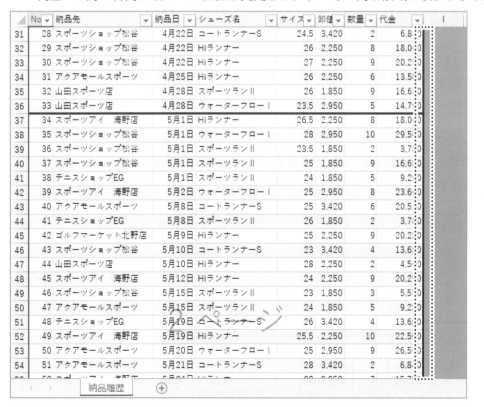

→ "代金"の列の右側に改ページ位置が変更され、すべての列が領域に収まりました。

No	納品先	納品日	シューズ名	サイズ	卸値	数量	代金	
31	28 スポーツショップ松谷	4月22日	コートランナーS	24.5	3,420	2	6,8:0	
32	29 スポーツショップ松谷	4月22日	Hiランナー	26	2,250	8	18,0:0	
33	30 スポーツショップ松谷	4月22日	Hiランナー	27	2,250	9	20,2:0	
34	31 アクアモールスポーツ	4月25日	Hiランナー	26	2,250	6	13,5:0	
35	32 山田スポーツ店	4月28日	スポーツランⅡ	26	1,850	9	16,6:0	
36	33 山田スポーツ店	4月28日	ウォーターフローⅠ	23.5	2,950	5	14,7:0	
37	34 スポーツアイ　海野店	5月1日	Hiランナー	26.5	2,250	8	18,0:0	
38	35 スポーツショップ松谷	5月1日	ウォーターフローⅠ	28	2,950	10	29,5:0	
39	36 スポーツショップ松谷	5月1日	スポーツランⅡ	23.5	1,850	2	3,7:0	
40	37 スポーツショップ松谷	5月1日	スポーツランⅡ	25	1,850	9	16,6:0	
41	38 テニスショップEG	5月1日	スポーツランⅡ	24	1,850	5	9,2:0	
42	39 スポーツアイ　海野店	5月2日	ウォーターフローⅠ	25	2,950	8	23,6:0	
43	40 アクアモールスポーツ	5月8日	コートランナーS	25	3,420	6	20,5:0	
44	41 テニスショップEG	5月8日	スポーツランⅡ	26	1,850	2	3,7:0	
45	42 ゴルフマーケット北野店	5月9日	Hiランナー	25	2,250	9	20,2:0	
46	43 スポーツショップ松谷	5月10日	コートランナーS	23	3,420	4	13,6:0	
47	44 山田スポーツ店	5月10日	Hiランナー	2	2,250	2	4,5:0	
48	45 スポーツアイ　海野店	5月12日	Hiランナー	24	2,250	9	20,2:0	
49	46 スポーツショップ松谷	5月15日	スポーツランⅡ	23	1,850	3	5,5:0	
50	47 アクアモールスポーツ	5月15日	スポーツランⅡ	25	1,850	5	9,2:0	
51	48 テニスショップEG	5月19日	コートランナーS	26	3,420	4	13,6:0	
52	49 スポーツアイ　海野店	5月19日	Hiランナー	25.5	2,250	10	22,5:0	
53	50 アクアモールスポーツ	5月20日	ウォーターフローⅠ	25	2,950		26,5:0	
54	51 アクアモールスポーツ	5月21日	コートランナーS	28	3,420	2	6,8:0	

納品履歴

はみ出していた列が収まった分、全体的な印刷の倍率は縮小されます。

プリンターなど環境の違いによって、改ページ位置が左図とは異なることもあります。

6

複数ページの印刷に役立つ機能を利用する

LESSON 2 | 新規の改ページを挿入する

LESSON1 では、もともと表示されていた改ページ位置を表す点線をドラッグして調整する操作を行いましたが、次は新規の改ページを挿入する操作を行います。たとえば現在のワークシートには 6 月のデータも入力されていますが、改ページ位置を表す青いラインは 4 月と 5 月を区切るために使用中で、他に使える改ページがありません。そこで新しい改ページを 5 月と 6 月の間に挿入します。

60	57 テニスショップEG	5月28日	スオ
61	58 山田スポーツ店	5月29日	コー
62	59 アクアモールスポーツ	5月30日	ウォ
63	60 スポーツアイ　海野店	5月30日	スオ
64	61 スポーツショップ松谷	6月1日	スオ
65	62 アクアモールスポーツ	6月1日	コー
66			
67			

→

60	57 テニスショップEG	5月28日	スオ
61	58 山田スポーツ店	5月29日	コー
62	59 アクアモールスポーツ	5月30日	ウォ
63	60 スポーツアイ　海野店	5月30日	スオ
64	61 スポーツショップ松谷	6月1日	スオ
65	62 アクアモールスポーツ	6月1日	コー
66			
67			

STEP 新規の改ページを挿入する

1 セル A64 の上に改ページを挿入したい位置（セル A64）をクリックして選択します。

	No ▼	納品先 ▼	納品日 ▼	シューズ名 ▼	サイズ ▼	卸値 ▼
56	53	スポーツショップ松谷	5月24日	ウォーターフロー I	27	2,950
57	54	山田スポーツ店	5月24日	スポーツラン II	23	1,850
58	55	ゴルフマーケット北野店	5月24日	コートランナーS	26.5	3,420
59	56	スポーツショップ松谷	5月28日	Hiランナー	27	2,250
60	57	テニスショップEG	5月28日	スポーツラン II	24	1,850
61	58	山田スポーツ店	5月29日	コートランナーS	27	3,420
62	59	アクアモールスポーツ	5月30日	ウォーターフロー I	23	2,950
63	60	スポーツアイ　海野店	5月30日	スポーツラン II	28	1,850
64	61	スポーツショップ松谷	6月1日	スポーツラン II	26	1,850
65	62	アクアモールスポーツ	6月1日	コートランナーS	23	3,420
66						
67						
68						

2 ［ページレイアウト］タブの［改ページ］ボタンをクリックします。

3 ［改ページの挿入］をクリックします。

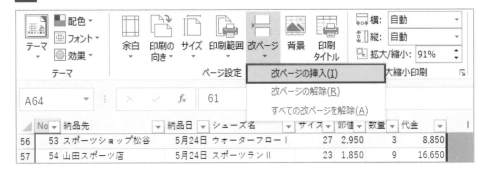

改ページの挿入(I)
改ページの解除(R)
すべての改ページを解除(A)

No	納品先	納品日	シューズ名	サイズ	卸値	数量	代金
56	53 スポーツショップ松谷	5月24日	ウォーターフローI	27	2,950	3	8,850
57	54 山田スポーツ店	5月24日	スポーツランII	23	1,850	9	16,650

→ 選択していたセル A64 の上に改ページを挿入できました。

No	納品先	納品日	シューズ名	サイズ	卸値
56	53 スポーツショップ松谷	5月24日	ウォーターフローI	27	2,950
57	54 山田スポーツ店	5月24日	スポーツランII	23	1,850
58	55 ゴルフマーケット北野店	5月24日	コートランナーS	26.5	3,420
59	56 スポーツショップ松谷	5月28日	Hiランナー	27	2,250
60	57 テニスショップEG	5月28日	スポーツランII	24	1,850
61	58 山田スポーツ店	5月29日	コートランナーS	27	3,420
62	59 アクアモールスポーツ	5月30日	ウォーターフローI	23	2,950
63	60 スポーツアイ 海野店	5月30日	スポーツランII	28	1,850
64	61 スポーツショップ松谷	6月1日	スポーツランII	26	1,850
65	62 アクアモールスポーツ	6月1日	コートランナーS	23	3,420

STEP 印刷プレビューで改ページの挿入結果を確認する

1 印刷プレビューを表示して、各ページの状態を確認します。

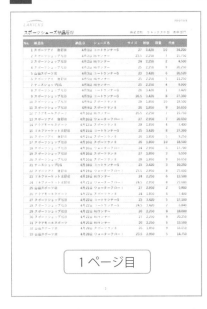
1ページ目

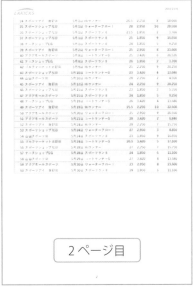
2ページ目

3ページ目

→ 改ページを挿入した位置でページが区切られていることを確認できました。

2 確認後、画面左上の ⊙ をクリックして、印刷プレビューを閉じます。

⊙ **OnePoint** 改ページを解除するには

改ページを解除するには、まず、解除したい改ページ（青いライン）のすぐ下の行のセルを選択します。その行内であればどのセルでもかまいません。次に［ページレイアウト］タブの［改ページ］ボタンをクリックして［改ページの解除］をクリックします。

改ページを解除すると、対象の改ページの位置は初期状態に戻ります。

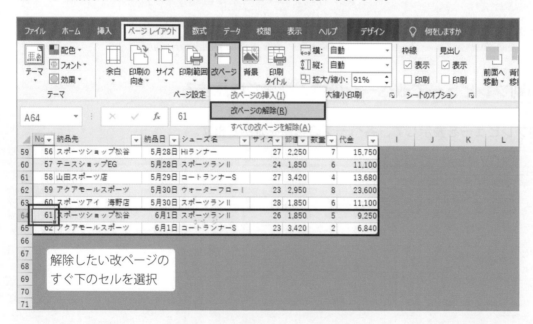

また、シート内の改ページの指定をすべて解除して、初期状態にリセットしたい場合は、［ページレイアウト］タブの［改ページ］ボタンをクリックして［すべての改ページの解除］をクリックします。セルはどこを選択していてもかまいません。

LESSON **3** │ 印刷タイトル行を設定する

複数ページにわたる一覧表などを印刷する場合、2ページ目以降には見出しがないため、どの列が何に該当するデータであるかが分かりにくくなります。しかし、各ページごとに手作業で見出しを入力するのは大変なうえにページのずれが生じたときにも対応できません。そこで、各ページの先頭行に見出しを印刷する印刷タイトル行の設定を行います。

STEP 1～3行目を印刷タイトル行に設定する

1 ［ページレイアウト］タブの［印刷タイトル］ボタンをクリックします。

→ ［ページ設定］ダイアログボックスの［シート］タブが表示されます。

2 ［タイトル行］ボックス内をクリックします。

→ ［タイトル行］ボックス内にカーソルが表示されます。

3 画面をスクロールして、マウスポインターを1行目の任意のセルに合わせます。

ダイアログボックスを
開いたままで操作でき
ます。

→ 行内のどこに合わせてもマウスポインターの形は ➡ になります。

4 1〜3行目までドラッグします。

→ ［タイトル行］ボックスに "$1:$3" と表示されます。

5 ［ページ設定］ダイアログボックス内の［OK］をクリックします。

→ 1 ～ 3 行目を印刷タイトル行に設定できました。

6 ［ファイル］タブの［印刷］をクリックして、印刷プレビューを表示します。

印刷タイトルは印刷プレビューで確認できます。

7 ページ下部の ▶［次ページ］をクリックします。

→ 2 ページ目の印刷プレビューが表示されます。印刷タイトル行が設定されていることが確認できます。

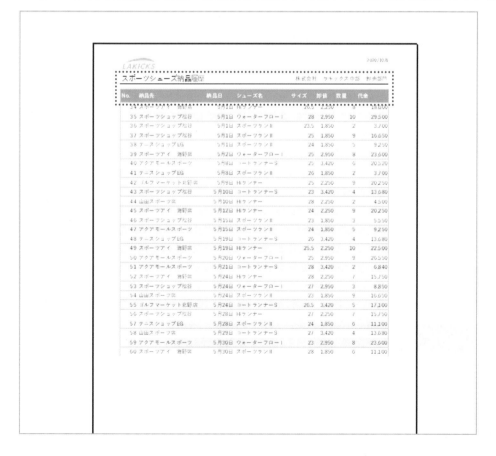

8 同様の方法で 3 ページ目にも印刷タイトル行が設定されていることを確認します。

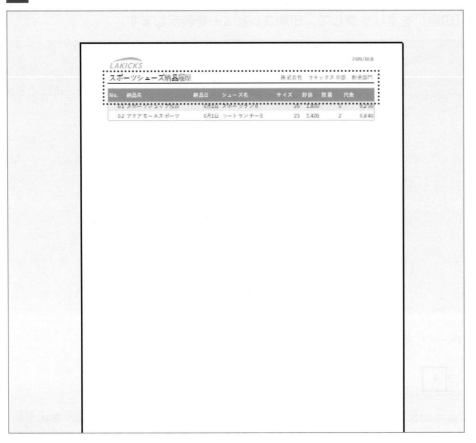

本書ではテーブル化された表を使って学習を進めましたが、改ページ機能も印刷タイトル機能も、表の種別を問わず利用できます。

9 確認後、[印刷] ボタンをクリックして印刷を実行します。

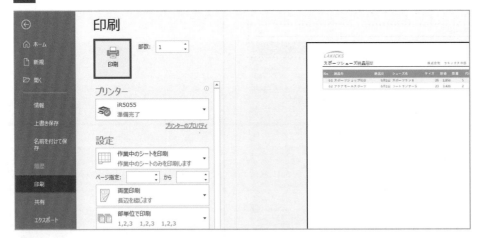

印刷を行わない場合は、⊖ をクリックして印刷プレビューを閉じます。

10 [表示] タブの [標準] ボタンをクリックして、表示モードを "標準" に切り替えます。

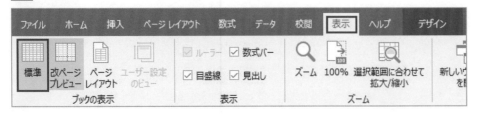

11 ブック「Chap6_ スポーツシューズ納品履歴（印刷）」を上書き保存して閉じます。

OnePoint　印刷タイトル行を解除するには

設定した印刷タイトル行を解除したい場合は、再度［ページ設定］ダイアログボックスの［シート］タブを表示して、［タイトル行］ボックスの内容を削除します。通常の文字と同様に、Delete キー や Backspace キーで削除できます。

OnePoint　常に特定のセル範囲のみを印刷するには

Excel では 1 つのワークシート内に複数の表を作成したり、多くの行や列を使った大きな表を作成したりすることができます。通常の手順で印刷をすると、ワークシート全体が対象となり、すべてのデータがまとめて印刷されます。しかし、事前に設定をしておくことで、複数ある表の 1 つだけを印刷したり、一部のデータのみを印刷したりすることができます。

常に特定のセル範囲のみを印刷するには、対象となるセル範囲を選択したあと、［ページレイアウト］タブの［印刷範囲］ボタンをクリックし、［印刷範囲の設定］をクリックします。

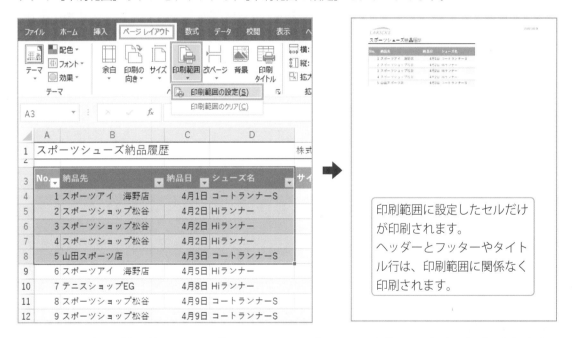

印刷範囲に設定したセルだけが印刷されます。
ヘッダーとフッターやタイトル行は、印刷範囲に関係なく印刷されます。

解除したい場合は、［印刷範囲のクリア］をクリックします。このとき範囲を選択する必要はありません。

複数ページの印刷に役立つ機能を利用する

◉ One Point　必要に応じて特定の範囲のみを印刷するには

常に特定の範囲を印刷するのではなく、そのときどきで印刷範囲が変わる場合は、事前に印刷したいセル範囲を選択し、[ファイル] タブの [印刷] で [選択した部分を印刷] を選んで印刷を実行します。

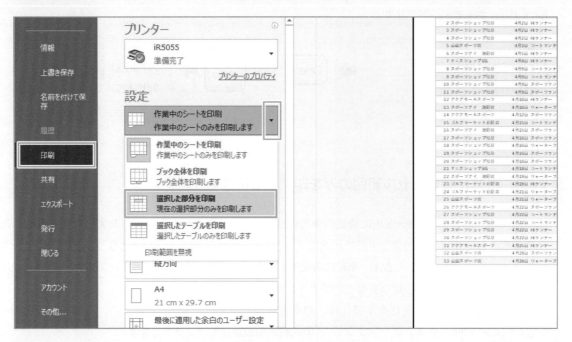

なお、セル単位ではなくページ単位で印刷範囲を指定したい場合は、[ファイル] タブの [印刷] で [ページ指定] ボックスに印刷したいページ番号を入力して印刷を実行します。

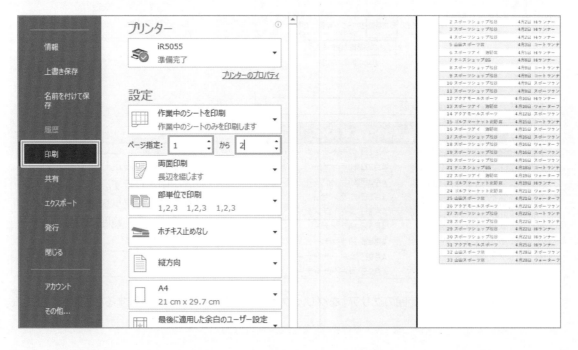

学習の
まとめ | **CHAPTER 6 章末練習問題**

【章末練習問題1】洋菓子注文管理表（ヘッダー、フッター）

📁 スクール応用_Excel 2019 ▶ 📁 CHAPTER6 ▶ 📁 章末練習問題 ▶ E「Chap6_ 洋菓子注文管理表（印刷）」

1 ブック「Chap6_ 洋菓子注文管理表（印刷）」を開きましょう。

2 画面の表示を "ページレイアウトモード" に切り替えましょう。

3 ヘッダーの左側に現在の日付を挿入しましょう。

2020/10/21

◎洋菓子◎ 注文管理表

管理No.	受注日	商品番号	商品名	販売個数	単価
1	2021/4/1	201	生チョコレート（マイルド）	1	1,150
2	2021/4/1	301	フルーツケーキ	3	2,300
3	2021/4/1	201	生チョコレート（マイルド）	3	1,150
4	2021/4/2	202	生チョコレート（ビター）	2	1,200
5	2021/4/2	302	ナッツケーキ	1	2,100
6	2021/4/2	202	生チョコレート（ビター）	3	1,200
7	2021/4/3	202	生チョコレート（ビター）	15	1,200

4 フッターの右側にページ番号と総ページ数を以下のように挿入しましょう。
- ページ番号 / 総ページ数

5 挿入したフッターのフォントサイズを "9pt" に変更しましょう。

27	2021/4/9	102	フィナンシェ（10個入り）	2	1,600
28	2021/4/9	102	フィナンシェ（10個入り）	1	1,600
29	2021/4/9	103	マドレーヌ（10個入り）	3	1,500
30	2021/4/10	104	焼き菓子詰め合わせ	15	2,100
31	2021/4/11	201	生チョコレート（マイルド）	4	1,150
32	2021/4/11	301	フルーツケーキ	2	2,300
33	2021/4/12	302	ナッツケーキ	2	2,100
34	2021/4/12	203	生チョコレート（ホワイト）	12	1,350
35	2021/4/12	301	フルーツケーキ	2	2,300
36	2021/4/13	203	生チョコレート（ホワイト）	2	1,350

1/14

6 ヘッダーの右側に画像 "お店ロゴマーク" を挿入しましょう。挿入後、高さを "1cm" に変更しましょう。

- 画像ファイル "お店ロゴマーク" は、現在のブックと同じフォルダー内にあります。

7 フッターの左側に、「担当：沢井」と入力しましょう。

8 画面の表示モードを "標準" に戻しましょう。

9 印刷プレビューを表示して、ヘッダー、フッターの状態を確認しましょう。確認後、印刷プレビューを閉じて、標準の画面に戻しましょう。

10 ブックを上書き保存しましょう。ブックは閉じずに引き続き章末練習問題2へ進みましょう。

【章末練習問題 2】洋菓子注文管理表（改ページ、印刷タイトル）

📁 スクール応用_Excel 2019 ▶ 📁 CHAPTER6 ▶ 📁 章末練習問題 ▶ 🄴「Chap6_ 洋菓子注文管理表（印刷）」

1 ブック「Chap6_ 洋菓子注文管理表（印刷）」を引き続き使用します。ブックを閉じている場合は開きましょう。

2 改ページプレビューに切り替えて、F列とG列の間にある改ページの位置をG列とH列の間に変更しましょう。

3 L列とM列の間にある改ページ位置をG列とH列の間までドラッグして、印刷範囲をG列までに調整しましょう。

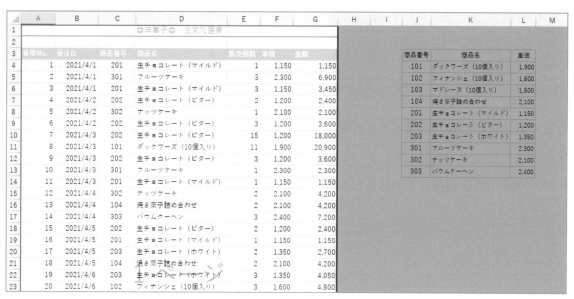

4 4月と5月のデータの境目で改ページされるように、86行目と87行目の間にある改ページの位置を、84行目と85行目の間に変更しましょう。

※接続されているプリンターなど、環境の違いによって改ページの行数が上記と異なることもあります。適宜読み替えて操作してください。

	A	B	C	D	E	F	G	H	I	J	K	L	M
73	70	2021/4/24	201	生チョコレート（マイルド）	2	1,150	2,300						
74	71	2021/4/24	302	ナッツケーキ	2	2,100	4,200						
75	72	2021/4/25	302	ナッツケーキ	9	2,100	18,900						
76	73	2021/4/27	303	バウムクーヘン	3	2,400	7,200						
77	74	2021/4/27	303	バウムクーヘン	3	2,400	7,200						
78	75	2021/4/28	102	フィナンシェ（10個入り）	1	1,600	1,600						
79	76	2021/4/28	203	生チョコレート（ホワイト）	1	1,350	1,350						
80	77	2021/4/29	202	生チョコレート（ビター）	1	1,200	1,200						
81	78	2021/4/29	302	ナッツケーキ	4	2,100	8,400						
82	79	2021/4/30	303	バウムクーヘン	2	2,400	4,800						
83	80	2021/4/30	202	生チョコレート（ビター）	2	1,200	2,400						
84	81	2021/4/30	102	フィナンシェ（10個入り）	12	1,600	19,200						
85	82	2021/5/1	201	生チョコレート（マイルド）	1	1,150	1,150						
86	83	2021/5/1	103	マドレーヌ（10個入り）	5	1,500	7,500						
87	84	2021/5/1	203	生チョコレート（ホワイト）	3	1,350	4,050						
88	85	2021/5/1	101	ダックワーズ（10個入り）	3	1,900	5,700						
89	86	2021/5/1	104	焼き菓子詰め合わせ	3	2,100	6,300						
90	87	2021/5/1	104	焼き菓子詰め合わせ	3	2,100	6,300						
91	88	2021/5/2	103	マドレーヌ（10個入り）	3	1,500	4,500						
92	89	2021/5/2	101	ダックワーズ（10個入り）	1	1,900	1,900						
93	90	2021/5/3	104	焼き菓子詰め合わせ	3	2,100	6,300						
94	91	2021/5/3	201	生チョコレート（マイルド）	11	1,150	12,650						
95	92	2021/5/3	103	マドレーヌ（10個入り）	1	1,500	1,500						

5 5月と6月のデータの境目で改ページされるように、177行目の上に新しく改ページを挿入しましょう。

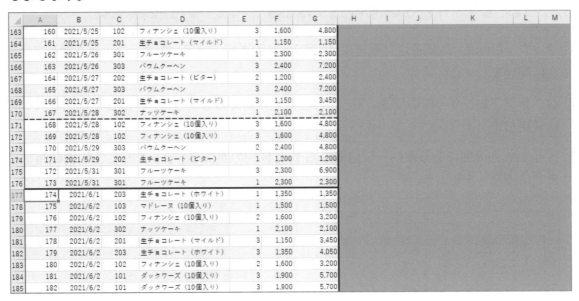

6 シートの3行目を印刷タイトル行として設定しましょう。

7 印刷プレビューを表示して、すべてのページの結果を確認しましょう。

8 ブックを上書き保存して閉じましょう。

＜完成例＞

※環境の違いによって、改ページ位置が下図の完成例とは異なることもあります。

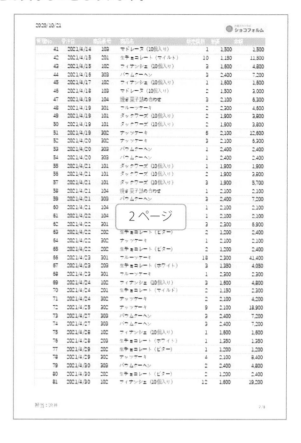

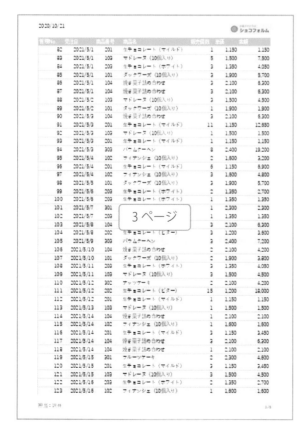

6

複数ページの印刷に役立つ機能を利用する

5ページ

2020/10/21 ショコフォルム

管理No.	受注日	商品番号	商品名	販売個数	単価	金額
166	2021/5/27	301	生チョコレート（マイルド）	3	1,150	3,450
167	2021/5/28	302	ナッツケーキ	1	2,100	2,100
168	2021/5/29	102	フィナンシェ（10個入り）	3	1,600	4,800
169	2021/5/29	102	フィナンシェ（10個入り）	3	1,600	4,800
170	2021/5/29	303	バームクーヘン	2	2,400	4,800
171	2021/5/29	202	生チョコレート（ビター）	1	1,200	1,200
172	2021/5/31	301	フルーツケーキ	3	2,300	6,900
173	2021/5/31	301	フルーツケーキ	1	2,300	2,300

担当：沢井 5/8

6ページ

2020/10/21 ショコフォルム

管理No.	受注日	商品番号	商品名	販売個数	単価	金額
174	2021/6/1	203	生チョコレート（ホワイト）	1	1,350	1,350
175	2021/6/2	103	マドレーヌ（10個入り）	1	1,500	1,500
176	2021/6/2	102	フィナンシェ（10個入り）	2	1,600	3,200
177	2021/6/2	302	ナッツケーキ	1	2,100	2,100
178	2021/6/2	201	生チョコレート（マイルド）	3	1,150	3,450
179	2021/6/2	203	生チョコレート（ホワイト）	3	1,350	4,050
180	2021/6/2	102	フィナンシェ（10個入り）	2	1,600	3,200
181	2021/6/2	101	ダックワーズ（10個入り）	3	1,900	5,700
182	2021/6/2	101	ダックワーズ（10個入り）	3	1,900	5,700
183	2021/6/3	301	フルーツケーキ	3	2,300	6,900
184	2021/6/3	102	フィナンシェ（10個入り）	18	1,600	28,800
185	2021/6/3	203	生チョコレート（ホワイト）	10	1,350	13,500
186	2021/6/4	102	フィナンシェ（10個入り）	1	1,600	1,600
187	2021/6/4	301	フルーツケーキ	5	2,300	11,500
188	2021/6/4	302	ナッツケーキ	3	2,100	6,300
189	2021/6/4	203	生チョコレート（ホワイト）	3	1,350	4,050
190	2021/6/4	303	バームクーヘン	3	2,400	7,200
191	2021/6/5	302	ナッツケーキ	1	2,100	2,100
192	2021/6/5	104	焼き菓子詰め合わせ	6	2,100	12,600
193	2021/6/5	101	ダックワーズ（10個入り）	3	1,900	5,700
194	2021/6/5	303	バームクーヘン	2	2,400	4,800
195	2021/6/6	303	バームクーヘン	15	2,400	36,000
196	2021/6/6	101	ダックワーズ（10個入り）	2	1,900	3,800
197	2021/6/6	202	生チョコレート（ビター）	1	1,200	1,200
198	2021/6/7	102	フィナンシェ（10個入り）	1	1,600	1,600
199	2021/6/7	203	生チョコレート（ホワイト）	3	1,350	4,050
200	2021/6/8	201	生チョコレート（マイルド）	2	1,150	2,300
201	2021/6/9	202	生チョコレート（ビター）	18	1,200	21,600
202	2021/6/10	102	フィナンシェ（10個入り）	2	1,600	3,200
203	2021/6/10	302	ナッツケーキ	3	2,100	6,300
204	2021/6/11	103	マドレーヌ（10個入り）	3	1,500	4,500
205	2021/6/11	202	生チョコレート（ビター）	2	1,200	2,400
206	2021/6/11	101	ダックワーズ（10個入り）	1	1,900	1,900
207	2021/6/11	201	生チョコレート（マイルド）	6	1,150	6,900
208	2021/6/12	303	バームクーヘン	3	2,400	7,200
209	2021/6/12	303	バームクーヘン	1	2,400	2,400
210	2021/6/13	303	バームクーヘン	3	2,400	7,200
211	2021/6/13	102	フィナンシェ（10個入り）	1	1,600	1,600
212	2021/6/13	102	フィナンシェ（10個入り）	1	1,600	1,600
213	2021/6/14	102	フィナンシェ（10個入り）	1	1,600	1,600
214	2021/6/14	101	ダックワーズ（10個入り）	1	1,900	1,900
215	2021/6/14	101	ダックワーズ（10個入り）	1	1,900	1,900

担当：沢井 6/8

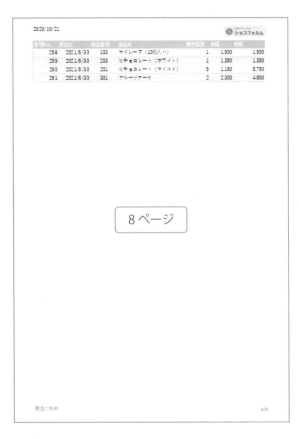

7ページ

2020/10/21 ショコフォルム

管理No.	受注日	商品番号	商品名	販売個数	単価	金額
216	2021/6/15	102	フィナンシェ（10個入り）	1	1,600	1,600
217	2021/6/16	301	フルーツケーキ	3	2,300	6,900
218	2021/6/16	202	生チョコレート（ビター）	1	1,200	1,200
219	2021/6/16	104	焼き菓子詰め合わせ	2	2,100	4,200
220	2021/6/17	203	生チョコレート（ホワイト）	1	1,350	1,350
221	2021/6/17	103	マドレーヌ（10個入り）	1	1,500	1,500
222	2021/6/17	104	焼き菓子詰め合わせ	2	2,100	4,200
223	2021/6/17	203	生チョコレート（ホワイト）	2	1,350	2,700
224	2021/6/18	103	マドレーヌ（10個入り）	1	1,500	1,500
225	2021/6/19	102	フィナンシェ（10個入り）	2	1,600	3,200
226	2021/6/20	303	バームクーヘン	3	2,400	7,200
227	2021/6/21	103	マドレーヌ（10個入り）	2	1,500	3,000
228	2021/6/21	301	フルーツケーキ	3	2,300	6,900
229	2021/6/21	202	生チョコレート（ビター）	2	1,200	2,400
230	2021/6/21	102	フィナンシェ（10個入り）	3	1,600	4,800
231	2021/6/21	301	フルーツケーキ	2	2,300	4,600
232	2021/6/21	201	生チョコレート（マイルド）	2	1,150	2,300
233	2021/6/22	202	生チョコレート（ビター）	3	1,200	3,600
234	2021/6/23	302	ナッツケーキ	2	2,100	4,200
235	2021/6/24	303	バームクーヘン	1	2,400	2,400
236	2021/6/24	104	焼き菓子詰め合わせ	1	2,100	2,100
237	2021/6/24	101	ダックワーズ（10個入り）	3	1,900	5,700
238	2021/6/24	303	バームクーヘン	2	2,400	4,800
239	2021/6/25	303	バームクーヘン	3	2,400	7,200
240	2021/6/26	101	ダックワーズ（10個入り）	6	1,900	11,400
241	2021/6/26	203	生チョコレート（ホワイト）	2	1,350	2,700
242	2021/6/26	201	生チョコレート（マイルド）	2	1,150	2,300
243	2021/6/26	303	バームクーヘン	2	2,400	4,800
244	2021/6/27	301	フルーツケーキ	3	2,300	6,900
245	2021/6/27	102	フィナンシェ（10個入り）	2	1,600	3,200
246	2021/6/27	102	フィナンシェ（10個入り）	2	1,600	3,200
247	2021/6/27	301	フルーツケーキ	1	2,300	2,300
248	2021/6/27	302	ナッツケーキ	3	2,100	6,300
249	2021/6/27	103	マドレーヌ（10個入り）	3	1,500	4,500
250	2021/6/28	101	ダックワーズ（10個入り）	11	1,900	20,900
251	2021/6/28	101	ダックワーズ（10個入り）	3	1,900	5,700
252	2021/6/28	203	生チョコレート（ホワイト）	2	1,350	2,700
253	2021/6/29	301	フルーツケーキ	1	2,300	2,300
254	2021/6/29	104	焼き菓子詰め合わせ	3	2,100	6,300
255	2021/6/29	302	ナッツケーキ	3	2,100	6,300
256	2021/6/29	202	生チョコレート（ビター）	2	1,200	2,400
257	2021/6/30	302	ナッツケーキ	3	2,100	6,300

担当：沢井 7/8

8ページ

2020/10/21 ショコフォルム

管理No.	受注日	商品番号	商品名	販売個数	単価	金額
258	2021/6/30	103	マドレーヌ（10個入り）	1	1,500	1,500
259	2021/6/30	203	生チョコレート（ホワイト）	1	1,350	1,350
260	2021/6/30	201	生チョコレート（マイルド）	5	1,150	5,750
261	2021/6/30	301	フルーツケーキ	2	2,300	4,600

担当：沢井 8/8

総合練習問題

学習のまとめとして、総合練習問題に挑戦しましょう。本書で学習したさまざまな機能を組み合わせて表を完成させます。
練習で作成した表が本書の完成例とまったく同じである必要はありません。学習を活かして自分なりの表を作成しましょう。

【総合練習問題】カフェスペース売上集計

データの一覧から集計表を完成させましょう。

📁 スクール応用_Excel 2019 ▶ 📁 総合練習問題 ▶ Ｅ「カフェスペース売上集計」

1 ブック「カフェスペース売上集計」を開きましょう。

2 現在の表は最低限のデータだけが入力されている状態です（売上日、曜日、品番、提供数）。よりデータが分かりやすくなるように、セル E3 に「分類」、F3 に「商品名」、G3 に「単価」と入力し、それぞれ C 列の"品番"に該当するデータを表示しましょう。直接入力するのではなく数式を利用しましょう。

　※数式に必要となる検索表はセル J3 ～ M18 に用意されています。

3 セル H3 に「金額」と入力し、その列に「提供数×単価× 1.1（または 110%）」の数式を作成しましょう。小数点以下の端数は四捨五入して整数にしましょう。

4 品番が入力されているセル C4 ～ C105 に、整数「1 ～ 15」以外は入力できない設定をしましょう。また、日本語入力が自動的にオフになる設定も併せて行いましょう。

5 現在の表をテーブルに変換しましょう。テーブルスタイルは任意の種類を選んでください。

6 データを"売上日"の昇順で並べ替え、同じ売上日のデータは品番の昇順で並べ替えましょう。

7 テーブルに下図の 3 件のデータを入力しましょう。

4月7日（水）

品番	提供数
13	33
14	41
15	26

8 ピボットテーブル機能を使って以下のパターンの集計表を作成しましょう。

　※ 1 つの集計表を作成後、次の集計表を作成するときには前の集計表は残さなくてかまいません。

　※各集計表の完成イメージは P.267 からの＜完成例＞にあります。

・売上日ごとの金額の合計が分かる表

・分類ごとの提供数の合計が分かる表

・商品の曜日ごとの提供数の合計が分かる表

・スイーツに限定して商品の曜日ごとの提供数の合計が分かる表

9 商品の曜日ごとの金額が分かる集計表を作成し、上位 3 項目と下位 3 項目を任意の書式で強調表示しましょう。結果を確認後、強調表示を解除しましょう。

　※上位または下位 3 項目に同じ数値のセルがある場合はその分のセルが多く強調されます。

10 シート "4月第1週の集計表" のセル A3 ～ B22 を埋めるために、現在のピボットテーブルを変化させましょう。簡単にコピー貼り付けができるように、貼り付け先のセル A3 ～ B22 と同じ形のピボットテーブルを作成します。

※下図も参考にして下さい。セルの塗りつぶしの色や線の有無は問いません。

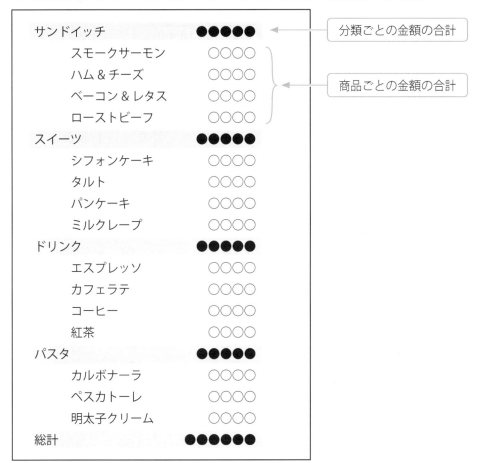

サンドイッチ ●●●●● ← 分類ごとの金額の合計

商品ごとの金額の合計

11 作成したピボットテーブル内の必要なセル範囲をコピーして、シート "4月第1週の集計表" のセル A3 を基点に貼り付けましょう。ただし、貼り付け先のセルにあらかじめ設定されている書式を変えてしまわないように "値だけ" を貼り付けます。

※値だけを貼り付けるには、貼り付け先の基点となるセルを選択して、［ホーム］タブの［貼り付け］ボタンの下半分をクリックし、貼り付けの形式の一覧から［値］をクリックします。

12 D列（達成状況）に、"売上金額" が "売上目標" 以上なら○を、"売上目標" の9割以上なら△を、それ以外なら×を表示する数式を作成しましょう。

13 セル A3 ～ D22 に、D列（達成状況）の値が "×" の場合は自動的にセルの塗りつぶしの色が赤色に、文字が白色の太字に変更される設定をしましょう。

14 B列とC列のセルの数値に、桁区切り付き記号と「円」の文字を表示しましょう。

15 シート "データ一覧" を印刷したときに、検索用の表が印刷されないように設定しましょう。また、H列までが1ページの幅に収まるように設定し、どのページにも項目行が印刷されるように設定しましょう。

16 ブックを上書き保存して閉じましょう。

【総合練習問題】カフェスペース売上集計　完成例

＜完成例＞ ①～⑦（シート"データ一覧"）

```
=VLOOKUP(C4,$J$3:$M$18,4,0)
```
```
=VLOOKUP(C4,$J$3:$M$18,3,0)
```
```
=ROUND(D4*G4*1.1,0)
```
```
=VLOOKUP(C4,$J$3:$M$18,2,0)
```

	A	B	C	D	E	F	G	H	I
1	カフェスペース売上データ記録								
2									
3	売上日	曜日	品番	提供数	分類	商品名	単価	金額	
4	2021/4/1	木	1	113	ドリンク	コーヒー	399	49596	
5	2021/4/1	木	2	49	ドリンク	紅茶	499	26896	
6	2021/4/1	木	3	60	ドリンク	エスプレッソ	450	29700	
7	2021/4/1	木	4	50	ドリンク	カフェラテ	480	26400	
8	2021/4/1	木	5	32	サンドイッチ	ハム&チーズ	685	24112	
9	2021/4/1	木	6	25	サンドイッチ	ベーコン&レタス	699	19223	
10	2021/4/1	木	7	23	サンドイッチ	スモークサーモン	785	19861	
11	2021/4/1	木	8	22	サンドイッチ	ローストビーフ	899	21756	
12	2021/4/1	木	9	25	スイーツ	シフォンケーキ	600	16500	
13	2021/4/1	木	10	18	スイーツ	ミルクレープ	500	9900	
14	2021/4/1	木	11	17	スイーツ	タルト	399	7461	
15	2021/4/1	木	12	19	スイーツ	パンケーキ	690	14421	
16	2021/4/1	木	13	21	パスタ	ペスカトーレ	1190	27489	
17	2021/4/1	木	14	34	パスタ	カルボナーラ	1100	41140	
18	2021/4/1	木	15	32	パスタ	明太子クリーム	1260	44352	
19	2021/4/2	金	1	133	ドリンク	コーヒー	399	58374	
20	2021/4/2	金	2	82	ドリンク	紅茶	499	45010	
21	2021/4/2	金	3	84	ドリンク	エスプレッソ	450	41580	
22	2021/4/2	金	4	130	ドリンク	カフェラテ	480	68640	
23	2021/4/2	金	5	22	サンドイッチ	ハム&チーズ	685	16577	

データ一覧　｜　4月第1週の集計表　｜　⊕

準備完了

※テーブルスタイルのデザインは完成例と違っていてもかまいません。

＜完成例＞⑧（ピボットテーブル）

・売上日ごとの金額の合計が分かる表

行ラベル	合計 / 金額
2021/4/1	378807
2021/4/2	414721
2021/4/3	420343
2021/4/4	464491
2021/4/5	414161
2021/4/6	515196
2021/4/7	484862
総計	3092581

・分類ごとの提供数の合計が分かる表

行ラベル	合計 / 提供数
サンドイッチ	775
スイーツ	662
ドリンク	2654
パスタ	554
総計	4645

・商品の曜日ごとの提供数の合計が分かる表

合計 / 提供数	列ラベル							
行ラベル	日	月	火	水	木	金	土	総計
エスプレッソ	108	72	135	81	60	84	67	607
カフェラテ	63	63	107	73	50	130	120	606
カルボナーラ	35	12	38	41	34	18	14	192
コーヒー	115	112	131	121	113	133	125	850
シフォンケーキ	19	33	34	30	25	11	26	178
スモークサーモン	20	29	36	19	23	22	33	182
タルト	21	27	22	26	17	17	14	144
ハム&チーズ	35	26	30	33	32	22	37	215
パンケーキ	19	35	23	34	19	21	14	165
ベーコン&レタス	32	29	26	29	25	19	23	183
ペスカトーレ	23	33	17	33	21	20	38	185
ミルクレープ	29	28	17	19	18	30	34	175
ローストビーフ	22	37	30	36	22	20	28	195
紅茶	122	60	111	105	49	82	62	591
明太子クリーム	33	19	31	26	32	26	10	177
総計	696	615	788	706	540	655	645	4645

・スイーツに限定して商品の曜日ごとの提供数の合計が分かる表

分類	スイーツ							
合計 / 提供数	列ラベル							
行ラベル	日	月	火	水	木	金	土	総計
シフォンケーキ	19	33	34	30	25	11	26	178
タルト	21	27	22	26	17	17	14	144
パンケーキ	19	35	23	34	19	21	14	165
ミルクレープ	29	28	17	19	18	30	34	175
総計	88	123	96	109	79	79	88	662

＜完成例＞ ⑨ （条件付き書式）

・上位 3 項目と下位 3 項目を強調表示

	A	B	C	D	E	F	G	H	I	J
1										
2										
3	合計 / 金額	列ラベル ▾								
4	行ラベル ▾	日	月	火	水	木	金	土	総計	
5	エスプレッソ	53460	35640	66825	40095	29700	41580	33165	300465	
6	カフェラテ	33264	33264	56496	38544	26400	68640	63360	319968	
7	カルボナーラ	42350	14520	45980	49610	41140	21780	16940	232320	
8	コーヒー	50474	49157	57496	53107	49596	58374	54863	373067	
9	シフォンケーキ	12540	21780	22440	19800	16500	7260	17160	117480	
10	スモークサーモン	17270	25042	31086	16407	19861	18997	28496	157159	
11	タルト	9217	11850	9656	11411	7461	7461	6145	63201	
12	ハム&チーズ	26373	19591	22605	24866	24112	16577	27880	162004	
13	パンケーキ	14421	26565	17457	25806	14421	15939	10626	125235	
14	ベーコン&レタス	24605	22298	19991	22298	19223	14609	17685	140709	
15	ペスカトーレ	30107	43197	22253	43197	27489	26180	49742	242165	
16	ミルクレープ	15950	15400	9350	10450	9900	16500	18700	96250	
17	ローストビーフ	21756	36589	29667	35600	21756	19778	27689	192835	
18	紅茶	66966	32934	60928	57635	26896	45010	34032	324401	
19	明太子クリーム	45738	26334	42966	36036	44352	36036	13860	245322	
20	総計	464491	414161	515196	484862	378807	414721	420343	3092581	
21										

＜完成例＞ ⑩ （ピボットテーブル）

・集計表に貼り付けるためのピボットテーブル

	A	B	C
2			
3	行ラベル ▾	合計 / 金額	
4	⊟サンドイッチ	652707	
5	スモークサーモン	157159	
6	ハム&チーズ	162004	
7	ベーコン&レタス	140709	
8	ローストビーフ	192835	
9	⊟スイーツ	402166	
10	シフォンケーキ	117480	
11	タルト	63201	
12	パンケーキ	125235	
13	ミルクレープ	96250	
14	⊟ドリンク	1317901	
15	エスプレッソ	300465	
16	カフェラテ	319968	
17	コーヒー	373067	
18	紅茶	324401	
19	⊟パスタ	719807	
20	カルボナーラ	232320	
21	ペスカトーレ	242165	
22	明太子クリーム	245322	
23	総計	3092581	
24			

＜完成例＞ 11 〜 14

$$=IF(B3>=C3," ○ ",IF(B3>=C3*0.9," △ "," × "))$$

	A	B	C	D	E
1	●4月第1週の集計表				
2	分類・商品名	売上金額	売上目標	▼達成状況	
3	サンドイッチ	652,707円	580,000円	○	
4	スモークサーモン	157,159円	140,000円	○	
5	ハム&チーズ	162,004円	140,000円	○	
6	ベーコン&レタス	140,709円	140,000円	○	
7	ローストビーフ	192,835円	160,000円	○	
8	スイーツ	402,166円	410,000円	△	
9	シフォンケーキ	117,480円	100,000円	○	
10	タルト	63,201円	100,000円	×	
11	パンケーキ	125,235円	110,000円	○	
12	ミルクレープ	96,250円	100,000円	△	
13	ドリンク	1,317,901円	1,120,000円	○	
14	エスプレッソ	300,465円	280,000円	○	
15	カフェラテ	319,968円	280,000円	○	
16	コーヒー	373,067円	280,000円	○	
17	紅茶	324,401円	280,000円	○	
18	パスタ	719,807円	720,000円	△	
19	カルボナーラ	232,320円	250,000円	△	
20	ペスカトーレ	242,165円	220,000円	○	
21	明太子クリーム	245,322円	250,000円	△	
22	総計	3,092,581円	2,830,000円	○	
23					

＜完成例＞ 15 （印刷設定）

・改ページプレビューによる印刷可能範囲の調整と１ページの幅の調整

	A	B	C	D	E	F	G	H	I	J	K	L	M	N
1	カフェスペース売上データ記録													
2														
3	売上日	曜	品番	提供	分類	商品名	単価	金額		品番	分類	商品名	単価	
4	2021/4/1	木	1	113	ドリンク	コーヒー	399	49596		1	ドリンク	コーヒー	399	
5	2021/4/1	木	2	49	ドリンク	紅茶	499	26896		2	ドリンク	紅茶	499	
6	2021/4/1	木	3	60	ドリンク	エスプレッソ	450	29700		3	ドリンク	エスプレッソ	450	
7	2021/4/1	木	4	50	ドリンク	カフェラテ	480	26400		4	ドリンク	カフェラテ	480	
8	2021/4/1	木	5	32	サンドイッチ	ハム&チーズ	685	24112		5	サンドイッチ	ハム&チーズ	685	
9	2021/4/1	木	6	25	サンドイッチ	ベーコン&レタス	699	19223		6	サンドイッチ	ベーコン&レタス	699	
10	2021/4/1	木	7	23	サンドイッチ	スモークサーモン	785	19861		7	サンドイッチ	スモークサーモン	785	
11	2021/4/1	木	8	22	サンドイッチ	ローストビーフ	899	21756		8	サンドイッチ	ローストビーフ	899	
12	2021/4/1	木	9	25	スイーツ	シフォンケーキ	600	16500		9	スイーツ	シフォンケーキ	600	
13	2021/4/1	木	10	18	スイーツ	ミルクレープ	500	9900		10	スイーツ	ミルクレープ	500	
14	2021/4/1	木	11	17	スイーツ	タルト	399	7461		11	スイーツ	タルト	399	
15	2021/4/1	木	12	19	スイーツ	パンケーキ	690	14421		12	スイーツ	パンケーキ	690	
16	2021/4/1	木	13	21	パスタ	ペスカトーレ	1190	27489		13	パスタ	ペスカトーレ	1,190	
17	2021/4/1	木	14	34	パスタ	カルボナーラ	1100	41140		14	パスタ	カルボナーラ	1,100	
18	2021/4/1	木	15	32	パスタ	明太子クリーム	1260	44352		15	パスタ	明太子クリーム	1,260	
19	2021/4/2	金	1	133	ドリンク	コーヒー	399	58374						
20	2021/4/2	金	2	82	ドリンク	紅茶	499	45010						
21	2021/4/2	金	3	84	ドリンク	エスプレッソ	450	41580						
22	2021/4/2	金	4	130	ドリンク	カフェラテ	480	68640						
23	2021/4/2	金	5	22	サンドイッチ	ハム&チーズ	685	16577						
24	2021/4/2	金	6	19	サンドイッチ	ベーコン&レタス	699	14609						
25	2021/4/2	金	7	22	サンドイッチ	スモークサーモン	785	18997						
26	2021/4/2	金	8	20	サンドイッチ	ローストビーフ	899	19778						
27	2021/4/2	金	9	11	スイーツ	シフォンケーキ	600	7260						
28	2021/4/2	金	10	30	スイーツ	ミルクレープ	500	16500						
29	2021/4/2	金	11	17	スイーツ	タルト	399	7461						

Sheet1 　データ一覧 　4月第1週の集計表 　 ＋

・印刷タイトル行の設定（印刷プレビューで確認した状態）

カフェスペース売上データ記録

売上日	曜日	品番	提供数	分類	商品名	単価	金額
2021/4/1	木	1	112	ドリンク	コーヒー	399	44698
2021/4/1	木	2	49	ドリンク	紅茶	499	26896
2021/4/1	木	3	66	ドリンク	エスプレッソ	450	29700
2021/4/1	木	4	50	ドリンク	カフェラテ	480	20400
2021/4/1	木	5	32	サンドイッチ	ハム&チーズ	685	24312
2021/4/1	木	6	25	サンドイッチ	ベーコン&レタス	699	19223
2021/4/1	木	7	23	サンドイッチ	スモークサーモン	785	19861
2021/4/1	木	8	22	サンドイッチ	ローストビーフ	899	21756
2021/4/1	木	9	25	スイーツ	シフォンケーキ	600	16500
2021/4/1	木	10	18	スイーツ	ミルクレープ	500	9900
2021/4/1	木	11	17	スイーツ	タルト	399	7461
2021/4/1	木	12	29	スイーツ	パンケーキ	690	14421
2021/4/1	木	13	21	パスタ	ペスカトーレ	1290	27489
2021/4/1	木	14	34	パスタ	カルボナーラ	1100	41140
2021/4/1	木	15	32	パスタ	明太子クリーム	1260	44352
2021/4/2	金	1	133	ドリンク	コーヒー	399	58374
2021/4/2	金	2	82	ドリンク	紅茶	499	45026
2021/4/2	金	3	84	ドリンク	エスプレッソ	450	42580
2021/4/2	金	4	130	ドリンク	カフェラテ	480	68640
2021/4/2	金	5	22	サンドイッチ	ハム&チーズ	685	16527
2021/4/2	金	6	19	サンドイッチ	ベーコン&レタス	699	14609
2021/4/2	金	7	22	サンドイッチ	スモークサーモン	785	18897
2021/4/2	金	8	29	サンドイッチ	ローストビーフ	899	19778
2021/4/2	金	9	11	スイーツ	シフォンケーキ	600	7260
2021/4/2	金	10	30	スイーツ	ミルクレープ	500	16500
2021/4/2	金	11	17	スイーツ	タルト	399	7461
2021/4/2	金	12	21	スイーツ	パンケーキ	690	11839
2021/4/2	金	13	19	パスタ	ペスカトーレ	1290	26180
2021/4/2	金	14	18	パスタ	カルボナーラ	1100	21780
2021/4/2	金	15	30	パスタ	明太子クリーム	1260	36036
2021/4/3	土	1	125	ドリンク	コーヒー	399	54863
2021/4/3	土	2	62	ドリンク	紅茶	499	34032
2021/4/3	土	3	67	ドリンク	エスプレッソ	450	33268
2021/4/3	土	4	120	ドリンク	カフェラテ	480	63200
2021/4/3	土	5	37	サンドイッチ	ハム&チーズ	685	27880
2021/4/3	土	6	23	サンドイッチ	ベーコン&レタス	699	17685
2021/4/3	土	7	33	サンドイッチ	スモークサーモン	785	28496
2021/4/3	土	8	28	サンドイッチ	ローストビーフ	899	27589
2021/4/3	土	9	26	スイーツ	シフォンケーキ	600	17160
2021/4/3	土	10	34	スイーツ	ミルクレープ	500	18700
2021/4/3	土	11	14	スイーツ	タルト	399	6145

売上日	曜日	品番	提供数	分類	商品名	単価	金額
2021/4/3	土	12	14	スイーツ	パンケーキ	690	10625
2021/4/3	土	13	38	パスタ	ペスカトーレ	1290	49742
2021/4/3	土	14	14	パスタ	カルボナーラ	1100	16940
2021/4/3	土	15	10	パスタ	明太子クリーム	1260	13800
2021/4/4	日	1	115	ドリンク	コーヒー	399	50474
2021/4/4	日	2	122	ドリンク	紅茶	499	66866
2021/4/4	日	3	108	ドリンク	エスプレッソ	450	53450
2021/4/4	日	4	63	ドリンク	カフェラテ	480	33264
2021/4/4	日	5	30	サンドイッチ	ハム&チーズ	685	20373
2021/4/4	日	6	32	サンドイッチ	ベーコン&レタス	699	24005
2021/4/4	日	7	20	サンドイッチ	スモークサーモン	785	17270
2021/4/4	日	8	22	サンドイッチ	ローストビーフ	899	21756
2021/4/4	日	9	19	スイーツ	シフォンケーキ	600	12540
2021/4/4	日	10	29	スイーツ	ミルクレープ	500	15950
2021/4/4	日	11	21	スイーツ	タルト	399	9217
2021/4/4	日	12	19	スイーツ	パンケーキ	690	14421
2021/4/4	日	13	23	パスタ	ペスカトーレ	1290	30207
2021/4/4	日	14	35	パスタ	カルボナーラ	1100	42350
2021/4/4	日	15	33	パスタ	明太子クリーム	1260	45738
2021/4/5	月	1	112	ドリンク	コーヒー	399	49157
2021/4/5	月	2	60	ドリンク	紅茶	499	29940
2021/4/5	月	3	72	ドリンク	エスプレッソ	450	35640
2021/4/5	月	4	63	ドリンク	カフェラテ	480	33264
2021/4/5	月	5	26	サンドイッチ	ハム&チーズ	685	19991
2021/4/5	月	6	29	サンドイッチ	ベーコン&レタス	699	22298
2021/4/5	月	7	29	サンドイッチ	スモークサーモン	785	25042
2021/4/5	月	8	37	サンドイッチ	ローストビーフ	899	36589
2021/4/5	月	9	33	スイーツ	シフォンケーキ	600	21780
2021/4/5	月	10	26	スイーツ	ミルクレープ	500	15400
2021/4/5	月	11	27	スイーツ	タルト	399	11850
2021/4/5	月	12	25	スイーツ	パンケーキ	690	20565
2021/4/5	月	13	33	パスタ	ペスカトーレ	1290	43197
2021/4/5	月	14	12	パスタ	カルボナーラ	1100	14520
2021/4/5	月	15	19	パスタ	明太子クリーム	1260	26334
2021/4/6	火	1	131	ドリンク	コーヒー	399	57490
2021/4/6	火	2	111	ドリンク	紅茶	499	60828
2021/4/6	火	3	135	ドリンク	エスプレッソ	450	66825
2021/4/6	火	4	107	ドリンク	カフェラテ	480	56496
2021/4/6	火	5	30	サンドイッチ	ハム&チーズ	685	22500
2021/4/6	火	6	26	サンドイッチ	ベーコン&レタス	699	19991
2021/4/6	火	7	36	サンドイッチ	スモークサーモン	785	32080
2021/4/6	火	8	30	サンドイッチ	ローストビーフ	899	29007
2021/4/6	火	9	34	スイーツ	シフォンケーキ	600	22440

売上日	曜日	品番	提供数	分類	商品名	単価	金額
2021/4/6	火	10	17	スイーツ	ミルクレープ	500	9350
2021/4/6	火	11	22	スイーツ	タルト	399	9616
2021/4/6	火	12	23	スイーツ	パンケーキ	690	17457
2021/4/6	火	13	17	パスタ	ペスカトーレ	1290	22253
2021/4/6	火	14	38	パスタ	カルボナーラ	1100	43890
2021/4/6	火	15	31	パスタ	明太子クリーム	1260	42966
2021/4/7	水	1	121	ドリンク	コーヒー	399	53107
2021/4/7	水	2	105	ドリンク	紅茶	499	57635
2021/4/7	水	3	82	ドリンク	エスプレッソ	450	40095
2021/4/7	水	4	73	ドリンク	カフェラテ	480	38544
2021/4/7	水	5	33	サンドイッチ	ハム&チーズ	685	24866
2021/4/7	水	6	29	サンドイッチ	ベーコン&レタス	699	22298
2021/4/7	水	7	19	サンドイッチ	スモークサーモン	785	16407
2021/4/7	水	8	38	サンドイッチ	ローストビーフ	899	35600
2021/4/7	水	9	30	スイーツ	シフォンケーキ	600	29800
2021/4/7	水	10	19	スイーツ	ミルクレープ	500	10410
2021/4/7	水	11	26	スイーツ	タルト	399	11411
2021/4/7	水	12	34	スイーツ	パンケーキ	690	25806
2021/4/7	水	13	33	パスタ	ペスカトーレ	1290	43197
2021/4/7	水	14	41	パスタ	カルボナーラ	1100	49610
2021/4/7	水	15	25	パスタ	明太子クリーム	1260	36036

Index

■本書についての最新情報、訂正、重要なお知らせについては下記 Web ページを開き、書名もしくは
　ISBN で検索してください。ISBN で検索する際は‐（ハイフン）を抜いて入力してください。

　　　https://bookplus.nikkei.com/catalog/

■本書に掲載した内容についてのお問い合わせは、下記 Web ページのお問い合わせフォームからお送り
　ください。電話およびファクシミリによるご質問には一切応じておりません。なお、本書の範囲を超え
　るご質問にはお答えできませんので、あらかじめご了承ください。ご質問の内容によっては、回答に日
　数を要する場合があります。

　　　https://nkbp.jp/booksQA

いちばんやさしい Excel 2019 スクール標準教科書　応用

2020 年 11 月 24 日　初版第 1 刷発行
2024 年　6 月　3 日　初版第 2 刷発行

著　　　者　株式会社日経 BP
発　行　者　村上 広樹
発　　　行　株式会社日経 BP
　　　　　　東京都港区虎ノ門 4-3-12　〒 105-8308
発　　　売　株式会社日経 BP マーケティング
　　　　　　東京都港区虎ノ門 4-3-12　〒 105-8308
装　　　丁　重保 咲
印　　　刷　大日本印刷株式会社